백수들의 위험한 수다

지은이 정혜경(鄭惠瓊, Chung Hye-Kyung)은 고려대학교 독문학과를 졸업하고 같은 학교 대학원 국문학과에서 박사학위를 받았다. 1998년 『현대문학』에서 평론이 당선되며 등단했다. 저서로 『매혹과 곤혹』(2004), 『한국 현대소설의 서사와 서술』(2005) 등이 있다. 현재 순천향대학교 국문학과 교수로 재직하고 있다.

백수들의 위험한 수다 정혜경 비평집

초판 인쇄 2012년 11월 6일 **초판 발행** 2012년 11월 16일
지은이 정혜경 **펴낸이** 공홍 **펴낸곳** 케포이북스
출판등록 제22-3210호 **주소** 서울시 서초구 서초동 1599-2 엘지에클라트 302호
전화 02-521-7840 **팩스** 02-6442-7840 **전자우편** kephoibooks@korea.com

값 20,000원

ISBN 978-89-94519-29-6 03810

이 책은 한국문화예술위원회 문예진흥기금(2008년)을 지원을 받아 연구되었습니다.

백수들의 위험한 수다

The Dangerous Chatter of the Penniless

정혜경 비평집

케포이북스
KEPHOIBOOKS

삶의 8할이 비즈니스가 되어야 한다고 많은 사람들이 믿게 된 언젠가부터 문학은 '백수들의 수다'와 같은 존재로 여겨졌다고 나는 생각한다. 국문과와 문창과가 수많은 오해에 시달리며 변신의 요청을 받는 것을 보면 그런 경향을 단적으로 느낄 수 있다. 새로운 자본 창출을 목표로 이렇게 바쁘고 빠르게 돌아가는 성과주의 사회에서 미달이거나 불필요한 잉여의 존재인 백수. 그들의 수다만큼 무용無用하게 여겨지는 것도 없을지 모른다. 그런데 과연 그러한가?

'백수'와 관련하여 흥미로운 아이디어를 던져주는 작품이 있다. 하나는 장정일의 시 「Job 뉴스」이다. 이 시의 인물은 영락없는 '백수'의 모습을 하고 있다. 김애란의 소설이 말했듯 "점퍼 주머니에 손을 찔러 넣은 채 공원에 앉아 있는 아버지들의 모습이 텔레비전을 통해 자주 보도됐다. 자세히는 알 수 없어도 사람들은 그 시간 아버지들이 단지 벤치에 앉아 있다는 것만으로도 몹시 불안해하는(「사랑의 인사」)" 시대에, 후줄근한 옷차림을 한 사내가 도시 한복판 공원에 앉아 있는 것이다. 모두들 한바탕 분주하게 출근을 치른 평일 한낮, 공원은 한적하다. 필시 구인·구직 무가지無價紙일 게 분명한 「Job 뉴스」를 뒤적이던 남자의 얼굴엔 여러 가지 표정이 뒤섞인다. 문득 그는 의문이 든다. "왜 푸른하늘 흰구름을 보며 휘파람 부는 것은 Job이 되지 않는가? / 왜 호수의 비단잉어에게 도시락을 덜어 주는 것은 Job이 되지 않는가? (…중략…) / 왜 나뭇잎 사이로 저며드는 햇빛에 눈을 상하는 것은 Job이 되지 않는가? / 왜 나무벤치에 길게 다리 뻗고 누워 수염을 기르는 것은 Job이 되지 않는가?" 휘파람 불며 하늘을 바라보거나 유유자적 잉어를 희롱하다 아이들의 재잘거림에 놀라 고개를 들고, 하릴없이 비둘기떼를 좇다 봄볕에 눈이 부신 채 마치 신선처럼 나무 벤치에 길게 드러누워 조는 일은 모두 하나같이 자본주의 사회의 '돈 되는 일' 혹은 '돈 쓰는 일'과는 극단적으로 거리가 먼 것들이다. 그런데 그는 뜬금없이 묻는다. 이런 것들은 '왜 Job이 되지 않는가?'

다른 하나는 장기하의 노래 〈별일 없이 산다〉이다. 날렵한 턱선에 검은 뿔테 안경, 표정을 읽기 어려운 한 젊은 남자가 어색하지만 분명한 몸짓으로 노래를 지껄인다. "네가 깜짝 놀랄 만한 얘기를 들려 주마 / 아마 절대로 기쁘게 듣지는 못할 거다 / 뭐냐하면 / 나는 별일 없이 산다. 뭐 별다른 걱정 없다 / 나는 별일 없이 산다. 이렇다 할 고민 없다." 그가 말하는 '깜짝 놀랄 만한 얘기, 들으면 불쾌해질 얘기, 절대로 믿고 싶지 않은 얘기'는 바로 '나는 별일 없이 산다, 별다른 걱정 없다, 이렇다 할 고민 없다'란다. 이 지껄임은 자신을 차 버린 연인에게 보란 듯이 하는 말일 수도 있겠지만, 내게는 왠지 이 미친 듯이 바쁜 사회를 향해 '백수'가 던지는 수다처럼 느껴졌다. 오늘이 어제의 반복 같아서, 혹은 내일이 오늘보다 더 나아지지 않을까봐 전전긍긍 자신을 기꺼이 몰아세우며 자기 계발에 몰두하는 "피로 사회"(한병철, *Müdigkeitsgesellschaft*)의 사람들에게 '별일 없이, 별다른 걱정 없이, 이렇다 할 고민 없이' 산다는 것은 이해하기 어려운 일일 뿐만 아니라 어쩌면 경멸스럽고 어쩌면 한심하고도 한심한 일일 것이다. 그런데 그는 넉살도 좋게 그렇게 백수로서 커밍아웃한다.

물론, 그들은 언제라도 백수에서 탈출할 태세를 취할지도 모른다. 이는 장정일의 시에서 화자가 「Job 뉴스」를 뒤적거리던 것에서도 짐작해 볼 수 있는 일이고, 장기하의 노래에서처럼 "나는 사는 게 재밌다 하루하루 즐거웁다 / 나는 사는 게 재밌다. 매일매일 신난다"라고 당당하게 말할 수 있는 '자발적 백수'가 현실에서 그리 많지 않다는 사실을 봐도 그렇다. 그러나 그럼에도 불구하고 주류 질서에 대한 매혹과 곤혹 사이 그 어느 경계에서 불현듯 떠오르는 백수들의 불온함을 주목할 필요가 있다. "왜 나무벤치에 길게 다리 뻗고 누워 수염을 기르는 것은 Job이 되지 않는가? // 이런 것들이 50억 인류의 Job이 될 수는 없을까?"라는 '기가 막힐 / 기막힌' 질문을 던지고 있지 않은가. 고민에 고민을 더해도 나날이 불안하고 우울한 우리들에게 '불쾌한 말'을 내뱉고 있지 않은가.

2000년대 소설에는 현실처럼 실제로 백수들이 많이 등장하기도 하지만, 이른바 관습적으로 통용되는 의미의 백수가 아닌 왜소한 인물들도 대부분 이 범주에 속하는 것으로 보인다. '글로벌시장경제', '신자유주의' 등의 수식어를 붙인 각종 구호들이 일제히 '99%'들의 삶을 가파른 곳으로 몰아붙이며 그 정치경제학적 본색을 드러낼 때, 솔직히 나 자신을 포함하여 2000년대 한국소설들이 갑갑하지 않았던 것도 아니다. "다른 미래를 위하여"(김인환) 한국문학은 또 한 차례 진화를 할 것이라고 예상한다. 그러나 적어도 자본과 거리가 먼 '백수'들이 풀어놓는, 일견 무용해 보이는 '수다'의 소통방식이 우리 가슴에 균열을 일으키는 '위험한' 지점을 놓칠 수는 없었다. '백수들의 위험한 수다'라는 이 책 제목은 이 같은 맥락에서 한국소설은 물론 문학비평까지 포함하여 지금 이 시대 문학의 한 특징을 명명해 보려던 데서 나온 것이다.

결코 베스트'셀러'가 될 수 없는 무용한 이 비평집을 흔쾌히 출간해 주신 케포이북스 공홍 대표님, 그리고 책이 더 늦어지지 않도록 일정을 재촉해 주고 꼼꼼히 편집해 준 편집부에도 감사의 마음을 전하고 싶다.

8년 만에 두 번째 평론집을 묶는다. 느릿느릿 사유의 깊이를 확보하는 것이었으면 좋았을 뻔했다. 이 복잡하고 고단한 도시에서 삼대가 함께 살아가는 일상은 종종 나를 집어삼키곤 했다. 노인들은 쇠락해 갔고, 아이들은 힘겹게 성장했다. 부끄럽지만, 이 책이 붙들고 있는 최소한의 진정성이 있다면, 그 시간들을 견디면서 썼다는 것이 아닐까 싶다. 그리고 내가 견딜 수 있도록 도와준 사람들과, 또한 나를 견뎌준 사람들 모두에게 감사를 올린다.

2012년 가을

정혜경

contents

/ 3부 /

1부

메멘토 디스토피아

2000년대 가족서사와 다문화주의의 딜레마

이 시대의 아이콘 '청소년'(을 위한) 문학의 딜레마

닫힌 결말 속의 인공낙원

'그녀'가 팩션faction에 등장하는 두 가지 방식

여성수난사 이야기와 탈脫국경의 상상력

2000년대 연애서사의 문제적 지평

백수들의 위험한 수다

메멘토 디스토피아Memento dystopia

1. 따뜻한 위무慰撫를 경계하라

여기 또 하나의 종말론이 횡행하고 있다. 그것이 어디 발發 풍문이건 얼마나 신빙성 있는 과학적 현상이건 간에, 중요한 것은 '2012년 종말론'이 한국 사회의 '위기담론'과 어울리고 있다는 점이다. 경제 위기를 위시한 가족의 위기, 노동의 위기, 생태 위기 등 각종 위기담론은 일상을 뿌옇게 뒤덮으면서 우리를 압박하고 있다. 종말의 날짜가 당장 2012년이라는 것은 어찌 보면 예언적 숫자의 정확성과 관계없이 한국 사회에서는 위기의 강도强度를 상징하는 것인지도 모른다. 위기의 강도라는 것은 위기의 객관적 결과를 강화하는 위기담론의 정치성에서 비롯된다. "위기담론은 위기를 그저 사실로 '재현'—주로 미디어나 텍스트를 통해—하기만 하는 것 같지만, 본질상 이러한 재현 자체는 해석적 과정을 동반한다. 특히 사회적 위기의 해석적 재현과정은 그 위기를 해석하고 재현하는 과정에 개입된 주체들의 정치적 목적과 분리되지 않"[1]기 때문이다. 위기담론에 관여하는 모든 내러티브는 그것이 담론인 한, 정치성을 띨 수밖에 없다. 그렇다면 문제는 위기를 주목하는 주체가 위기담론에 어떤 방식으로 개입하는가 하는 점이다.

최근 밀리언셀러를 기록한 신경숙의 『엄마를 부탁해』는 '위기를 어떻게 돌파할 것인가?'에 대한 문학적 탐색이라고 할 수 있다. 작가는 우리를 뒤흔들고 있는 위기를 '소통'의 문제로 해석하고 가족서사의 구도 속에서 어머니의 존재론을 부각하였다. 이 작품은 신경숙 자신의 문학적 화두를 선명하게 드러내는 동시에 독자들과 적극적으로 소통하고자 하는 작가적 노력을 담고 있다. 작가는 엄마를 기억하는 행위를 가족구성원의 시점'들'로 다중화 함으로써 어머니의 존재를 입체화하였고, 소설가 큰딸의 시점을 '너'라는 호명 속에서 풀어 독자들을 텍스트 내부로 끌어들이는 효과를 창출하였다. 여기서 우리가 문제 삼을 것은 작가 개인의 진정성이 아니다. 문제는 이 텍스트가 독자들과의 관계 속에서 위기담론에 개입하는 담론적 실천방식이다.

이 소설이 아무리 엄마의 목소리를 삽입하여 자식들이 놓쳤던 엄마의 내면과 여성적 욕망을 아우른다 해도 결국 이 작품을 수렴한 것은 에필로그를 맡은 큰딸 '너'의 시점이다. 어딘가를 헤매다 비참하게 죽음을 맞았을 엄마의 마지막이 숭고한 아름다움으로 승화된 것은 '너'의 '해석의 권력'에서 비롯되었다. 병든 엄마는 집을 찾지 못한 채

1 장진호, 〈특집 : 한국 사회 위기담론의 사회사〉, 「소위 'IMF위기'에서 '양극화 위기'까지 : 위기 담론과 한국 사회의 신자유주의적 재구조화」, 한국 사회사학회 · 서울대 사회발전연구소 공동주최 학술대회 발표 논문, 2008.10.11.

행방불명되어 지금 여기에 부재한다. 엄마의 실종을 방조한 '너'가 희생적인 엄마의 아우라를 자신의 삶에서 재현하는 것은 가능하지 않다. 큰딸-작가의 애도mourning를 통해 '엄마'는 정교하게 다시 '영원한 모성'이 되면서 타자화 된다. 이 신성한 이데올로기를 떠받치고 있는 것은 '죄의식'의 미학이다. 부끄러움이 자기 자신에 대한 성찰을 견인한다면, 죄의식은 개인을 억압하면서 궁극적으로는 '닿을 수 없는 타자'에 대한 동경憧憬을 낳는다. 『엄마를 부탁해』라는 텍스트는 위기의 원인을 가족관계 속 개인에게 돌리고 죄의식을 분출시킴으로써 불안한 개인들을 따뜻하게 '위무'하는 한편 그들이 각자의 슬픔을 '소비'하도록 하는 방식으로 위기담론에 개입하고 있다.

지금 필요한 것은, 위기를 돌파할 가치를 성급하게 찾는 일보다 위기 그 자체를 탐사하는 치열한 작업이다. 위기담론은 '메멘토 모리(Memento mori, 죽음을 기억하라)'의 일종이라고 할 수 있다. '메멘토 모리'는 시대에 따라 내용과 성격을 달리한다.[2] 지금 여기의 위기담론은 신자유주의 시대 개인의 사회적 죽음을 표상하는 2000년대식 기호가 아닐까? 근본적으로 이 모든 위기는 우리를 죽음으로 내몰고 있으며 당대적 콘텍스트를 갖기 때문이다. 후기 자본주의 시스템 속에서 나타나는 2000년대적 죽음은 최근 젊은 작가들의 소설에서 '디스토피아dystopia'의 모습으로 등장하고 있다. 그들이 그려내는 디스토피아는 어떤 공간으로 표상되며, 작가들은 디스토피아의 발생을 어디에서 찾고 있는가?

---

2 이 점은 필립 아리에스가 『죽음 앞의 인간』(새물결, 2004)에서 중세부터 현대에 이르는 시기별 죽음의 미학을 "우리는 모두 죽는다 / 자신의 죽음 / 먼 죽음과 가까운 죽음 / 타인의 죽음 / 역전된 죽음"으로 구분한 것에서 흥미롭게 확인할 수 있다.

2. 감옥의 도상학, 혹은 신화화된 노동의 폭력성 : 김숨, 『철』

김숨의 장편소설 『철』(2008)은 마치 독자들을 도상학圖像學의 세계로 안내하는 듯하다. 그것은 소설 전편에 산포되어 있는 기괴한 형상들의 알레고리 덕분이다. 예컨대, 광포천 다리 밑에서 늙은 비렁뱅이 '천 씨'가 조선소 노동자 '배복남'의 쌍둥이 딸 얼굴을 핥는 모습은, 누더기 같은 살가죽을 겨우 걸친 해골이 소녀의 나신을 끌어안는 '죽음과 소녀' 회화들을 연상시킨다. 또 꼽추의 금고에서 쏟아져 나온 "심하게 썩고 바스러진 돈뭉치와 땅문서들을 악착같이 물고 있"[3]는 녹 덩어리 틀니의 형상은 해골과 빠진 턱뼈, 오래된 책 등으로 구성된 「바니타스 정물」을 떠올리게도 한다. 이밖에도 불그스름한 녹 먼지로 뒤덮인 마을, 산처럼 쌓여 있는 시퍼런 무쇠 식칼, 항상 무쇠 가위를 철컹철컹 흔드는 늙은이, 쇠공으로 비둘기를 돌팔매질하며 노는 아이들, 검은 옷을 입고 통곡하는 한 무리의 여자들, 죽은 비둘기와 틀니로 뒤덮인 꼽추의 시신 등 수많은 기괴한 형상들은 이 소설의 '디스토피아'를 구성하는 요소들이다.

김숨은 디스토피아의 발생을 '노동'에서 찾고 있다. 김숨이 인식하는 노동은 1980년대 노동소설들의 노동과 판이하게 다르다. 노동자를 시대의 악에 대항할 수 있는 주체로 보거나 그들의 노동을 건강한 것으로 보는 인식을 이 소설에서는 찾아볼 수가 없다. 노동의 신화화와 인간의 물화가 있을 뿐이다. 이 소설에 나타나는 노동에 대한 관점이 흥미로운 것은 노동을 사용가치나 교환가치보다도 기호가치[4]의 측면

---

3 김숨, 『철』, 문학과지성사, 2008, 257면.

4 장 보드리야르는 『소비의 사회』(이상률 역, 문예출판사, 1991)에서 "소비의 주체는 개

에서 바라보고 있다는 점 때문이다. 척박한 마을에 세워진 거대한 조선소가 건장한 남자들을 노동자로 만들어 가족 모두를 먹여 살리면서부터 조선소의 위대한 노동자가 되는 것은 모두의 꿈이 된다. 물론 노동의 교환가치가 마을을 부유하게 만들었지만, 그들에게 더욱 중요했던 것은 조선소의 생산에 참여함으로써 사회구성원으로서의 당당한 정체성을 획득하는 기호가치였던 것이다. 조선소 노동에 참여하지 못하는 늙은이들과 꼽추(그가 쇠로 된 틀니를 만들어 떼돈을 벌어도 조선소 노동자가 못 되었다는 것은 그의 평생 콤플렉스였다.)가 마을에서 멸시당하는 것은 이 점을 반증한다. 노동은 이들에게 '구원이자 축복, 일종의 선善 또는 종교(19면)'가 되었던 것이다. 마을 사람들은 철선의 완성을 위해서라면 노동자 수십 명이 용광로 속으로 사라져도 특별히 문제될 것이 없다고 생각한다. "무쇠처럼 단단한 손과 멀쩡한 어금니(14면)"는 그들의 '노동자 됨'을 말해주는 동시에 '노예 됨'을 증명한다. 근면과 성실을 독려하는 확성기만이 있을 뿐인 조선소는 침묵과 망각이라는 노동자들의 공모共謀를 통해 자본주의의 판옵티콘(panopticon, 원형감옥)을 완성하고 있다.

여기서 '꼽추'를 주목할 필요가 있다. 그는 이 마을의 예언자와 같은 역할을 한다. 철선에 대한 맹신 때문에 모두가 죽게 될 거라는 것, 그리고 만국박람회에서 철선이 허상이라는 사실을 목격하고서도 믿지 않으려는 사람들의 광기를 유일하게 지적한 자가 꼽추이다. 이것이 가능했던 것은 그가 조선소 바깥(노동자가 될 수 없었던 것)에 있었기 때문이다. 그러나 조선소 주변부에 위치함으로써 가질 수 있었던 꼽추의 거리distance감각은 비판적 성찰로 향하지 못한다. 그것은 근본적으로

인이 아니라 기호의 질서이다(326면)"라고 함으로써 사용가치 · 교환가치와 다른 '기호가치'를 현대성 분석의 중요 척도로 놓고 있다.

'조선소의 위대한 노동자'가 되고자 했으나 결코 될 수 없었던 열패감에서 비롯되었기 때문이다. 조선소를 사버리겠다고 등 혹에 쇠못이 박힌 채 금고를 안고 가던 꼽추의 형상은 배제당한 자의 욕망이 조선소에 포섭된 자들의 욕망과 다를 바 없다는 점을 강력하게 암시하고 있다. 꼽추 역시 조선소의 원형감옥에 갇혀 있었던 것이다.

주변인 혹은 소수자의 자리에 놓일 수 있었던 꼽추의 존재를 욕망의 대리자 혹은 악한으로 형상화한 것은 이 압도적인 자본주의 사회에서 자유로운 자는 아무도 없다는 비극적 시선을 드러낸다. 이 소설의 결말은 노아의 방주 모티프를 가져왔다. 여러 날에 걸쳐 장대 같은 비가 쏟아진 후 "틀니들이 허기진 물고기들처럼 꼽추의 몸뚱이에 바글바글 달라붙어 있"고 "죽은 비둘기의 날개가 축복이라도 하듯 머리를 뒤덮고 있(259면)"는 꼽추의 시신이 떠내려 온다. 그걸 보고서도 사람들은 두려움을 감춘 채 또다시 구원救援의 철선을 부르는 아비규환의 디스토피아, 이것이 김숨이 보여주는 노동의 감옥이다.

3. 병원의 병리학, 혹은 철저한 순응이라는 광기

: 이기호, 『사과는 잘해요』

이기호의 『사과는 잘해요』(2009)는 언어가 만들어내는 의미의 부피를 납작하게 눌러놓았다. 끊기면서 이어지는 단문들은 의미의 집적이나 파생을 불러오지 않는다. 이는 일차적으로 서술자가 지적 장애를 가진 인물이기 때문이다. 그러나 개연성보다 중요한 것은 이 소모적인 문체가 그 자체로 선명한 주제를 보여주고 있다는 점이다. 도덕률의 절대성에 철저히 순응하는 인간, 그 행위의 폭력성이 이 작품의 화두이다.

이 소설은 형해形骸화 된 일상을 배경으로 펼치는 잉여인간들의 부조리극이라 할 만하다. 장애인이나 부랑자를 수용하는 시설에서 성장한 '나'와 '시봉'이 도시로 나와 생존하는 방법은 '기생寄生'과 '대신 사과하기'이다. 자신의 잘못을 인정하고 사과하는 행위, 그것은 이성적인 행위이며 일종의 선善의지이다. 더 나아가 '대신 사과하기'는 대속代贖이라는 숭고한 행위이고 이는 구원의 문제와도 연관된다. 그러나 이 작품에서 그들의 행위는 하나의 정언명령에 극단적으로 수렴되면서 뒤틀리고 뒤집힌다. 그들은 배드민턴공을 너무 높게 쳤다거나 도시락 반찬을 두 번 집어 먹었다는 데 대해 사과해야 한다고 말한다. 또 돈을 받았으니 의뢰인의 요구를 반드시 지켜야 한다며 동업자 '뿔테안경 남자'를 죽이고 나서 시신을 향해 "꾸벅, 고개를 숙여 인사"한다. 자신들의 살인행위에 대해 "뿔테안경 남자의 사과를 지켜주고 싶었다. 그래서 끝까지 우리가 도와주었다는 말은 하지 않았다. 그건 시봉도 마찬가지였을 것이다. 우리가 도와준 부분은 너무 작았기 때문이었다"[5]고 진심으로 믿는다. "폭력은 항상 정당화를 필요로"[6] 하는데, 이렇게 선의지가 광기로 돌변하는 병리적인 세계가 『사과는 잘해요』의 디스토피아이다.

---

5 이기호, 『사과는 잘해요』, 현대문학, 2009, 170~171면.
6 한나 아렌트, 김정한 역, 『폭력의 세기』, 이후, 1999, 118면.

작가는 이러한 디스토피아의 발생을 '꾸벅 인사'에서 찾고 있다. '시봉'과 '나'는 자신들을 유린한 사람이든 자신들이 죽인 사람이든 그 누구에게도 잊지 않고 '꾸벅 인사'를 한다. 즉, 그들은 지배이데올로기의 호명에 철저히 '네'라고 응답하는 자들이다. 그렇다면 그들은 어떻게 해서 그토록 철저히 순응하는가? 이 지점에서 이기호의 문제의식이 좀 더 구체적으로 드러난다. 첫째, 그들은 폭력적인 교육을 통해 길들여졌기 때문이다. 그들은 부모를 잃었거나 부모에게 버림받았으며 '시설'에서 무조건 매 맞으며 성장하였다. 어떤 일에 대해 질문할 수 없었으며 저항할 수는 더더욱 없었다. 왜곡된 도덕률에 철저히 순응하는 것만이 최고의 가치였으므로 그들은 자발적으로 폭력에 동참하였다. 둘째, 그들의 대속행위라는 것은 끝없이 죄의식을 필요로 했고 통치를 위해 관리되었다. 죄의식은 순응적인 인간을 만들었고 따라서 복지사들이 강제로 부여한 반장의 책무를 완벽히 수행하기 위해 그들은 시설에 수용된 자들에게 죄를 묻거나 지어주기까지 했다.

2000년대 소설들이 압도적인 자본주의 앞에 선 왜소한 인물들을 그려오긴 했으나 그 속에서 이토록 진심으로 순응하는 인물을 발견하기는 어렵다. 『사과는 잘해요』의 인물들은 철저한 체제순응자들이다. 작가는 이들의 광기어린 형상을 통해 순응에 무감각해진 우리들을 자극한다. 강요된 죄의식과 통치의 폭력성을 병리학적으로 파고드는 이 소설은 병원의 발생론과 병적 윤리를 보여주고 있다. "멀리 왔다고 생각했지만, 아직도 병원의 십자가는 높은 곳에서, 가까운 곳에서, 우리를 내려다보고 있었다(220면)"는 결말은 병원이 지금 현실의 디스토피아적 알레고리임을, 그것도 십자가라는 강력한 종교적 이미지를 동반하며 현현하고 있음을 암시한다.

4. 공장의 수사학, 혹은 일상의 악무한惡無限 반복

: 편혜영, 『사육장 쪽으로』 이후

한국문학의 감각을 새롭게 벼렸다는 평가를 받은 편혜영의 『아오이가든』은 말할 것도 없이 디스토피아이다. 시체, 구더기, 역병 등이 물러난 일상, 그러니까 『사육장 쪽으로』(2007) 이후는 어떠한가? 「밤의 공사」와 같이 어두운 풀숲과 습지가 정체불명의 썩는 냄새를 풍길 때 우리는 아오이가든의 축소판을 본다. 그런데 그런 더럽고 축축한 것들이 흔적만 남기고 자취를 감춘 소설들에서도 우리는 여전히 디스토피아를 발견할 수 있다. 분명히 말짱하고 말끔한데, 이상하게 불편하고 서늘하고 끔찍하기까지 한 느낌, 이것은 어디에서 비롯된 것일까?

『아오이가든』에서 편혜영이 밖에서 주어진 기괴한 디스토피아 그 자체에 골몰했다면, 『사육장 쪽으로』로 오면서는 디스토피아의 발생론을 탐색하고 있다고 하겠다. 다시 말해, 『사육장 쪽으로』와 그 이후 발표한 일련의 단편소설에서 작가는 디스토피아 발생의 과정을 통찰하고 있으며 그 원인을 주로 내적인 것에서 찾고 있다. 그녀가 주목한 것은, 특별한 트라우마도 없고 그다지 무능력하지 않으며 그렇다고 문제적이지도 않은 딱 그만큼 평범한 인물의 반복적 일상이다. "관계는 일을 망치지 않을 범위에서" 유지하고 일상은 "종종 무료했지만 그다지 나쁘지 않"[7]은 대체로 성실한 파견근무자들(「토끼의 묘」, 「크림색 소파의 방」, 「관광버스 타실래요?」)과 가장들(「사육장 쪽으로」, 「금요일의 안부인사」),

---

7 편혜영, 「크림색 소파의 방」, 『제10회 이효석 문학상 수상작품집 : 토끼의 묘』, 해토, 2009, 44면.

주어지면 주어지는 대로 일을 하는 학원강사 · 퍼레이드 단원 · 택배기사 · 복사집 주인 · 통조림공장 직원(「소풍」, 「퍼레이드」, 「첫 번째 기념일」, 「동일한 점심」, 「통조림공장」) 등이 작가의 요주의要注意 인물이다.

비범한 인간보다는 작고, 왜소하고 미성숙한 인간보다는 큰 인물, 그래서 문학의 자장에는 잘 잡히지 않던 인간이 편혜영 소설에서 문제시되고 있는 것이다. 이때 작가는 인물들이 상황마다 어떠한 판단과 선택을 하는지 인과관계를 꼼꼼하게 따져주는 데 주력한다. 이는 낯선 사건이 매우 상식적이고 일상적인 것의 결과물이었음을 밝히기 위한 것이다. 「토끼의 묘」는 한 남자가 변화 없는 6개월간의 파견근무를 마칠 즈음 자기 상사의 행방과 같아져버리는 이야기다. 그가 파견근무를 하게 될 즈음 상사는 연락이 두절되었다. 6개월이 지나 후배가 자기 자리에 다시 파견 올 즈음해서 그도 외부와 연락을 두절하게 된다. 그 과정은 대강 다음과 같다. '사료를 맘대로 먹어치운 토끼가 분비물을 집 안 여기저기 쏟아놓아 그 뒤처리를 하느라 출근시간을 넘겨버렸다→후배는 도와주지 않아도 쉽게 자리를 찾을 것이고, 이왕 늦은 거 하루쯤 결근하자는 생각을 했다→어제 출근하지 않았는데 아무 일도 일어나지 않았다는 것을 알았고 그러다 보니 오늘 출근해야 할 필요가 있나 하는 생각이 들었다→회사에서 하는 것과 똑같은 방식으로 집에서 일을 하기 시작했다→누군가 문을 두드렸지만 누구인지 알 수 없어 대답하지 않았다.' 이와 같이 충분히 그럴 수 있는 상식적인 행동들이었는데 어느 새 상사와 똑같이 이상한 상황에 놓인 것이다. 이는 수천 개의 똑같은 통조림이 끝없이 생산되는 「통조림공장」에서 인상적으로 재연된다. "똑같은 일이 계속 반복"되는 통조림공장에서 "지나버린 미래는 공장장의 현재와 다름없을 거였다."[8] 「동일한 점심」의 '복사copy' 모티프 역시 '공장'의 변이형이라고 할 수 있다.

특별할 것 없는 일상적 행위들이 반복되면서, 같은 장면이 생경하게 중첩되면서, 그것들은 어느 순간 불투명하고 불확실해져버렸다. 반복의 축적이 질적 전화를 한 셈이다. '사라진 늑대'나 '행방불명된 공장장' '차에 치인 정체불명의 동물' 등의 이미지는, 설명하면 할수록 결국 설명이 되지 않는 삶의 불투명성을 표상한다. '토끼의 묘'에서 '묘'는 외부와 두절된 자의 공간이 '버려진 토끼'의 '무덤墓'에 비유될 수 있다는 것으로 일단 읽힌다. 하지만 그보다는 '토끼의 토끼卯'라는 묘妙한 '반복'의 알레고리로 읽어야 하지 않을까.

5. 내 곁의 디스토피아, 차갑게 더 차갑게 응시하기

욕망과 자본의 무한추구가 동력인 "자본주의의 구조적 폭력성"[9]을 상기하면 후기 자본주의적 일상이 디스토피아로 갈 가능성은 농후하다. 아니, 이미 그것은 화려하고도 친근한 외피를 쓰고 지금 바로 '나'의 '곁'에 와 있다. 창문 하나 없는 백화점은 '나'의 모든 것을 순식간에 낡은 것으로 바꾸어놓는다. 출구를 슬며시 감추는 멀티플렉스의 인공

8 편혜영, 「통조림공장」, 『저녁의 구애』, 문학과지성사, 2011, 212면.
9 이경재, 「자본주의와 폭력」, 『폭력에 대한 철학적 성찰』, 철학과현실사, 2006, 311면.

낙원은 판타지를 증폭시키면서 내가 처한 초라한 현실을 잊게 한다. 시간당 몸값으로 불안한 삶을 살아가는 비정규직이 양산되고, 생존을 위해 출산을 기피할 수밖에 없으며, 공권력이 자본의 손을 들어주는 곳이 바로 현재 한국 사회이다. 이제 시장의 논리는 기업은 물론 정치·교육·문화·미디어·환경 등 침투하지 않은 곳이 없다. 그 압도적인 자본의 논리가 순응적 인간을 끊임없이 재생산하고 있다. 서울스퀘어에 설치된 〈walking people〉(줄리언 오피)이라는 화려한 미디어아트는 매우 상징적인 기호로 보인다. 단순화된 윤곽과 정교한 움직임으로 걷고 있는 사람들의 무한 반복 제자리걸음에서 무력한 순응적 삶을 읽는 것은 다만 과민한 탓일까?

넓게 보아 현대의 터부는 자본주의라고 할 수 있을 것이다. 누구도 여기에서 자유로울 수 없으며 따라서 그것에 대해 발설한다는 것은 자신의 실존적 위기를 자초할 수 있기 때문이다. 무엇보다 디스토피아가 디스토피아인 것은 그것이 디스토피아인 줄을 모르거나 애써 외면하기 때문이 아닐까? 이 시점에서 우리는 2000년대 한국문학이 이 터부에 대해서, 자본주의적 삶의 디스토피아성에 대해서 얼마나 치열하게 탐색하였는지 자문해봐야 한다. 물론 과거의 방식처럼 반드시 그것을 서사적 내용으로 하여 대항counter담론을 형성하는 것만이 방법은 아닐 것이다. 자본주의적 삶을 낯설게 하는 다양한 미학적 방식으로 접근하되, 지금까지 보여준 자아 방어기제의 자족성과 위무를 넘어 위기 담론에 적극적으로 개입하는 문학이 요청된다. "막막함이 가공할 정도로 습격해오는 작품", "파멸과 몰락의 가공할 진정성을 보여주"는 문학, "세상의 색채와 형태를 흐릿한 그대로 놓아두고 혼돈 속에 가라앉아 혼돈을 음미하면서 무명이 하는 말을 들어보려고 혼돈에 귀를 기울일 줄"[10] 아는 작가가 문학의 '풍크툼'을 실현할 수 있다는 지적은 지금 한국문학에 필요한 진언이 아닐까.

앞에서 살펴본 바와 같이 김숨, 이기호, 편혜영은 각자의 문학적 관점과 개성을 펼치고 있다. 그러나 적어도 위무의 센티멘털리즘을 경계하면서 시대적 죽음을 응시하고 있다는 점에서 공통점을 갖는다. 무엇보다 특징적인 것은 그들이 모두 2000년대 자본주의적 삶을 디스토피아의 형상으로 조형해냈으며, 디스토피아 발생론적 관점의 차이는 있었지만 대체로 체제순응적인 인물을 형상화하고 있다는 점이다. 체제순응적 인물들의 디스토피아는 각각 '감옥, 병원, 공장'의 공간으로 표상되었고, 거기에서 우리는 '폭력'이라는 키워드를 발견할 수 있었다.

철저히 순응하는 존재를 형상화함으로써 순응의 폭력성을 응시하는 문학, 이것이 현재 디스토피아소설의 정치성이다. 주로 국가차원의 위기담론은 그 사회의 불안과 두려움을 집중시키고 분출시켜 해소하는 동시에 그 과정 자체를 효율적인 통치의 기술로 활용한다. 문학이 이러한 위기담론으로부터 거리를 둘 수 있는 방법은 바로 위와 같은 비판적 성찰에서 출발할 것이다. 성급하게 위무하기보다, 이 시대에 구성되는 자본주의적 죽음 혹은 디스토피아적 세계를 차갑게, 더 차갑게 응시할 필요가 있다.

---

10 김인환, 『의미의 위기』, 문학동네, 2007, 82면.

2000년대 가족서사와 다문화주의의 딜레마

1. 가족, 그 달콤하고 괴로운 존재에 대한 질문

광고를 보면 당대의 정서와 욕망이 보인다. 특히 30초의 영상 미학이라 불리는 TV 광고는 강렬한 이미지를 통해 이러한 측면을 인상적으로 수행한다. 최근 TV에서 시간대를 불문하고 대대적으로 활약하는 광고가 무엇일까? 그것은 바로 신선한 콘티로 나날이 진화하면서 소비자들의 시선을 사로잡는 '이동통신'과 '아파트' CF이다. 국가의 경계를 자유롭게 넘는 로밍 시스템, DMB, 인터넷과 컴퓨터 기능 등을 장착하여 언제 어디서든 자유롭게 문명을 즐길 수 있도록 하는 이동통신은 글로벌 자본주의 시대 '디지털 유목민digital nomad'의 삶을 창출한다. 반면, '아빠, 엄마, 자녀'로 이루어진 세련되고 화목한 핵가족에게 생태주의적인 휴식 공간을 제공하는 아파트는 21세기 '정착민'의 삶을 추구한다. 이렇게 이동통신과 아파트는 일견 이상한 짝패를 이루어 이 시대 삶의 지향과 딜레마를 요약하고 있다. (또 하나 빼놓을 수 없는 것이 급격하게 증가한 대부업 즉 사채 광고이다. 이것은 마치 위의 두 가지 삶을 떠받치고 있는 하부구조처럼 보이지 않는가.) 흥미로운 것은 이렇게 대조적인 이동통신과 아파트 CF의 단골 콘셉트가 모두 '가족'이라는 점이다. 휴대폰을 통해 가족 · 친구 · 동아리 · 동료, 더 나아가 같은 이동통신사를 이용하는 고객 모두에게 주어지는 혜택이 '우리'라는 이름의 가족 콘셉트로 매개되는 것을 보면 이 시대에 통용되는 커뮤니케이션의 기본 모델이 바로 가족이라는 점을 알 수 있다. 또한 생태주의적 휴머니즘을 표방하는 아파트는 21세기 한국 사회 주거 공간의 대명사인데, 이것 역시 화해로운 가족 관계와 직결된다. "정보화 및 전자 시대에는 인간 상호작용도 사이버 공간을 통한 인간관계로 변화하여 정서적 친밀감을 공유할 수 있는 대상이 축소됨으로 인해 인간관계 유형이 가족관계 중심으로 회귀할 가능성이 있다"[1]는 지적은 아파트 CF에서도 쉽게 확인할 수 있다. 과학기술의 발전으로 최첨단 정보화 사회가 형성되고 신자유주의라는 명분 아래 자본을 좇아 '무한도전' 해야 하는 이 시대에, 유목민적 삶의 멀미까지도 보상해 줄 해결사로 가족이 더욱 강력하게 등장하는 것이다.

여기서 분명히 짚어야 할 것이 "가족은 사회와의 상호작용을 통해 만들어진 구성된 실체"[2]라는 점이다. 가족의 개념은 자연적인 것이 아니라 역사적으로 구성된 담론 혹은 이데올로기인 것이다. 가족 이데올로기가 봉건시대나 사적 영역에 국한되는 것이 아니며, "가족에 대

1 김정옥 외, 『새로 보는 결혼과 가족』, 학지사, 2000, 358~359면.
2 권명아, 『가족 이야기는 어떻게 만들어지는가』, 책세상, 2000, 14면.

한 가치 체제를 살피는 것이 곧 현재 사회를 구성하고 있는 이데올로기 층위를 재검토하는 작업"[3]이라는 지적은 매우 중요하다. '연애의 시대'라 불릴 만한 근대 초기의 연애 · 결혼 · 가족의 형태가 개인적 차원의 문제에서 그치는 것이 아니라 근대의 가치 체계를 구성하는 방식[4]이었다는 것도 위와 같은 문제의식을 확인시켜 준다.

먼저, 한국 사회에 자주 출몰하는 가족로망스의 이데올로기를 살펴보자. 최근 광고에 나타나는 가족 이데올로기의 한 극단을 우리는 1990년대 '아버지 열풍'에서 찾아볼 수 있다. 김정현의 장편소설 『아버지』(1996)가 최단 기간에 밀리언셀러를 기록한 것은 당시 IMF사태를 맞아 '고개 숙인 아버지'의 자리를 복원하는 데 '국민적' 관심이 집중되었던 현실과 상호작용한 결과이다. 『가족』(2007) 역시 전작인 『아버지』의 연장선에 있는데, 이 소설은 '피붙이'가 상징하는 혈연 중심 가족주의가 철저한 배타성 위에서 구축된 이데올로기라는 것을 잘 보여준다. 가족의 생계를 위해 불법 자가용 영업이나 남대문시장에서 사채업을 해온 '광수', 그를 "싸구려 인생"[5]이라 경멸하면서 자포자기 마약에 손을 댄 아들 '준걸', 어떠한 상황에서도 남편 광수를 전적으로 신뢰하고 시아버지와 아들을 헌신적으로 보살피는 '정순', 경제적으로는 무력했지만 평생 도의를 지키며 가족만을 위해 살아온 광수의 아버지, 이 네 사람은 소설에서 살아 움직이지 못하고 신념의 형태로 등장한다. 진부한 언어, 결말이 예상되는 상투적인 스토리, 작가와 인물 간의 성찰적 거리 부재, 연민으로 가득 메워진 넋두리 같은 서술

3 위의 책, 17면.
4 권보드래, 『연애의 시대』, 현실문화연구, 2003; 김지영, 『연애라는 표상』, 소명출판, 2007.
5 김정현, 『가족』, 자음과 모음, 2007, 19면.

등은 차치하고 이 작품에서 문제 삼아야 할 것은 '아들(손자) 구하기'에 동원되는 가족애 특히 부성父性이라는 가치의 절대성이다. 절대성이란 어떤 타자도 절대 받아들이지 않는, 모든 가치 위에 군림하는 유일하고도 강고한 동일성의 세계이다. 단적으로 이 작품 전반에 나타나는 최상급의 언어 '하나뿐, 정녕코, 일절, 한시도, 전부, 맹세코, 눈곱만치도' 등은 아버지의 헌신을 절대적 가치로 구성하고 아들을 철저하게 수혜자의 위치에 고정시킨다. 준걸에게 눈을 이식시켜 주기 위해 자살한 '아버지의 아버지'가 닫힌 문 저편에서 신성화되면서 개인의 실존적인 갈등은 제거된 채 모든 문제의 해법이 철저하게 혈연 가족이라는 본질론적 가치로 환원되는 것이다.

사회 제반이 불확실해져 버린 시대에 구원자와 같은 확고한 가치에 파시즘적인 열망이 쏠린 것을 이해하기란 그리 어렵지 않다. IMF 시기에 횡행했던 '가족'과 '아버지' 담론은 국가 차원의 경제적 파탄과 맞물려서 일어난 개인 파산과 이혼, 동반 자살 등의 현실을 은폐하거나 조정하고 싶은 집단 무의식의 결과이다. 지금 우리가 직면하고 있는 전 지구적 자본주의화와 정권의 극단적인 보수화 경향 등은 1990년대 이후 본격화된 '자본주의적 오이디푸스 구조'[6]가 심화되는 형국으로 볼 수 있다. 김정현 류類의 가족 이데올로기가 치명적인 것은, 절대적 부성이 사실은 자본-아버지의 물신적인 동일성과 겹쳐지며 결국 가족 관념 자체가 자본주의적 오이디푸스 구조에 무기력하게 순응하는 것으로 귀결되기 때문이다.

6 나병철, 『가족로망스와 성장소설』, 문예출판사, 2007, 333면.

2. 가족 서사가 2000년대 다문화 사회를 만났을 때

1990년대 (혹은 언제든 다시 등장할 수 있는) '아버지 열풍'의 반대편에는 서하진, 김인숙, 은희경, 김형경, 차현숙, 전경린, 권지예 등 여성작가들의 '가족 해체'의 서사가 있었다. 그들은 급격하게 변화해 가는 한국사회의 구체적 현실을 반영하고 비판적으로 성찰하기 위해 자발적인 가족 해체의 서사를 시도하였다. 억압적인 가족 이데올로기를 부정하고 여성의 욕망을 발견하는 서사는 일종의 사회 변혁을 향한 열망이었고 그런 만큼 전복적인 에너지를 가지고 있었다. 그것은 한국문학사가 자주 소홀히 했던 것이었고, 1980년대의 공동체 의식이 간과했던 개인적인 것의 발견이었으며 동시에 타자의 존재를 발견하는 것이었다. 그러나 그러한 움직임은 가출, 이혼, 불륜의 서사적 동어반복으로 인해 '남성에 대한 양극화된 이해, 낭만적 환상, '집'을 중심으로 한 이분법적 구도'[7]로 고착되어 갔고 결국은 나르시시즘적 순환에 갇혀 변혁적 에너지를 상실하기에 이르렀다.

2000년대 들어 가족 서사는 주목할 만한 또 다른 변화를 보여주고 있다. 다문화 사회를 맞으면서 이전과는 달리 새로운 형태의 가족을 적극적으로 구성하고 있는 것이다. 이는, 손상된 가족삼각형을 그림으로써 관습적인 가족 관념을 강화하고자 했던 소설과 다르고, 또 지난 연대의 소설이 강렬하게 보여줬던 가족 해체의 서사와도 다르다. 이른바 '정상가족'과는 다른 다양한 형태의 가족을 긍정적으로 포착

---

7 졸고, 「성性 서사의 습관」, 『매혹과 곤혹』, 열림원, 2005.

하려는 최근 경향은 김애란 소설 「사랑의 인사」의 한 장면에서 인상적으로 확인할 수 있다. 수족관에서 일하는 '나'가 수조 안에서 바라본 유리벽 너머에는 "할아버지와 아버지, 아버지와 아들, 아버지와 어머니와 아들, 아버지와 어머니와 아들과 딸, 어머니와 아들, 어머니와 딸, 딸과 아들, 딸과 딸, 할머니와 아들, 친아버지와 새어머니, 아버지와 어머니와 양아들, 삼촌과 조카, 이모와 조카, 할머니와 새어머니와 양아들, 새아버지와 친아버지와 딸, 그리고 세상에 혼자뿐인 많은 사람들"[8]이라는 다양한 가족들이 있다. 물론 이러한 가족의 형태가 예전에 없었던 것은 아니지만 포스트 IMF 시대와 연동되면서 이제는 편재遍在적인 현상이 된 우리 시대의 경험적 현실을 가족서사가 적실하게 반영하고 있는 것이다.

최근 '가족 서사의 재구성'은, 기존의 가족 관념이 유일하거나 고정된 실체가 아니라 실은 수많은 형태의 가족들을 배제하고 혈연 중심의 가족삼각형을 신화화 · 위계화 함으로써 구성된 이데올로기라는 점을 폭로하고 있다. 이 같은 문학적 실천은 21세기 한국 사회의 이슈로 부상한 '다문화주의multiculturalism 담론'에 기여한다. 다문화주의란 좁은 의미에서는 자본주의의 전지구화에 따라 발생한 국제적 "이주 문제에 대한 적절한 해법을 모색하려는 시도"[9]이다. 그러나 "근대적인 사회 구성 전체에 대한 도전적인 문제 제기들로 구성되는 지극히 논쟁적인 개념"[10]이라는 언급에서 보듯, 다문화주의는 근대성에 대한 비판

---

8 김애란, 「사랑의 인사」, 『달려라, 아비』, 창비, 2005, 153면.

9 한경구, 「다문화 사회란 무엇인가?」, 유네스코 아시아 · 태평양 국제이해교육원 편, 『다문화 사회의 이해』, 동녘, 2008, 89면.

10 Kivisto, *Multiculturalism in a Global Society*, Blackwell Publishing, 2002, 오경석, 「어떤 다문화주의인가?」, 『한국에서의 다문화주의 : 현실과 쟁점』, 한울아카데미, 2007, 36면에서 재인용.

적 성찰이라는 문제의식을 가지고 있다. 다문화주의는 궁극적으로 "다양한 문화적 주체들 혹은 소수자들subaltern의 특별한 삶의 자유와 권리 보장을 위한 '정체성 정치politics of identity' 혹은 정체성 '인정의 정치politics of recognition'"[11]로써 "문화의 다양성을 확보하고 소수 집단의 문화적 권리를 옹호"[12]하려는 담론이라고 보아야 할 것이다.

네팔 출신 남편과 한국인 아내와 이복 남매(박범신, 『나마스테』), 난쟁이 아버지와 베트남 출신 엄마와 아들(김려령, 『완득이』), 한국인 아버지와 조선족 엄마와 아들(김재영, 「코끼리」), 탈북자 아내와 무슬림 남편(황석영, 『바리데기』), 각기 다른 성姓을 가진 세 아이와 엄마(공지영, 『즐거운 나의 집』), 이복자매와 엄마(전경린, 『엄마의 집』), 입양아와 아버지(윤영수, 「광고맨 강과 그의 사랑하는 아들」), 남편의 여자와 아내(공선옥, 「도넛과 토마토」), 두 명의 남편과 아내(박현욱, 『아내가 결혼했다』), 두 명의 아버지와 아들(윤성희, 「감기」), 왜소한 청년들의 공동체(윤성희, 「유턴지점에 보물지도를 묻다」) 등의 가족은 기존의 가족 이데올로기에 의해 억압되고 배제되었던 '타자' 혹은 '소수자'이다. 작가들은 이들을 2000년대 한국 사회의 다양한 문화적 주체들로 형상화하여 다문화주의의 장場을 확장하고 있다.

"다양성이란 곧 삶의 동의어"[13]라는 말을 상기해 보면, 다양한 가족

---

11 오경석, 위의 글, 25면.

12 한건수, 「비판적 다문화주의 : 한국적 다문화주의의 모색을 위한 인류학적 성찰」, 유네스코 아시아 · 태평양 국제이해교육원 편, 『다문화 사회의 이해』, 동녘, 2008, 160~161면. "현대 한국 사회의 다문화 상황을 이해하는 데서 이주민만을 대상으로 논의하는 것도 문제로 지적할 수 있다. 다문화 현상의 원인을 이주민의 증가라는 외부적 요인으로만 접근하는 기존 논의의 한계를 극복해야 한다. 실제 급격한 사회 변동을 겪으며 한국 사회 내부에서도 문화적 다양성이 증가하고 있다(위의 글, 144~145면)"는 한건수의 지적은 타당하다.

13 마르코 마르티니엘로, 윤진 역, 『현대사회와 다문화주의 : 다르게, 평등하게 살기』, 한울, 2002, 22면.

의 형태는 너무나 당연한 일이다. 문제는 "동질성과 단일성을 지향하는 사회 속에서 다양성은 비정상적인 것으로 간주"[14]되어 실제로 존재해 온 다양한 가족이 '비정상', 혹은 '결손가정'이라는 이름으로 타자화 되고 주변화 되었다는 점이다. 이를 적극적으로 드러내는 동시에 한국 사회가 결정적으로 인정하지 못했던 '차이와 다양성'을 긍정하고자 하는 최근 소설의 경향은 커다란 의미를 갖는다. "오랜 기간 문화적 동질성과 혈통의 공유"[15] 그리고 혈연 중심의 가족 이데올로기를 강조해 온 한국 사회에서 기존의 규범과 다른 다양한 가족들을 소설화하는 행위는 주류 이데올로기에 저항하고자 하는 정치성을 띤다. "소수 집단의 문학에서는 모든 것이 정치성을 띤다"[16]는 진술은 위의 소설들에도 적용될 수 있을 것이다. 가족 서사의 재구성이 구성하는 다문화주의 담론은 (이른바 '다른' 것이 '틀린' 것이라는 왜곡된 인식을 교정하는) '정치적 공정성political correctness'을 실천하며, 압도적인 자본주의 사회에서 점점 더 무기력해져 가는 개인의 범주를 벗어나 2000년대 식式 사회 변혁의 가능성을 모색하고 있다고 할 수 있다.

그런데 문제는 간단치 않다. 인종, 민족, 언어, 관습, 성, 종교 등에 나타나는 문화적 다양성cultural diversity을 인정함으로써 소수자들의 문화를 존중하고 서로 다른 정체성을 가진 개인 · 집단 · 국가의 공존을 지향하는 '다문화주의'는 그 이념적 윤리성으로 인하여 지금 이 시대의 당위적 가치가 되었다. 이는 국가 정책적 지침으로 수립되어 각 대학 연구소[17]를 중심으로 "궁극적으로 사회 통합을 목표로 하는 다문

14 위의 책, 25면.

15 한건수, 앞의 글, 165면.

16 들뢰즈 · 가타리, 조한경 역, 『소수 집단의 문학을 위하여』, 문학과지성사, 1992, 34면.

17 서울대 중앙다문화교육센터, 서울교대 다문화교육연구원, 경기대 다문화교육센터, 숙

화 교육"[18] 프로그램이 추진되고 있으며 지역별 다문화가족 지원센터 등에서 실질적인 지원이 진행되고 있다. 바야흐로 "다양성은 21세기 문화가 지향해야 할 긍정적인 힘으로 일깨워졌고 더 나아가 이분법적인 전통적 사고의 현대적 대안으로 계몽되"[19]기에 이르렀다.

다문화주의의 발생론적 배경에는 자본주의의 전지구화에 따른 자본과 노동의 이동, 디지털 기술의 진화와 다매체 환경 등이 버티고 있다. 다문화주의는 그야말로 세계화에 따른 21세기 정치 · 경제 · 사회 · 문화적 환경의 변화와 함께 진행된 것으로, "다양한 문화와 인종적 배경을 지닌 사람들이 한 사회나 국가에 공존하면서 발생하는 여러 가지 현상이나 문제를 해결하기 위해서 출현한"[20] 것이다. 한국에서의 다문화주의가 사회 통합을 추구하는 관官 주도형에 치우치고 있는 것은 이러한 맥락에서 비롯되었다. 이질적인 문화 간 접촉에서 발생하는 문제를 해결하는 것이 급선무로 작용한 나머지 심지어 "한국 상황에서 다문화주의는 현실적 압력으로 작용하는 측면이 있다. 다문화로 살아라 하는 (다수자의 소수자에 대한) 압력을 받고 있다."[21] 정책적 실천 역시 아직도 수많은 과제를 안고 있다. 미국을 비롯한 다인종 · 다민족 국가의 사례에서 보듯이, 다문화교육 정책이 동화assimilation를 앞세우는 '용광로 정책melting pot policy'에서 '샐러드 볼 정책salad bowl policy'

명여대 다문화통합연구소, 동의대 부산 다문화 사회통합센터, 강원대 다문화 사회연구센터, 목원대 다문화 사회통합연구교육센터, 계명대 다문화 사회 연구 및 교육센터 등.

18 원진숙, 「다문화 시대 국어교육의 역할」, 『국어교육학연구』 30집, 국어교육학회, 2007.12, 35면.

19 김연순, 「현대 문화와 하이브리드」, 하이브리드컬처 연구소 편, 『하이브리드 컬처』, 커뮤니케이션북스, 2008, 9면.

20 구견서, 「다문화주의의 이론적 체계」, 『현상과 인식』 90호, 산해, 2003, 30면.

21 우한용, 〈특집 : 다문화주의와 한국소설〉, 「21세기 한국 사회의 다양성과 소설적 전망」, 제32회 한국현대소설학회 2008년 하반기 학술대회 자료집, 2008.11, 21면.

으로 이행해 왔다고 하지만, 실제 현실에서는 폭력적인 배제나 흡수가 일어나고 있어서 다양성 인정과 사회 통합이 어떤 방식으로 조화를 이루어야 할지에 대해 이견이 많다. 또한 정치 철학으로서의 다문화주의 논의에서도 쟁점이 만만치 않다. '모든 문화가 과연 존중받을 만한가?', '문화 집단이 실체로서 존재하는가?', '다문화주의가 기존의 공동체 자체를 붕괴시킬 우려는 없는가?'[22], '차이와 다양성이라는 것은 그 자체만으로 충만한 것인가?'[23] 등의 질문에 답하는 것이 쉽지 않은 것은 물론이다. 이는 다문화주의 담론을 옹호한 마르코 마르티니엘로가 끊임없이 "다문화주의의 위험"을 역설하고 있는 점을 보아도 알 수 있다. 소수집단을 보호하고 문화적 차이를 존중한다는 구실을 내세워 결과적으로는 인종적이고 문화적인 '분리'를 조장한다거나, 문화적 차이를 존중하는 담론이 때로 정치적 배제를 합법화 할 수 있다[24]는 등의 지적은 다문화주의가 오히려 사회적 고립을 은폐하는 그럴듯한 명분이 될 수도 있다는 우려를 나타낸다. 그의 저서 원제가 "문화적 게토 벗어나기Sortir des ghettos culturels"라는 점은 이런 측면에서 의미심장하다.

그렇다면 2000년대 가족 서사가 구성하는 다문화주의는 어떠한가? 이제는 다문화주의 윤리의 긍정적 의미[25]를 넘어 '비판적인 다문화주

22 한건수, 앞의 글, 153~154면.

23 "있음의 사실성을 긍정하는 것에 불과한 차이의 윤리란 고작해야 현존하는 사물과 세계의 상태를 순순히 받아들이도록 강요하는, 세련된 말장난에 불과한 것(「차이의 윤리라는 몽매에서 어떻게 벗어날 것인가—소수자 담론과 다문화주의 비판」, 『문학 · 판』 가을, 열림원, 2005, 96면)"이며, "현재의 다문화주의적 관용과 존중이 은밀하게 설정하고 있는 인종의 담론으로부터 벗어나 '차이 나는 삶'을 설정할 수 있는 가능성은 불가능한 것일까(위의 글, 105면)"라는 서동진의 언급은 '비판적인 다문화주의'를 생성하기 위해 경청할 필요가 있다.

24 마르코 마르티니엘로, 앞의 글, 111~128면.

의'를 위하여 다문화주의가 빠지기 쉬운 함정을 경계해야 할 때이다. 박범신의 『나마스테』(한겨레출판, 2005), 공지영의 『즐거운 나의 집』(푸른숲, 2007)』, 박현욱의 『아내가 결혼했다』(문이당, 2006)는 모두 기존의 관습적인 가족을 벗어난 '다른' 가족의 형태를 적극적으로 보여주고 있다. 『나마스테』는 다문화 가족, 『즐거운 나의 집』은 싱글맘의 가족, 『아내가 결혼했다』는 중혼重婚의 모티프를 등장시킨다. 과연 이들의 가족 서사에서 다문화주의 담론이 어떤 방식으로 생성되는가[26] 하는 질문을 던지려고 한다. 다시 말해 소수자들의 차이가 어떻게 수용되는가 하는 점에 초점을 맞추어 거기에 작동하는 정치적 무의식을 밝힘으로써 문학적 실천에 나타나는 다문화주의 담론의 현재를 비판적으로 점검해 보고자 하는 것이다.

---

25 김미현, 「가족이데올로기의 종언 : 1990년대 이후 소설에 나타난 탈가족주의」, 『여성문학연구』 13호, 한국여성문학학회, 2005.6; 우미영, 「현대소설과 가족의 탈근대 : 윤성희 · 김애란 · 강영숙의 소설을 중심으로」, 『한국문예비평연구』 21집, 한국현대문예비평학회, 2006.12; 안남연, 「2000년대 소설 속의 가족과 포스트모더니즘」, 『월간 문학』 통권 464호, 월간문학사, 2007.10; 박현이, 「윤성희 소설에 나타난 탈근대적 가족 양상 연구」, 『국어교육연구』 43집, 국어교육학회, 2008.8; 이선옥, 「독자의 달라진 기대지평과 모성 소설의 도전 : 공지영, 전경린」, 『오늘의 문예비평』 69호, 산지니, 2008; 졸고, 「여성 성장소설에 나타난 가족 서사의 재구성」, 『국제어문』 44집, 민속원, 2008.12 등.

26 이귀우는 「비판적 다문화주의와 문학 연구」(『인문논총』 6, 서울여대 인문과학연구소, 1999.12)에서 "다문화주의는 문화적 다양성(인종, 사회경제적 계급, 성별, 언어, 문화, 성적 성향, 신체적 장애 등)에 대하여 각각의 개인과 집단이 어떻게 다르게 반응하며, 이에는 어떠한 사회, 정치, 경제적 이해관계가 얽혀 있는지를 분석하려는 비평사조(59면)"라고 정의하였다.

3. 다문화 가족과 형이상학적 이데아로의 회귀 : 박범신, 『나마스테』

문학에서 다문화주의를 논할 때 반드시 거론해야 할 것이 바로 외국인 이주노동자 / 결혼 이민자와 한국인이 가족을 이루는, 글자 그대로 '다문화 가족'의 소설화[27]이다. 다문화가족이라는 사회적 이슈를 비교적 일찍 소설화 한 박범신의 장편소설 『나마스테』(한겨레출판, 2005)를 살펴보자. 이 소설은 네팔에서 온 '카밀'과 한국인 '신우'의 인연을 통해 한국 사회에서 철저히 소외되는 외국인 이주노동자들의 현실을 기록하고 그들의 투혼을 기억하는 작품이다. 그들의 수난사는 한국의 순혈주의 이데올로기와 글로벌 자본주의의 폭력성을 고발한다.

1990년대 이후 외국인 이주노동자들은 한국 사회의 새로운 노동자 계급으로, 또 최하층민으로 내몰려 사회적인 이슈가 되었다. 국가, 민족, 문화, 얼굴색, 언어 등은 가치중립적인 다름을 보여주는 척도가 아니라 우열을 가리는 배타성의 준거로 작동해 왔던 것이다. 카밀과 동료들의 인권이 유린되는 장면은 '우리'라는 포용적 단어 이면에 '니네들'에 대한 배제의 태도가 숨겨져 있다는 사실을 명백히 드러낸다. '세상이 화안해요'라고 말하던 유순한 눈의 '소년'에서 '캄캄한 세상'의 '전사'로 변신하는 카밀의 서사는 1980년대 문학 이후 서서히 잊혀졌던 '분노'의 감각을 부활시키고 문학적 윤리를 다시금 성찰하게 하는 계기가 되었다. 최근 소설들이 압도적인 자본주의 시스템 속에서 왜소

27 특히 결혼 이주 여성의 수가 20만 명(2007년 현재) 이상에 이르고 아시아계 한국인 혼혈아인 '코시안Kosian'은 3만 명으로 추정되는 현실에서 이는 자연스럽고 당연한 추세라고 하겠다. 특히 동화에 이 같은 소재가 많이 나타나는 것은 결혼 이주 여성의 자녀 가운데 초등학생 취학 자녀 비율이 거의 90%에 이른다는 사실을 잘 반영해 준다.

해져 버린 인물들의 무기력한 일상 혹은 거대 도시의 무표정한 얼굴들을 주로 그리는 데 비추어 보면, 부당한 현실과 처절한 절망 앞에서 희망을 잉태하기 위해 자기 한 몸을 불꽃으로 산화시킨 카밀과 신우의 형상은 오늘날의 독자들에게 오히려 낯설고 신선한 감동으로 다가온다.

그러나 『나마스테』가 궁극적으로 지향하는 세계는 한국 사회를 살아가는 다문화 가족의 실존적 현실이 아니다. 작가가 인물들의 현실을 '어떤 장場에 펼쳐 놓는가'에 따라 이주 노동자와 다문화 가족이라는 소재는 전혀 다른 주제를 획득하게 된다. 박범신은 『나마스테』에서 모든 질적 차이를 무화하며 포용하는 '육친성'[28]과 네팔의 신화적 상상력으로 형이상학적 이데아를 구축하고 있다.

> 그의 머리를 팔로 받치고 나란히 누우니 내 영혼의 뜰에도 사과 향기가 풀풀 날리기 시작했다. 나는 블라우스 단추를 열고 그의 손을 끌어당겨 내 가슴에 얹어주었다. 음란한 마음은 전혀 들지 않았다. 나는 설산들과 빙하가 흘러내리는 칼리간다크 강 사이의 사과밭을 지나 어린 그를 만나러 그의 옛집으로 가고 있었다.
>
> "카밀……."
>
> 나는 속삭여 그를 불렀다.
>
> 그가 설명해주었던 그대로 마을 어귀의 마니차가 설산의 바람에 윙윙거리며 돌아가는 소리까지 내 귀에 들리는 것 같았다. (…중략…) 한 번도 가본 적 없으나, 마르파 마을의 하얀 집들과 비좁은 골목의 바람길들과, 눈 같

28 권명아는 『가족이야기는 어떻게 만들어지는가』(책세상, 2000)에서 '육친성'을 "모든 관계를 피붙이의 관계로 환원하는 태도"라고 정의하면서, "여기서 피붙이란 인간관계의 경계를 넘어서는 것으로(인간과 자연, 산 자와 죽은 자의 경계조차 넘어서는) 혈연주의라는 개념으로 모두 포괄하기 어렵다"고 하였다.

> 은 흰꽃이 날리는 사과밭들과, 오래 묵은 티베트 사원 곰파의 지붕과, 지붕 위에 쌓인 장작더미들을 나는 세세히 보았다. (…중략…) 나는 그곳에 있었다. 카밀의 고향이자 내 고향인 히말라야 산협의 아름다운 마을 마르파에. (…중략…) 천천히, 그러나 한순간에, 마치 책장을 넘기듯, 혹은 수레바퀴가 돌아가듯, 삼계三界와 육도六道로 가득 찬 미혹의 카르마가 돌아갔다고 느끼자마자, 나는 마르파, 내 고향집 뜰의 무화과나무 밑에 앉아 있었다. (…중략…) 나는 그때 카밀인지, 혹은 카밀이 아닌지, 한 소년을 품에 안고 있었으며, 내 집 뒤에 자리 잡은 솔미곰파의 마니차 돌아가는 소리를 들었고, 집집마다 청, 백, 녹, 황, 홍색의 오색 카따들이 모랫바람에 휘날리는 것을 보았다. 마을 앞의 닐기리 봉 설산에서 설연이 피어오르고 있는 중이었다.
>
> — 박범신, 『나마스테』, 159~161면

위 인용문은 오빠의 반대에 부딪힌 '나' 신우가 카밀과 함께 서로 위로하며 술을 마신 후 쓰러진 그를 데리고 여관에 간 장면이다. 신우는 잠든 카밀을 정성스레 닦아 주면서 자연스레 그에게 이끌린다. 여기서 주목해야 할 것은 그녀가 잠든 카밀을 어린아이처럼 느끼며, 카밀 역시 그녀에게서 무의식적으로 어머니의 모습을 찾는다는 점이다. 환상 속에서 소년을 안고 무화과나무 밑에 앉은 신우의 형상은 영원한 그리움의 대상인 어머니를 의미한다. 카밀이 신우의 "젖꼭지를 맹렬히 빨아먹(162면)"는 데까지만 섹스 행위가 묘사된 것도, 그리고 훗날 진정성이 묵살되는 처절한 절망 끝에 분신을 결정하고 집을 떠날 때 카밀이 마지막으로 낮게 신우를 '아마(어머니)'라고 부르는 장면도 모두 모성을 확인하게 하는 장치이다. 이는 그녀로 하여금 카밀의 고향을 '마르파, 내 고향집'이라고 진술할 수 있도록 하는 육친성으로 확대된다. 카밀이라는 사회적 약자가 어떤 경우에도 선량함과 윤리 의식을 버리지 않는 상투성을 갖는 것처럼, 이 소설의 상처 치유 과정이 '누이, 어머니'라는 전통적인 상징으로 재생산(분신하여 추락하는 카밀을 온몸으로 받아내다 식물인간이 된 신우의 마지막은 모성 신화의 정점이라고 할 만하다)되고 있다는 점을 간과할 수 없다. 또한, 위의 인용문에서 섹스에 이르는 애무의 과정이 카밀의 고향인 마르파(히말라야 산협의 아름다운 마을)를 찾아가는 환상으로 묘사되고 있다는 점을 주목해야 한다. 장대한 설산, 빙하, 설연, 하얀 집, 눈 같이 흰 사과꽃 등이 이루어내는 히말라야 풍경은 그 자체로도 눈부시지만, 힌두교와 티베트 불교를 상징하는 '마니차, 솔미 곰파, 삼계와 육도, 카르마' 등에 이르면 신화적 상상력의 아우라를 띠게 된다. 카밀이 제일 좋아하는 신은 악을 물리치고 세상을 보존하는 '비슈누신'이며, 공동체에 헌신하는 신우를 사람들은 '락슈미신(고통 받는 자에게 부귀와 행복을 주는 상서로운 여신)'에 비유했고 카밀과 신우의 딸 '애린(마야: 네팔말로 사랑을 뜻함)'을 락슈미신의 환생이라고 믿었다. "육체적 경계를 넘어서 서로가 서로에게 상호 침투"[29]되는 인간과 신들의 교감을 뜻한다는 점에서 환생 역시 신화적 세계에 대한 일종의 육친성을 암시한다. 『나마스테』라는 제목부터 그러하지만 이 소설에는 '달, 밧, 타카리, 창, 퉁바, 모모, 뗀뚝' 등의 네팔 음식이나 '비슈누, 락슈미, 카마, 파르바티, 칼리, 시바' 등 신들의 이름, '카르마, 바르도, 마니차, 다르타마, 모귀' 등 문화적 특징을 나타내는 어휘에 이르기까지 네팔어가 많이 등장한다. 이 같은 낯선 언어[30]는 외국인 이주노동자라는 리얼

29 위의 책, 144면.

30 "세, 세상이 화안……해요"라는 카밀의 말은 "화안……엔 필히 방점을 찍어야 한다. 화……는 짧게 발음하고, 반음쯤 올려 안……을 길게, 발음하지 않는 것처럼 붙여주어야 그의 어조가 비로소 생생히 살아난다(9면)." 이러한 측면에서 이 문장의 발화는 다

리티를 살리거나 네팔의 현실을 드러내는 데 소용되기보다는, 먼 동경의 대상 혹은 세속적 고통을 모두 털어 낸 종교적 이상으로서 네팔이 가지는 초월적 아우라를 구축하는 데 기여한다. 네팔이라는 공간은 지역적 현실을 떠나 초超국가적 추상적 관념 속으로 은둔하는 것이다.

신화적 세계의 정점인 히말라야의 '카일라스 산'은 이 소설의 문장紋章과도 같다. "지구의 배꼽, 지구의 영혼이라고 불(137면)"리는 "죽음도 삶도 없는, 성스런 산(85면)" 카일라스, 그곳에는 기쁨이 충만하고 영원이 깃들어 있다. 카일라스 봉우리 사이의 성스런 호수가 "모든 죄의 얼룩을 씻고, 사람이 가진 독을 다 씻(137면)"어 내어 "고요한 본성(385면)"을 낳는 세계, 그 형이상학적 이데아의 세계가 바로 『나마스테』가 향하고 있는 지점이다. 마음속에 항상 카일라스가 있다는 카밀의 정성스런 '나마스테' 인사법[31]은 장엄하고 '화안한' 설산 앞에서 "무릎 꿇고 절하(137면)"는 인간의 겸허한 자세를 뜻하며, 또한 "사람과 사람 사이에 아름다운 다리를 놓는 소통의 시작(13~14면)"을 알린다. 그러므로 다문화가족을 모티프로 한 이 소설이 외국인 이주노동자에 국한되지 않고 모든 경계를 순식간에 뛰어넘어 한국 사회의 약자들을 끌어안으려는 의식으로 확산("신생의 웃음이 저절로 터져 나오는 사랑의 연대", 142면)되는 것은 당연한 결과이다.

마지막 장章인 "2021－카일라스 가는 길"은 함께 불꽃이 된 부모의 죽음 이후 친척집에서 자란 열아홉 살 애린이 2021년 카일라스로 향하

문화주의적 지향성을 드러내는 '한국어와 네팔어의 융합'이라고도 할 수 있겠다.

31 카밀이 처음 한국에 오게 된 것도 경제적인 궁핍 때문이 아니라(카밀의 아버지는 공장을 운영할 정도로 넉넉하다), 가족에 대한 반항으로 망나니처럼 살던 자신을 각성하게 해 준 사비나를 찾기 위해서였다는 점도 이와 연관된다. 그것은 연인을 찾아 나선 길이었지만, 결국 죽음을 통해 모든 약자에 대한 사랑을 실현하고자 했던 카밀의 '구도의 길'이었다고 할 것이다.

는 가상적 기록이다. 어디에도 뿌리내릴 수 없는 "무적자(371면)"라는 혼돈을 풀기 위해 애린은 스탠퍼드 대학의 합격증도 버리고 네팔로 간다. 애린은 설산과 외벽과 깃발과 사과 꽃 등 "온통 흰빛의 마르파(389면)"에 둘러싸여 신화적 육친성의 세계를 받아들이면서 정체성을 성취한다. 그 속에서 어머니의 연적이었던 '사비나'의 아들, 즉 이복동생 '카밀'을 피붙이로 받아들이는 것은 예정되어 있었다고 하겠다. 애린이 마르파의 옛집 현관 앞에 있는 무화과꽃 그늘에 앉는 장면은 신우가 내내 환상으로 그렸던 장면이며, 카밀과 신우가 처음 만났던 부천시 춘지봉 아래 산 벚꽃 환한 그늘을 상기시킨다. 결국 '카밀의 아버지 · 카밀 · 아들 카밀', 그리고 '카밀의 어머니 · 신우 · 애린'은 각각 비슈누와 락슈미의 계열체를 이루는 데로 나아간다. 신우에 이어 애린까지도 운명적으로 카밀의 세계관을 받아들여 현실의 모든 배타적 경계들을 뛰어넘는 문학적 상상력은 '지구의 배꼽 카일라스'를 중심으로 한 신화적 동심원에 수렴된다. 작품 표면에 펼쳐지던 그들의 실존적인 고통과 당대적 투쟁은 현실의 구체적인 세목과 질적 차이를 모두 버리고 형이상학적 이데아를 향해 낭만적으로 회귀하고 마는 것이다.

4. 모계 중심 가족과 전도顚倒된 동일성 : 공지영, 『즐거운 나의 집』

공지영의 장편소설 『즐거운 나의 집』(푸른숲, 2007)은 서로 다른 성을 가진 세 명의 아이들과 싱글맘으로 이루어진 가족을 다루고 있다. 작가는 열여덟 살 '위녕'을 화자로 등장시켜 성장소설의 형태를 취하였는데, 이는 우선 작가 입장에서 자전적 삶을 객관화하는 동시에 딸을 이해하고 더 나가서는 비슷한 처지에서 외롭게 방황하는 많은 독자들을 위무[32]하기 위한 것으로 보인다. 또한 다문화시대 새로운 가족의 의미를 묻는 담론적 차원에서 보자면, 정체성 획득이라는 목적을 가진 성장소설의 형식은 마이너리티 가족의 정체성을 탐색하는 데 적합하다고 하겠다.

이 소설에서 위녕의 트라우마는 크게 두 가지로 나타난다. 하나는 평범하지 않은 가족의 내력이고, 다른 하나는 그러한 환경에서 위녕 자신이 그 누구에게도 사랑받지 못했다고 느끼는 것이다. 위녕은 부모의 이혼 이후 세상 사람들의 관습적인 시선(연민, 호기심, 조심스러움, 두려움, 경멸 등)에 의해 자신이 "특별한 집(292면)"에 격리되어 있다고 생각한다. "왜 나에게는 평범한 일상이 없을까(189면)"라는 위녕의 독백은 기성 사회의 관습이 만들어 놓은 '정상성'의 범주에서 소외되어 있는 상황을 드러낸다. 사람들 눈에 비친 자신의 모습을 "중병에 걸린 병자, 기형아(28면)"에 비유한다는 것은 치유하기 어려운 '비정상성'으로 인해 자신이 타자화되었다고 인식하는 것이다. 게다가 아버지와의 갈

32 공지영의 이러한 행보는 산문집 『네가 어떤 삶을 살든 나는 너를 응원할 것이다』(오픈하우스, 2008)와 인터뷰집 『괜찮다, 다 괜찮다』(알마, 2008)에서 확연히 나타난다. "'제목(『네가 어떤 삶을 살든 나는 너를 응원할 것이다』 – 인용자 주)만 보고도 눈물이 핑 돌았다'는 반응이 많았는데요. 젊은 사람들은 물론이고 한국 사회에서 살아가는 사람들이 얼마나 경쟁에 내몰렸으면, 박수 소리 하나 들리지 않을 정도로 외롭다고 느꼈으면 제목만 듣고도 눈물이 핑 돌까, 그런 생각이 들었어요. (…중략…) 가만히 생각해 보니 내가 그때까지 구사했던 언어가 할퀴고, 비꼬고, 상처 주고, 공격하는 데 더 많이 쓰였고, 정말 내가 누군가를 위해서 위로하고, 격려하는 데 그 말들을 쓴 적이 있었나, 하는 생각을 하면서 말의 위력을 많이 실감하게 된 거죠." 『괜찮다, 다 괜찮다』, 26면.

등을 해소하지 못하고 새엄마와의 관계 역시 정립하지 못한 채 엄마와 떨어져 있었던 그녀로서는 고아의식(한밤중에 열에 들떠 깨어나 혼자 우는 "언제나 외톨박이", 247면)이 치명적인 것이었다. 이른바 '비정상성'과 고아 의식은 모두 위녕이라는 인물의 타자성을 드러내주며 이것을 극복하는 것이 성장의 목표였다. 과연 위녕은 어떻게 문제를 해결하는가?

이 지점에서 작품의 서사적 현재가 '엄마의 집'이라는 공간에서 진행된다는 점은 의미심장하다. "엄마 식으로 생각하면, 엄마 식으로 다시 이야기하면(249면)" 등에서 보듯이, 위녕의 성장에 결정적인 영향을 미친 존재는 바로 '엄마'이다. 엄마가 바로 성장의 준거 역할을 한 것이다. 위녕은 전적으로 자신을 믿어주는 엄마의 사랑으로 점차 고아의식을 극복해 간다. 이렇듯 이 소설의 밑바탕에는 일단 혈연의식이 깔려 있다. '친구가 이상하면 안 만나면 그만이지만 가족은 관계를 다시 설정할 수가 없으므로 감내해야 한다'는 대목을 보아도 그렇다. 그러나 이때의 혈연의식은 가부장을 중심으로 한 것이 아니라 한 몸에서 또 다른 생명을 품어내는 "창조의 환희(85면)" '모성'에서 비롯된다. "세상에 태어나 제일 잘 한 건 너희를 낳은 거"라거나 "너희를 다시 얻기 위해서라면 다시 그 시절(고통스런 젊은 시절—인용자 주)로도 돌아갈 수 있어(11면)"라는 진술에서는 운명론적인 모성애를 엿볼 수 있다.

이 같은 모성은 기존의 남성 중심 이데올로기가 쌓아온 모성 신화와 거리를 둔다. 그 차이는 바로 경험적 현실에 바탕을 둔 모성, 그리고 그것을 이루는 요소들의 복수성複數性이다. 공지영은 박경리 · 박완서 문학에서 면면히 이어져 온 '억척 어미'의 형상을 유지하되 거기에 열정과 유머를 추가하였다. 위녕의 엄마는 누구에게도 의존하지 않고 혼자 힘으로 아이들을 교육하고자 하는 강인한 생활력을 가졌고,

깊이 있는 통찰력으로 많은 사람들을 감동시킬 수 있는 작가의 삶을 추구한다. 그러나 그녀는 굴곡 많은 개인사로 유명세를 치르면서 자주 눈물 흘리고, 딸에게 자신이 한눈에 반한 남자 친구 얘기를 하는가 하면 술 마신 날은 딸 앞에서 우스꽝스러운 춤을 추며, "나 열렬히 사랑하고 열렬히 상처받았으며, 열렬히 슬퍼했으나 이 모든 것을 열렬한 삶의 일부로 받아들였으니, 이제 좀 쉬고 싶을 뿐(198면)"이라는 묘비명을 쓰겠다는, "바람 같은(46면)", "천방지축 우리 엄마(264면)"이다. 이 작품의 모성이 독특한 개성으로 나타나는 것은 바로 후자의 비중 때문이다. 이성적 심판이 아닌 무조건적인 사랑, 어린아이 같은 천진함, 열정, 웃음, 유머 등으로 구성된 엄마의 세계는, 기존의 남성 중심적 시선에서 늘 열등한 것으로 배제되었던 타자적인 것들이 귀환한 세계이며, '긍정'의 철학과 '공감'의 윤리를 낳는 세계이다.[33] 위녕이 인식하는 아빠의 세계와 비교해 보면 그 독특한 차이는 확연해진다.

> 아빠네 집이 각이 반듯반듯 잡힌 책장을 가지고 있고 액자마다 윤이 난다면 엄마네 집안은 소파도 둥글고 쿠션도 둥글고 책상도 삐뚜름하게 놓여 있었다. 이건 비단 인테리어의 문제가 아니라 내게는 마치 헌법이 전혀 다른 국경을 넘는 일과도 같았다.
>
> — 공지영, 『즐거운 나의 집』, 31면

엄마를 다시 만난 후 내 인생은 송두리째 바뀌어 버렸다. 아마 태양계의 행성에서 난데없는 왜소 행성으로 변한 명왕성 같은 기분이라고나 할까. 명

33 이에 대한 분석은 졸고, 「여성 성장소설에 나타난 가족서사의 재구성」, 『국제어문』 44집, 민속원, 2008.12.

왕성이 생각을 할 수 있는 유기체라면 그는 인간들이 '명왕성은 행성 아님' 선언을 하고 영어로는 난쟁이 행성이라는 보통명사를 붙여준 것에 대해 어떤 감정을 가질지를 생각해 보는 것이다. 아빠 식으로 말하자면 그건 탈락이고 엄마 식으로 말하자면 그건 명왕성의 자유일지도 모른다. 그에게는 이제 사람들이 붙여 놓은 딱지가 없기 때문에 스스로 그냥 별로 존재할 수 있으니까. 거꾸로 말하면 그는 그냥 자신이 꿈꾸는 그 별이 되어 자기 스스로 자신에게 이름을 붙일 수 있으니까 말이다.

— 위의 책, 51면

'반듯반듯 / 둥글둥글', '탈락 / 자유'의 대조에서 보듯, 위녕에게 '아빠네 집'과 '엄마네 집'은 이분법적으로 대립되어 있다. "헌법이 전혀 다른 국경을 넘는 일"처럼 '범주화'된 이 두 세계는 결코 서로 교섭하지 않는다.[34] "항상 고요하고 규칙적인 아빠의 집(39면)", "늘 옳은 게 무엇인가 사리 분별부터 하고 보는(265면)" "윤리 교사들의 교사 같은 아빠(264면)"의 세계는 규범적 질서 혹은 경직된 이성理性이 강력하게 작용하는 세계이다. 결혼 초, 학생 운동 수배자로 잡혀 수감 생활을 하고 나온 아빠가 엄마의 사회 활동(소설가)을 금지(외출 금지)시켰던 것은 아빠의 세계가 도구적 이성으로 전락했음을 시사한다. 명왕성의 비유에서 억압적인 아빠의 세계는 일반적인 사람들의 관습적인 사유로 확대되고 있다. "아빠 식으로 말하자면 탈락"과 "사람들이 붙여 놓은 딱지"는 같은 원리로 작동하기 때문이다. 그 '딱지'는 위녕의 가족에

34 이 작품에서 이혼 후 아빠와 엄마는 결코 만나거나 이야기를 나누려고 하지 않는다. 이러한 인물의 행위까지를 포함하여 아빠와 엄마의 세계로 표상되는 두 개의 범주는 본질이 상이한 대립적인 것으로 설정되어 있다.

게도 붙어 있다. '탈락'과 '자유' 사이에서 '나'는 '명왕성의 자유'를 누리기 위해 아빠의 세계를 부정하고 엄마의 세계를 선택한다. "아직 한 발을 E시(아빠가 살고 있는 곳—인용자 주)에서 다 떼지 못하고 두 발을 다 B시(엄마가 살고 있는 곳—인용자 주)로 옮겨 딛지도 못한 채로 나는 아주 불안하고 엉거주춤한 것 같(243면)"았다는 말은 결국 정체성을 획득하기 위해 두 도시 사이에서 양자택일, '선택'의 행위가 불가피했다는 것을 암시한다. 따라서 위녕이 엄마의 집에 안착한 후 아빠 집을 찾아가서 그간 부당했던 아빠의 행위를 확인시켜 주면서 자신의 트라우마를 치유하는 것은 이미 예정된 것이었다고 할 수 있다.

이 소설에서 차이의 정체성을 구성하는 '엄마'의 세계는 '모성을 포함한 여성성'의 세계로 나타난다. 이 세계는 엄마와 딸의 동질성을 각별하게 강조하고, 남성 중심 이데올로기에 의해 폄하 되어 온 '이혼녀' 엄마와 '과부' 막딸 아줌마와 '노처녀' 서저마 아줌마의 공동체를 보여주는가 하면, 시골집 텃밭과 정원을 가꾸는 '(생명을) 기름'의 가치를 부각한다. 이 같은 남성성 / 여성성의 대립 구조는 심지어 새엄마에 대해 느끼는 동질감에서도 나타난다. 새엄마의 우는 모습을 보면서 위녕이 "그 순간처럼 여자인 새엄마를 아빠보다 더 많이 이해했던 순간은 아마도 없었을 것이다. (…중략…) 새엄마도 그 순간만은 울고 있는 그녀를 아빠보다 내가 더 잘 이해하고 공감하고 있다는 것을 알아차린 것 같았다(258면)"라고 하는 대목은 여성들 간의 소통을 강조한다. 또 (아빠와는 매우 다른 인물로 등장하는 엄마의 연인) '다니엘 아저씨'의 경우, 그는 작가가 남 / 녀의 대립을 지양하고자 하는 의도에서 설정한 인물로 보이지만, 이해와 공감을 내면화한 인물이라는 점에서 이 소설이 설정한 여성성의 범주에 속하므로 남성성과 여성성의 이항대립을 해체하는 역할을 하지 않는다.

열등하다고 규정되어 왔던 타자적인 것들의 차이를 존중한다는 점에서 엄마의 세계에는 똘레랑스tolerance의 윤리가 깔려 있다. 아빠가 표상하는 세계를 부정하는 행위는 "똘레랑스 할 수 없는 것들에 저항하는"[35] 도덕적 의무로서의 '앵똘레랑스'라고도 볼 수 있다. 그런데 문제는 위녕이 아빠의 세계를 부정하고 엄마의 세계를 전적으로 긍정[36]함으로써 결국 기존의 이항대립을 전도顚倒시킬 뿐, 또 다른 동일성을 전유하는 방식으로 이분법의 위계는 그대로 유지하고 있다는 점이다.

위녕이 처음부터 엄마를 너무도 닮았다는 점에 대한 강조 역시 이미 견고한 배타적 경계를 암시하고 있었다. 그녀는 아빠에게서 "엄마는 너와 비슷한 사람이야. 내가 보기에는 많이 닮았지. 아니, 거의 같지(22면)"라는 말을 들을 뿐만 아니라 다니엘 아저씨로부터도 "어쩌면 우리 집에 들어오는 방식도 모녀가 그렇게 똑같은지……. 지금 하는 말도 말이야(321면)"라는 말을 듣는다. 또 "엄마와 함께 한집에서 마주 앉아 있는 이 순간에 나는 내가 엄마를 닮았다는 사실을 어느 때보다도 깊이 느낀다(46면)", "나도 엄마의 피를 따라 살고 싶었다(47면)" 등에서 보는 것처럼, 엄마에 대한 애착은 위녕을 압도하고 있다. 모녀의 성적 동질성에서 더 나아가 엄마의 세계를 전적으로 내면화하는 방식(동화, assimilation)으로 이루어지는 모계 중심 가족은 또 다른 타자들을 만들어 낸다. 둥빈과 제제, 그리고 새엄마가 그 예이다. 아들인 둥빈과 제제가 각각 겪는 갈등

---

35 하승우, 『희망의 사회 윤리 똘레랑스』, 책세상, 2003, 58면.

36 엄마의 변辯은 젊은 시절 '곰탱에게 보내는 꽁지의 편지'와 스무 살이 되는 딸에게 보내는 엄마의 편지에서 잘 드러난다. 그러나 위녕에게 부정되는 아빠의 세계는 이 소설에서 대체로 침묵하고 있다. 이런 측면에서 위녕을 화자로 했음에도 불구하고 작가가 과연 충분히 자기 연민을 경계하였는가 하는 문제를 제기할 수 있을 것이다.

들은 그 뿌리가 깊어 보임에도 불구하고 "그래, 아들이 남자였더라구(288면)"로 간단하게 처리되고 있다. 또, 위녕이 아빠 집을 다시 찾아간 장면에서 예전 사건의 전후 맥락이 밝혀지기보다는 새엄마가 스스로 계모의 한계를 인정("난 결심했어. 우리 위현이가 애 딸린 남자와 결혼한다면, 사랑이 아니라 사랑 할아버지를 한다 해도, 절대로 그 결혼은 못 하게 말릴 거라고. 위녕, 너도 절대로 그런 결혼은 하지 마. 그건 우리의 마음과는 너무 다른 일이야……. 그런 의미에서 애들은 엄마가 키우는 게 맞아. 내가 정말 깨달은 건 그거야. 새엄마는 그런 역할을 하게 되어 있어. 동화는 어느 정도 보편적 진실을 말하고 있었던 거야. 그러니까 그게 오랜 세월 읽혀지고 그랬던 거야", 260면)함으로써 계모의 신화를 고수하는 것도 모계 혈연 중심의 동일성 원리가 견고한 배타적 경계를 쌓은 결과로 보인다. 이 작품의 모계 중심 가족은 위계적 아버지를 부정함으로써 발랄한 새로운 가족 서사를 구성하고 있지만, 전도된 동일성으로 또 다른 타자들을 만들어 내는 함정에 빠져 있는 것이다.

5. 폴리패밀리polyfamily의 해방적 에너지와 문화적 게토

: 박현욱, 『아내가 결혼했다』

박현욱의 장편소설 『아내가 결혼했다』(문이당, 2006)는 두 명의 남편과 아내와 아이로 이루어진 가족, 즉 '폴리패밀리'를 선보이고 있다. 제목이 보여주는 파격처럼, 결혼한 상태에서 또 다시 다른 남자와 결혼하는 중혼重婚의 도발적 상상력을 과감하게 펼쳐 주목받은 작품이다.[37]

'연애, 결혼, 부부, 가족'이라는 네 개의 장으로 이루어진 이 소설은 각 서사 단락이 축구 이야기와 병치되어 있다. 축구의 기원과 역사, 월드컵과 세계 각국의 프로축구 등 각종 축구 경기의 전적과 에피소드, 선수들의 행적 등 세세한 정보는 화자 '덕훈'의 관점에 의해 걸러짐으로써 '덕훈'과 '인아'의 삶을 환기하여 중심 서사를 뒷받침[38]한다. 중심 서사와 축구를 연결시키는 방식은 대체로 다음 두 가지 유형으로 나타난다. 하나는 "그녀와의 섹스에 대해 말하자면, 한마디로 그녀는 최고의 섀도 스트라이커였다. 그녀는 리드미컬한 움직임으로 빈 공간에 생명력을 부여하는 천재적인 플레이메이커였고 최적의 공간을 찾아 감각적인 터치를 절묘하게 패스해 주는 탁월한 어시스턴트였다(27면)"와 같이 대상을 축구에 비유하여 묘사에 새로운 감각을 부여하는 경우이다. 다른 하나는 "프랑스의 국가 대표 감독 에메 자케는 이렇게 말했다. '축구는 본능적인 경기입니다. 피부색이 검든 희든 축구와는 아무런 상관이 없어요' / 틀림없이 아내는 이렇게 생각하고 있을 것이다. 이李의 씨이건 한韓의 씨이건 아무런 상관이 없다고. 자신의 아이이기만 하면 된다고(248~249면)"와 같이 자신의 이야기를 축구와 관련된 에피소드에 적용하면서 서사의 주요 갈등을 선명하게 부각하는 경우이다.

이 소설의 주된 갈등은 일반적인 관습에서 벗어나는 '인아'의 사랑관과 가족관에서 비롯된다. "애인 사이가 배타적이며 독점적인 관계

37 『아내가 결혼했다』 분석은 이 책 「2000년대 연애서사의 문제적 지평」의 2장을 '다문화주의'의 측면에서 확장한 것임.

38 물론 이 소설의 모든 서사단락마다 성과를 보이는 것은 아니다. 이 작품 분량의 1 / 3정도를 차지하고 있는 축구 관련 이야기는 많은 경우 서사와 가까스로(혹은 억지로) 연결된 정보가 나열되어 있어서 미학적 성과에 부정적인 영향을 미친다.

라고 생각하지 않는다(28면)"는 그녀는 결혼을 원하지 않는다. 덕훈의 끈질긴 청혼을 수락한 후에도 '폴리아모리(다자간 사랑)'를 지향한 결과 '폴리안드리(일처다부)' 나아가 '폴리패밀리'를 실현하고자 한다. 인아는 삼국시대나 고려시대의 결혼 풍습, 여러 종족에서 발견되는 문화 인류학적 사례 등을 근거로 하여, 많은 사람들이 본질적인 것이라 여겼던 전통과 질서가 실은 역사적으로 '구성'된 관습이나 제도에 지나지 않는다는 사실을 증명하고자 하였다. 이 속에는 한국 사회의 가부장제 이데올로기가 폴리가미(일부다처)를 공공연히 행하고 여성들을 차별적으로 훈육해 왔다는 사실을 폭로하고자 하는 의도가 담겨 있다. 문화상대주의를 핵으로 하여 위계적인 근대의 사유와 제도를 일상성 속에서 전복하려는 것, 이것이 바로 인아의 행위가 가지고 있는 해방적 에너지의 정치성이다.

'결손 가정'이라는 단어에 내포된 부정적 가치평가, 다시 말해 "다른 사람들을 비정상으로 만들어 놓고 자기는 정상이라며 좋아하는(292면)" 부당함에 대해 지적하는 그녀는 분명히 다문화주의를 지향하고 있다. 지속적으로 이어지는 인아와 덕훈, 재경(인아의 또 다른 남편)과 덕훈의 '토론'은 다문화 사회의 똘레랑스를 실천하려는 시도로 보인다. 그러나 인아의 논리에는 모순이 잠재해 있다.

첫째, "나는 그 사람을 사랑해. 그래서 그 사람(재경－인용자 주)과 결혼하고 싶어"의 논리이다. 이 말은 평범한 덕훈이 한 말이 아니라, '집시처럼 길에서 객사하는 게 꿈'이라던 인아의 말이다. 개인의 감정(사랑)과 제도(결혼)를 분명히 구분하고, 인간의 본성상 평생 사이좋은 부부로 살 수 있는 확률이 1%도 안 될 거라고 확신하면서 "마음과 몸이 가는 대로 자연스럽게 살고 싶다(85면)"고 했던 인아가 '사랑해. 그래서 결혼하고 싶어'라는 논리적 비약을 감행할 때 인물에 대한 신뢰도는 급격히 추락할 수밖에 없다. 혹시 덕훈과의 결혼 후 생각이 바뀌었다손 치더라도, 굳이 법적으로 인정받는 부부가 될 필요는 없다면서 "사랑하는 사람을 정부情夫로 만들고 싶지 않아. 사랑하는 사람의 정부情婦로 남고 싶지도 않아. 결혼해서 같이 살고 싶어"라고 주장하는 것은 기존의 결혼제도를 부정하고자 하는 자로서 논리적 정합성을 확보할 수 없다. 결혼은 법적 · 사회적 승인의 특성을 갖고 있는데, 인아의 선택은 이 가운데 법적인 요소를 제외하고 사회적인 승인만이라도 취하겠다는 태도이다. 그녀는 두 번째 남자의 부모와 몇몇 지인들만을 불러 모은 앞에서 예식을 치른 후 슈퍼우먼처럼 두 살림을 꾸리면서, 명절과 집안 행사 때마다 두 군데 시댁을 교묘하게 왔다갔다 하며 완벽하게 연기한다. 이러한 행위는 여전히 가부장제 이데올로기와 모노가미에 구속되어 있는 것이며, 곧 발각될 수밖에 없는 허위의식을 드러낼 뿐이다.

둘째, 인아는 덕훈에게 선택권을 주는 합리적 동의의 형식을 취하고 있지만 실상은 덕훈의 애정을 볼모로 삼아 자신의 방식을 일방적으로 강요할 뿐이다. 그녀가 원하는 방식대로의 결혼을 하겠다고 덕훈이 맹세하는 한, 그들의 관계는 이미 위계적이다. "아무리 생각해도 다른 방법이 없어. 나는 당신도, 그 사람도 놓치고 싶지 않아. 당신이나 그 사람이 먼저 나를 버리지 않는 한 놓치지 않을 거야. 놓치지 않도록 최선을 다할 거야. 미안해. 이기적이고 무책임하게 들리겠지만 나 원래 그런 사람이야. 이런 내가 싫으면 이혼해 당신이 하자는 대로 할게(136면)"라는 말은 합리적 동의의 방식으로 포장되어 있지만, 실은 자신이 내민 카드를 거절할 경우 덕훈에게 페널티가 주어질 것이라는 일방적 경고와 다름없다. 자신의 인식에 일체의 회의를 품지 않는 것, 또 '나 원래 그런 사람이야'라는 대화를 차단하는 행위는 다문화주의를 구호적 차원으로 떨어지게 한다.

결과적으로 '덕훈―인아―재경'이 함께 사는 폴리패밀리는 남성 중심 이데올로기가 만들어낸 억압적 일부다처의 구조를 그대로 승계하고 그 중심을 여성으로 바꾼 것일 뿐이다. 덕훈이 재경에게 자신이 인아의 합법적인 남편이라는 것을 강조하고, 재경이 덕훈을 형님이라 부르며 잘 지내고 싶다고 따르는 장면은 여지없이 일부다처의 처첩관계를 떠오르게 한다. 이로 인해 인아가 보여주는 삶의 방식은 폭넓은 공감을 획득하지 못하고 게토ghetto화되고 만다.

덕훈 역시 이 같은 게토화에 중요한 역할을 하고 있다. 이 작품의 화자는 덕훈이다. 그는 남성 중심 이데올로기가 보편적인 이념으로 편재해 있는 한국 사회에서 "정상적으로 성장해서 정상적으로 살아가는(32면)" 평균적인 남자이다. 독점적 소유욕이 사랑의 필요충분조건이라고 생각하는 그는 "그녀의 다른 연애들을 죄다 무덤 속에 묻어버리려면 결혼밖에 없다는 생각(79면)"으로 인아에게 집요하게 청혼했다. 인아에 대한 애정 때문에 자신의 생각을 최대한 양보하고 이른바 쿨한 남자의 외양을 띠면서 그녀의 결정을 받아들이기는 했지만, 결말에 이르기까지 덕훈은 인아가 실현하고자 하는 폴리패밀리를 결코 이해하거나 공감하지 못한다.

아내와 결혼했을 때 그녀가 내 여자가 되었다는 감격 때문에 미처 생각하지 못했는데 그녀는 내게 버거운 상대이다. 그녀의 사이즈에 맞추려면 내 발이 훨씬 더 커져야 한다. 그러나 내 발은 이미 다 자랐고 더 이상 클 수 없다. 축구화가 아무리 지극 정성으로 발을 감싸 준다 해도 사이즈의 간극을 메우진 못한다.

— 박현욱, 『아내가 결혼했다』, 294면

그놈은 아내와 한통속이다. 인생관이나 세계관이 인간관계의 친소를 좌우하는 결정적인 것은 아니지만 아무런 영향을 끼치지 못한다고 할 수도 없다. 뿐만 아니라 둘은 성격마저도 비슷하다. 아내나 그놈이나 똑같이 이기적인 족속이다. 다른 사람 생각은 조금도 하지 않는다. 아이 생각도. 내 생각도.

막연하면서도 근거 있는 불안. 아내는 공정하게 경기를 진행하지 않을 것이다. 아내에게 심판을 맡길 경우 나는 이미 패한 것이나 마찬가지다.

— 위의 책, 301면

화자를 누구로 설정하느냐 하는 문제는 차이와 다양성을 어떻게 수용하느냐의 문제에 직결된다. 작가는 "대안을 모색하기 위해 벗어나야 하는 것은 우리가 상식이라고 믿어 왔던 견고한 아집들('작가의 말')"이라고 말했다. 평범한 남자 덕훈을 화자로 설정한 것은, 기존의 관습과 제도를 부정하는 자(인아)의 내면을 보여주기보다 '그들을 어떻게 받아들일 것인가' 하는 문제를 탐색하고자 한 것이다. 그러나 과연 화자 덕훈은 상식이라고 믿어왔던 견고한 아집들을 벗어나고 있는가?

인아가 아이를 낳고 아버지가 누구인지 밝히지 않겠다고 선언한 후 두 번째 남편인 재경은 아이 돌보는 일에 적극 나서면서 덕훈과 인아의 집에 드나든다. 위 인용문은 딸 '지원'이 컸을 때 자기 부모가 "다른 집 부모와 다르다는 걸(291면)" 어떻게 이해시킬 것인가를 고민하는 가운데 점점 폴리패밀리의 압박을 겪는 덕훈의 내면을 보여준다. 그가 인아와 재경이 주창하는 폴리패밀리에 동의하는 일은 "사이즈의 간극을 메우지 못하는 것과 같이" 불가능하다. 비록 인아에 대한 성적 애착과 애정 때문에 그녀의 결정을 마지못해 수용하긴 하지만 그들과 대화하면 할수록 덕훈은 오히려 더욱 더 자신의 태도를 완강하게 확인하거나 그들에 대한 적의("적이라고 하기에도 과분한 불구대천의 원수", 300면)와 패배감("알고 보지 않아도 불쌍하기 이를 데 없는 사람도 있다. 내가 바로 그런 자다", 311면)을 키울 뿐이다. 결국 그들은 도망치듯 "우리끼리만 잘 살면 되(336면)"는 뉴질랜드로 이민 갈 것을 결정한다. 덕훈이 사는 1층에는 절대로 내려오지 않는다는 조건 하에 재경을 2층에 살게 하고 그렇게 두 남편과 아내와 아이가 다 같이 한 집에 사는 생활을 마지못해 수락하는 것이다.

앞서 지적한 대로 인아(재경을 포함하여)의 모순된 논리는 자신들의 다문화주의를 스스로 게토로 몰아넣었다. 여기에 결정적으로, 그들을 바라보는 화자의 시선이 일종의 '상징 폭력'이 되어 그들의 세계를 게토로 완성한다. "의사소통 상황에 내재하는 권력관계"[39]는 소설의 화자에도 적용된다. 화자는 발화 행위의 권력을 가진 존재이다. 1인칭 서술 상황의 화자는 특별한 상황(신뢰할 수 없는 화자)을 제외하고는 대체로 독자에게 친밀감을 준다. 덕훈이 진보적이지 않다는 사실이 그를 신뢰하지 못하게 만들지는 않는다. 오히려 그는 폴리패밀리라는 낯선 상황에 익숙하지 않은 대다수 사람들의 시선을 대표한다는 면에서 독자들의 공감을 사는 인물이다. 또 주지하다시피 1인칭 서술 상황은 그 특성상 모든 상황을 1인칭 인물의 관점을 통해 드러내는

39 삐에르 부르디 외, 정일준 역, 『상징폭력과 문화적 재생산』, 새물결, 1997, 53면.

것이라서 처음부터 대상이 독자들에게 객관적으로 다가오기는 어렵게 되어 있었다. 인아와 재경의 내면적 갈등이 표면화 되지 못하는데다가 그들의 기나긴 토론이 논리적 오류를 범하고 있고, 또 화자가 이들의 지향성을 끝까지 적대감과 패배주의로 응대하는 점 등은 결국 이 소설의 폴리패밀리를 한낱 추문으로 떨어지게 만든다. 결말에서 인아의 결정(폴리패밀리)이 채택되지만, 궁극적으로는 화자 덕훈의 시선을 통해 진보적 이념형은 '그들만의' 세계로 유폐되는 것이다.

6. 다문화주의를 표방하는 가족 서사의 딜레마

2000년대 들어 소설에서 기존의 형태와는 '다른' 가족이 적극적으로 '재구성' 되었다는 것은 주목할 만한 문학사적 사건이다. 그것이 다문화주의 담론과 만난다는 것은 어찌 보면 당연하다고 할 수 있겠다. 일단 그것은 지나간 연대의 강박을 벗어난 작가들이 다원화된 21세기 문화 환경을 만났기 때문이다. 그러나 그보다 더 심층적인 이유는 가족삼각형의 역학에서 찾을 수 있다. 어떤 형태든 새로운 가족을 구성하고자 한다는 것은, 오이디푸스 구조로 이루어진 기존의 가족삼각형을 부정하거나 벗어나고자 하는 것이다. 오이디푸스 구조란 가족삼각형에서 아버지가 아들에게 거세공포를 일으키고 "차이의 관계에 있는 타자(청년으로서의 아들)를 강제로 동화시키는"[40] '동일성 원리의 권력관계'를 의미한다. 이를 부정하거나 벗어나고자 하는 길은, 근대성을 비판적으로 성찰하려는 다문화주의 담론의 길과 통한다.

앞서 살펴본 바와 같이, 최근 소설에 나타나는 다양한 가족의 형태는 다양하다는 그 자체로서도 이미 '유일한 정상가족'의 허구성을 폭로하며, 권력관계의 재구성을 지향하는 '가족의 재구성'을 통해 2000년대식 사회 변혁의 가능성을 탐색하고 새로운 시대를 향한 열망을 드러낸다. 이 소설들은 모두 주류 이데올로기와 다르다는 이유만으로 배제되고 억압되었던 소수자들을 주목하여 당당히 텍스트에 등장시키고 문화적 주체로 거듭나게 하고자 하였다. "대중Multitude의 저항, 삶을 고정된 틀에 맞추려는 모든 시도들에 대한 저항은 무엇보다도 특이성의 쾌락을 경험하는 데 있다"[41]는 것은 앞에서 살펴본 작가들도 이미 직관으로 감지하고 있는 듯하다. 그러나 여기서 우리는 잠시 머뭇거려야 한다. 차이와 다양성을 존중하는 정치적 공정성 자체가 소설적 미학과 문학적 윤리를 확보하는 것은 아니기 때문이다. 또, 이런 질문을 던져야 하기 때문이다. 엄밀히 말해 위의 세 장편소설이 보여주는 새로운 가족의 형태 즉 '가족의 재구성'이, 그것을 바라보는 태도의 문제인 '가족 서사의 재구성'으로까지 과연 나아갔는가? 이 질문은 바꾸어 말하면, 이 소설들이 진정으로 '근대성을 비판적으로 성찰하고 있는가?' 하는 문제이다.

『나마스테』에서 외국인 이주노동자 카밀과 신우가 이루는 다문화 가족의 수난은 한국의 단일민족 순혈주의 이데올로기와 글로벌 자본주의의 폭력성을 고발한다. 그러나 이 소설의 궁극적인 지향점은 전

40 나병철, 앞의 책, 269면.
41 안토니오 네그리, 윤수종 역, 『귀환』, 이학사, 2006, 194면.

작인 『흰 소가 끄는 수레』의 문학적 작업에 이어진다. 모든 배타적 경계들을 뛰어넘는 신화적 육친성이 '지구의 배꼽 카일라스'라는 초월적 아우라를 향해 가기 때문이다. 그들의 실존적인 고통과 당대적 투쟁은 구체적인 세목과 질적 차이를 모두 버리고, 익숙한 누이와 어머니의 이미지를 재생산하면서 형이상학적 이데아를 향해 낭만적으로 회귀한다.

『즐거운 나의 집』에서 마이너리티 가족의 정체성을 확보하기 위해 열여덟 살 위녕이 준거로 삼은 것은 '엄마'의 세계이다. 근대 이후 남성 중심 이데올로기에 의해 늘 열등한 것으로 배제되었던 타자적인 것들이 귀환하여 이루는 그 세계는 긍정과 공감의 윤리를 지향한다. 그러나 이분법으로 대립되어 있는 '아빠'와 '엄마'의 세계는 서로 교섭할 수 없는 양자택일의 범주로 설정되어 있어 화자 위녕은 전자를 부정하고 후자를 전적으로 동일시하는 방식으로 정체성을 형성하였다. 이는 기존의 근대적 이항 대립을 자리바꿈만 할 뿐 동일성의 위계적 구조는 그대로 유지하고 있는 것이다.

『아내가 결혼했다』에서 폴리패밀리를 지향하는 인아의 사유와 실천은 문화상대주의를 핵으로 하여 위계적인 근대의 제도를 일상성 속에서 전복하려는 것이었다. 그녀가 지향하는 낯선 가족 구조는 그 발상 자체만으로도 한국 사회의 모노가미가 은폐하고 있는 허의의식을 공격한다. 그러나 자신의 세계관에 대해 일체의 회의도 품지 않는 인아의 모순된 논리, 그리고 인아의 지향성을 끝까지 적대감과 패배주의로 응대하는 화자 덕훈의 권력적 시선은 이 소설의 다문화주의적 지향을 문화적 게토로 유폐시켰다.

이와 같은 한계는 주로 작가가 새로운 형태의 가족이 지니는 차이를 어떻게 받아들였는가 하는 문제에서 비롯된다. 다문화가족, 모계 중심 가족, 폴리패밀리 등의 가족 형태는 표면적으로는 근대적 가족 관념을 해체하고 다문화주의적인 담론을 지향하는 듯이 보인다. 그러나 그 탐색 과정의 심층에서 타자들의 공존은 자꾸만 근대의 형이상학 혹은 위계적 동일성의 자장 안으로 흡인되어 버리고 말았다. 소수자의 차이를 수용하는 방식이 근대적 주체의 허구성을 또 다른 형태로 반복한다면, 다문화주의가 지향하는 '탈脫–'과 '재구성'의 전복성은 진정성을 발휘하기 어렵다. 이는 자본주의적 오이디푸스 구조의 바깥으로 가는 탈주가 얼마나 어려운 것인가를 실감케 한다. 비판적 다문화주의 담론을 생성하기 위해, 2000년대 문학은 정치적 공정성이라는 당위적 차원을 넘어서서 문학 담론의 미학적 실천 방식을 치밀하게 재검토해야 할 것이다.

이 시대의 아이콘 '청소년'(을 위한) 문학의 딜레마

1. 문학, 이 시대의 아이콘을 클릭하다

이 시대의 아이콘을 거론하자면 단연코 '청소년'을 빼놓을 수 없다. 2002년 월드컵 때 '붉은 악마'들의 열광적인 거리 축제에서, 주한 미군 장갑차에 목숨을 잃은 효순 · 미선 추모 집회에서, 스타크래프트와 같은 온라인 게임의 공간에서, 미국산 쇠고기 수입 반대 촛불 문화제에서, 아이돌 그룹의 전국투어콘서트 등에서 맹활약을 펼친 이들이 바로 10대 청소년들이다. 열정passion과 힘potential power을 바탕으로 적극적인 참여를 보여주는 세대의 명명인 이른바 'P세대participation generation'의 앞자락에도 청소년들이 있다. 주지하다시피 최근의 청소년 담론은 글로벌 자본주의 시스템 속에서 급변하는 매체 환경과 교육 제도 및 동시대 문화와 복합적인 관계를 맺으면서 형성된 것이다. 컴퓨터,

인터넷, 휴대폰 등의 미디어를 생활화 하고, 그러한 매체 공간에 참여하여 개인의 의사를 표현하는 적극적인 사회의식을 가진 동시에 유희적이고 강한 소비 성향을 띠어 자신의 욕망을 위해서는 부모의 지갑을 반드시 열게 하는 오늘날 '1318세대'의 특징은 동시대와 소통한 결과라고 할 수 있다.

청소년 담론은 '청소년 정책과 프로그램에 대한 리스본선언(1998.8. 세계청소년장관회의 채택)' 이후 변화하기 시작했다. 비록 '사회의 모든 수준과 영역의 의사 결정 과정에서의 청소년 참여'라는 리스본선언[1]은 우리 현실에 실현되지 못했고 청소년의 참정권과 피선거권 등이 외국에 비해 여전히 제약을 받고 있다. 그러나 "청소년 문제 예방Youth Problems-free에서 청소년 개발을 위한 청소년 참여Youth Participation for Youth Development를 거쳐 사회 변화를 위한 청소년과 성인의 파트너십Youth & Adult Partnerships for Community Change"[2]에 이르는 인식의 변화는 매우 중요한 것이었다. 이러한 청소년 담론은 지금의 사회현상과 맞물리면서 2000년대 이후 '청소년문학 담론'의 배경이 되었다. "특집 : 청소년문학, 어떻게 할 것인가(『문학과 교육』 가을, 2001)", "좌담 : 청소년문학, 시작이 반이다(『창비어린이』 봄, 2004)" 등 각종 문학잡지의 특집에서 아동문학과 성인문학 사이에서 누락된 청소년문학의 필요성을 다루었고, 아동문학에서 독립할 것을 주장하는 잡지 『청소년문학』(2006)이 창간되었으며, "청소년 출판의 현재, 청소년도서 기획 이야기, 해외 청소년 출판 사례" 등을 집중적으로 실은 『북페뎀』 3호(2003.9)는 청소년출판을 주제로 삼았다. 무엇보다 주목할 것은 탄탄한 문장력과 서사 조

1 한국청소년개발원, 『청소년이 세상을 바꾼다』 I, 한국청소년개발원, 2001, 7면.
2 문화관광부 · 한국청소년개발원, 『청소년육성 5개년계획 수립연구』, 2003~2007, 20면.

직 능력 등의 역량을 갖추고 소설 읽는 재미를 선사하는 '청소년문학' 작가들의 출현이다. 외국 청소년문학 번역물이 청소년문학 출판의 주종을 이루었던 구도가 변화하기 시작한 것이다. 박상률, 이금이, 이경혜, 정유정, 이용포, 신여랑, 박정애, 김려령, 임태희, 김해원, 김혜정, 전아리 등 청소년소설 작가들의 등장은 청소년문학의 가능성을 증폭시켰다. 가장 먼저 청소년문학에 관심을 가진 사계절출판사의 〈1318문고〉를 비롯하여 〈창비 청소년문학〉, '바람의 아이들'에서 펴내는 청소년 책 〈반올림〉, '도서출판 푸른책들'의 〈푸른도서관〉 등 청소년문학 시리즈와 각종 문학상의 제정(사계절문학상, 창비청소년문학상, 푸른문학상, 세계청소년문학상, 블루픽션 상 등)이 이러한 청소년문학 작가 풀pool을 형성하는 데 커다란 역할을 하였던 것이다.

청소년 담론과 청소년문학 담론의 풍성한 성과를 위하여 우리가 이 시점에서 면밀히 살펴보아야 할 것이 있다. 하나는 이러한 담론에 가장 먼저 적극적으로 반응한 것이 바로 '상품시장'이라는 점이다. 'P세대'라는 명명도 실은 광고 회사의 보고서에서 출발하였다. 새로운 매체와 관련된 상품이 주로 10대 청소년을 겨냥하고 있다는 사실은 이미 오래전에 확립된 것이다. 교양물과 문학 시장의 경우도 예외는 아니다. "생활 문화 전반에 걸쳐 삶의 질을 높일 수 있는 문화교양 기획도서 '베리타스 시리즈'는 (…중략…) 일반인은 물론 중 · 고등학생들도 쉽게 읽고 이해할 수 있도록 하는 데 역점을 두었다"[3]는 서울대학교 베리타스 시리즈 기획과, 앞으로 서양 · 동양 · 한국문학을 두루 포함한 총 200종 출간을 목표로 하고 있는 '고려대학교 청소년문학 시리

3 「베리타스 시리즈를 발간하며」, 『영화 속의 청소년－부모가 알아야 할 청소년 심리 : 의학 편』, 서울대 출판부, 2006, 182면.

즈'는 매우 상징적인 것이라 하겠다. 이는 기존의 교육 시스템을 보완하는 동시에 대학 출판 범위의 협소함을 극복하고자 하는 캐치프레이즈의 양면성을 극명하게 보여주기 때문이다. "전문성이나 장기적인 비전 및 마케팅 전략의 부재, 중복 출판 또는 짜깁기 출판, 출판사와 필자의 필요성에 의한 다이제스트식 출판 등"[4]의 문제 역시 청소년 출판 시장을 위축시킬 것이다. 무엇보다 진지하게 성찰해 봐야 할 점은 현재 왕성하게 출간되고 있는 청소년문학이 일종의 트렌드가 되고 있다는 것이다. 이는 앞의 문제와도 연관된 것이며 생산자 · 수용자 · 매개자의 관계가 매우 긴밀한 청소년문학의 특수성과도 관련되어 있다. 본고는 동시대 이슈 한가운데에 있는 청소년문학의 트렌드화를 특징별로 짚어 보고 비판적으로 그 공과功過에 접근해 보고자 한다.

2. 이색적인 모험담과 낡은 틀 사이에서 발생하는 센티멘탈리즘

최근 청소년소설에서 가장 먼저 눈에 띄는 것은 속도감 있는 경쾌한 문체이다. 이러한 특징은 최근 소설의 대세이기도 한데, 우선 빠르게 잘 읽히는 가독성可讀性있는 문장은 요즘 독자들을 잡기 위한 전략이라고 할 수 있다. 함축적인 묘사가 길어지면 서사의 속도가 더뎌지

4 한기호, 「청소년 출판의 현실과 작가의 자세」, 『리토피아』 겨울, 2005, 25면.

거나 멈춰진다. 이렇게 되면 특히 유년기부터 시공時空의 경계를 빠르게 넘나드는 인터넷 환경을 일상화한 10대들에게는 수용되기 어려울 것이다. 청소년들의 흥미진진한 모험의 여정을 그리는 서사는 매순간 벌어지는 행위와 사건을 서술하는 데 주력하므로 속도감 있는 문체와 특별히 잘 어울린다. 제1회 세계청소년문학상 당선작인 정유정 장편소설 『내 인생의 스프링캠프』(비룡소, 2007. 이하 『스프링캠프』)와 제1회 블루픽션상 수상작인 김혜정 장편소설 『하이킹 걸즈』(비룡소, 2008. 이하 『하이킹』)가 바로 그런 예이다. 길 모티프의 모험 서사는 재미나는 읽을거리를 제공하는 전형적인 서사 형태여서 청소년들을 독서로 유인하는 데 매우 효과적인 전략이다. 예상치 못했던 미션을 수행하기 위해 갑자기 길을 떠나거나(『스프링캠프』) 비일상적인 이국의 공간(『하이킹』)을 걷는 서사는 낯선 세계에 대한 호기심으로 충만한 청소년들의 모험심을 자극하면서 자연스럽게 길 위에서의 깨달음을 유도한다.

『스프링캠프』는 30대 후반이 된 서술자 '나(준호)'가 1986년 여름의 나흘 동안을 회상하는 액자소설의 방식을 취하고 있지만, 소설의 거의 대부분을 차지하는 내부 이야기는 경험적 자아인 열다섯 살 '나'의 시선에 철저히 맞춰져 있다. 그들의 미션은 학생운동 수배자인 '주환이 형'에게 원양어선을 타는 데 필요한 서류와 외국 도피 자금이 든 봉투를 전달하는 것이다. 이 위험한 미션의 과정이 시종일관 심각한 분위기로 가지 않는 것은 바로 길 위에서 우연히 만난 동행자들과 함께 겪는 모험 때문이다. 그 대열에는, 행방불명이 된 아버지를 그리워하는 '나', 가족의 과잉보호를 피해 가출한 '승주', 아버지의 폭력을 피해 도망친 '정아', 이들을 잡으려다 엉겁결에 동행하게 된 검둥개 '루스벨트', 그리고 정체불명의 노인이 있다. 그들의 여정은 쫓고 쫓기는 긴장감을 동반하면서 각자의 상처를 치유하는 데로 나아간다. 작가는 흥미로운 사건들을 여러 개의 거멀못으로 쳐놓고 그 사이사이에 열다섯 살 또래들의 심리적인 갈등을 적절히 배치함으로써 성장의 의미를 구현하고자 하였다.

그러나 이색적이고 생동감 있는 『스프링캠프』는 어린이 · 청소년을 대상으로 한 헐리웃 블록버스터 서사를 익숙하게 반복하고 있다. '아직 어른의 세계에 발을 들여놓지 않은 열다섯 살 또래 세 명과 비밀에 쌓인 정체불명의 노인, 그리고 검둥개'라는 이상한 동행자들의 구성은 일종의 외인구단 구성으로, 흥미진진한 어린이 · 청소년 어드벤처 로드무비와 닮았다. 여린 감수성을 가지고 있지만 동행자들의 진두를 지휘하는 진지하고 똘똘한 남자아이, 다양성의 구색 맞추기 역할을 하곤 하는 덩치 크고 겁 많은 막무가내 캐릭터는 물론, 주인공의 사춘기적 감성을 자극하는 소녀와 그녀의 헐벗은 복장까지, 어린이 · 청소년용 헐리웃 영화와 얼마나 유사한가. 게다가 결정적으로 기성사회에서 인정받지 못하고 바깥을 떠도는 비밀에 쌓인 노인, 위기의 절정에서 누구도 따를 수 없는 비장의 기술을 발휘(더 이상 방법이 없는 위기의 순간, 아무도 접근하지 못하는 태풍 치는 밤바다를 낡은 배로 유유히 뚫고 나가는 노인의 모습을 보라!)하여 극한의 고비를 넘어서게 만드는 노인의 미스터리한 구원자적 면모는 우리의 의구심을 확신으로 바꿔 놓는다. 위기일발의 순간에 제 역할을 다 하는 동물 하나쯤은 헐리웃 블록버스터에서 빠지지 않는 마스코트라는 것도 우리는 이미 알고 있다.

이 소설의 백미는 태풍이 스러진 새벽 바다에서 아이들이 고래 떼를 목격하는 장면이다. 노인마저 주환이 형을 싣고 캄캄한 뭍으로 가버린 후 거의 탈진 상태에 이른 아이들은 '흰 물줄기를 내뿜으며 바다를 박차고 오르는 거대한 잿빛 고래들'을 목격하게 된다. 감추었던 서로의 상처를 드러내고, 이해하고, 무언가를 위해 마지막 힘을 다해 본 끝에 마주치게 된 고래들의 웅장한 활강 장면은 그들의 꿈을 상징한다. 작가의 유려한 묘사를 통해 전경화 되는 안개섬 새벽 바다의 고래는 과연 이 작품의 절정에 값하는 아름다운 장면이다. 그러나 문제는 이 사건을 대하는 인물들의 자세, 혹은 청소년의 모험과 꿈을 대하는 작가의 태도이다. 작가는 작품의 마지막을 어른이 된 그들의 쓸쓸한 후일담 형식으로 마무리하고 있다. 액자소설의 액자에 해당하는 이 후일담은 액자의 내부 이야기를 강력하게 폐쇄한다. "우리가 봤던 낯선 것들, 아름다운 것들, 빛나는 것들. 아니 어떤 말도 그들을 칭하는 데 적당하지 않을 거야. 세상 깊숙한 곳에 숨어 있다가 조심스레 모습을 드러낸 것 같았던 그들을, 나는 그냥 '비밀'이라 부르기로 했어(381면)." '나'만의 비밀 장소에 남겨진 정아의 이 같은 편지는 열다섯 살 그들의 여행을 '비밀'로 봉인封印한다. "이십이 년 전 나흘이 별똥별처럼 떨어졌다. 내 발치에 흩어진 별 조각(386면)"은 누구도 믿어주지 않을, 또 누구에게도 발설하고 싶지 않은, '낯설고 아름답고 빛나는 열다섯 살 또래만'이 가질 수 있는 비현실적 꿈의 세계이며 그것은 비밀의 후광을 입은 채 낭만적 과거로 고착되는 것이다.

한편, 소년원 대신 70일간의 중국 도보 여행을 가게 된 여학생 두 명의 모험을 그린 『하이킹 걸즈』는 『스프링캠프』와는 달리 등장인물의 현재를 서사적 현재로 설정하고 있다. 하지만 그들의 낯선 모험과 방황이 마지막 장章의 제목 "하이르 훠시(위구르어로 '안녕히'—인용자 주), 실크로드!"로 마무리되는 점을 보면 이 역시 『스프링캠프』와 유사한 소설 문법을 가지고 있다는 것을 알 수 있다. 미혼모의 딸로 태어나 세상 사람들의 따가운 시선에 맞서느라 어느새 비행청소년이 되어 버린

'이은성', 그리고 공부의 압박과 아이들의 폭력에 시달리다 물건 훔치는 일에 빠져든 '주보라.' 이 두 명이 1,200km 도보여행의 궤도를 이탈하여 겪는 사건들은 자신과 타인을 바라보는 시선을 성숙하게 하고 그들로 하여금 결국 이탈에 대한 처벌을 감수하면서까지 도보여행을 완성하게 만든다. 특히 사막을 헤매다 탈진한 상태에서 우연히 마주치게 된 유목민들의 "비정상적일 정도로 행복해(224면)" 보이는 낯선 삶과 시시각각 형태가 변하는 명사산 등반은 이 소녀들을 성장으로 이끄는 데 중요한 역할을 한다. 그러나 이 소설 역시 우루무치~둔황에 이르는 이국의 여로에서 마주쳤던 낯선 사건들과 성찰이 결국 낙타 방울소리에 응축되어 과거의 한 시기로 마감되는 결말을 보여주었다.

이와 같이 낡은 틀을 갖춘 이색적인 모험담이 다시는 돌아갈 수 없는 10대들만의 시간으로, 또 두 번 다시는 겪을 수 없는 과거의 공간으로 봉인될 때, 그 역사성과 현재성은 휘발되어 특별한 추억으로 고착되고 만다. 청소년기가 비밀의 후광에 싸여 돌아갈 수 없는 과거적인 것으로 신비화될 때 우리에게 남는 것은 그리움의 거리에서 발생하는 센티멘탈리즘이다.

3. 10대들의 일상에 대한 가벼운 / 무거운 접근의 단순성單純性

성장을 위해 이색적인 공간과 소재를 찾는 작가들이 있는가 하면,

다른 한편에는 '지금, 여기 청소년들의 일상'을 담아 내려는 시도가 있다. 『호기심 : 10대의 사랑과 성에 대한 일곱 편의 이야기』(창비, 2008)와 『라일락 피면 : 10대의 '선택'에 관한 여덟 편의 이야기』(창비, 2007), 단편집 『깨지기 쉬운, 깨지지 않을』(바람의 아이들, 2007), 청소년 단편 앤솔로지 『베스트 프렌드』(푸른책들, 2007) 등이 그 예이다. 이성 친구 사귀기, 우정과 사랑 사이, 성적 호기심과 일탈, 입시를 앞둔 학원생활, 알바, 왕따, 탈脫학교생, 대인공포증 외톨박이, 게이 부부의 딸 등에 이르기까지 위 작품집에 실린 소설들은 10대들의 다양한 형상을 소개하는 문학적 사례 연구case study라 할 만하다. 이는 이른바 'On Youth(청소년들에 대하여)'를 실천하려는 출판사와 작가들의 고투苦鬪라고 할 수 있는데, 지금 여기 10대들의 일상과 욕망과 내면에 대해 아는 일은 청소년 문학의 발아기에 성취해야 할 중요한 작업이다.

이 가운데 눈에 띄는 소설이 제2회 세계청소년문학상 수상작인 전아리의 장편소설 『직녀의 일기장』(현문미디어, 2008)이다. 전아리는 이미 중 · 고등학교 때부터 청소년 대상 각종 문학상을 휩쓴 바 있고 이미 두 권의 책(장편소설 『시계탑』과 창작집 『즐거운 장난』)을 출간하였다. 그녀는 창작 과정의 고통과 새로운 모색을 "주기적으로 배가 흔들린다. 그럴 때면 멀미가 난다. 심한 비바람이 없었더라면 배를 더 튼튼하게 만들어야겠다는 지각도 욕심도 생기지 않았을 것이다. (…중략…) 요즘은 어디 좀 재밌어 보이는 섬이 없나 두리번거리는 중이다. (…중략…) 언젠가 해적 왕이 되어야지('작가의 말')"라고 말하는 재기 넘치고 경쾌한 1986년생 작가이다. '청소년소설을 쓰는 최연소 작가'라는 조건은 전아리의 강점인데, 그것은 일찍부터 문학적 수련을 거쳤다는 점, 그리고 '지금 여기' 청소년들의 일상을 실존적으로 체득하고 있다는 점 때문에 가능하였다.

『직녀의 일기장』은 '직녀'라는 이름의 사춘기 '청소녀青少女'가 겪는 좌충우돌 일상을 가벼운 문체로 그린 작품이다. 아주 나쁘거나 위험하지 않고 그렇다고 순종적이거나 착하지도 않은 열여덟 살 문제아의 갖가지 에피소드가 작가의 짧고 유머러스한 문장을 타고 경쾌하게 흘러간다. "엄마는 오빠의 광팬이자 나의 안티인 셈('내가 이렇게 된 데에는 다 이유가 있다' 章, 11면)"에서 단적으로 나타나는 것처럼, 직녀는 젠더 정체성이 자신의 성장에 중요한 변수라는 사실을 의식하고 있는 인물이다. 그녀의 재치 있는 '한 줄 일기'와 '오작교 변이형 꿈'은 '청소녀'를 주목하는 작가의 관심이 드러나는 부분이다. "까치와 비둘기, 참새와 타조, 닭과 오리들"의 "날갯짓으로 출렁이는 긴 다리(258~259면)"는 웅장하고 아름다운 견우직녀설화를 탈脫신화화 하면서, 녹록치 않은 현실을 거쳐야 하는 청소녀의 여러 국면과 질긴 생명력을 암시한다. 그러나 "타인의 죽음이 너무 허무하다고 느껴지는 것은, 우리더러 삶을 좀 더 쉽게 받아들이며 살라는 세상의 암시가 아닐까(118쪽)"라는 직녀의 각성은 쿨한 세대의 생존법이라고도 할 수 있지만, 어떤 행위와 사건도 그만큼의 무게를 휘발시켜 버리는 냉소의 또 다른 이름이라고도 할 수 있다. 삶을 좀 더 쉽게 받아들이려는 직녀 혹은 작가 전아리의 태도는 어둡지 않은 결말의 강박으로 작용해 작품의 리얼리티에 치명타를 날리기도 한다. 그렇게도 공부를 안 하던 직녀가 지방대 간호대에 간단하게 수시 합격하여 인생에 "달콤한 입맞춤(244면)"을 하는 것으로 끝나는 결말은 그야말로 '대략난감'이 아닌가.

한편, 강미의 『겨울, 블로그』(푸른책들, 2007)는 오늘을 사는 청소년들의 일상을 그리면서도 앞의 작품들과는 다르게 진지하고 사색적인 문체로 독자들의 마음에 무거운 추를 걸어준다. 청소년들에게 덧씌워진 오해들을 걷어내고 "청소년도 인간이다('작가의 말')"라는 명제를 보여주겠다는 작가의 의도는 특히 「겨울, 블로그」와 「사막의 눈 기둥」에서 잘 드러난다. 두 작품은 각각 여학생 간의 동성애와 남학생 간의 동성애적 면모를 과감하게 그려내고 있다. 학교 도서관의 은밀한 공간에서 벌이는 여학생들의 성애적 행위, 밤의 운동장 모퉁이 느티나무 아래서 돌발적으로 일어난 남학생들 간의 포옹과 입맞춤 등은 이성적으로 설명할 수 없는 관능적인 것, 혹은 감정적이고 충동적인 어떤 것으로 그려진다. 문학교육적 관점이 우세한 한국 사회의 독서 공간[5]에서 작가가 사회적 거부감이라는 부담을 안고서도 이런 것들을 끝까지 밀고 나간 것은, 사회적 금기 사이로 드러나는 청소년들의 현실을 외면하지 않고 정면에서 직시하고자 했기 때문일 것이다.

최근 성적 소수자와 인권 담론에서 밝히고 있는 것처럼 동성애는 역사적으로 지속되어 왔던 현상이며, 각종 청소년 상담에서 청소년들이 성적 정체감과 관련하여 일시적인 혹은 지속적인 동성애적 성향을 보이는 것으로 집계 되는 것도 사실이다. 매년 한국에서 개최되는 서울국제여성영화제에서 관객들의 주목을 받는 이슈 가운데 하나도 동성애 담론이다. 그중에는 〈우리들의 UCC〉에서 커밍아웃한 '청소녀' 감독의 작품도 있었고 또 그들의 레즈비언 문화를 취재한 다큐

5 토론회에서 평론가 황수대는 청소년문학에 대해 "아동문학의 연장선상에서 교육적인 측면을 작가가 무시해서도 안 된다고 생각하고요. 교육적인 측면이라는 게 필요 이상으로 강화되는 것도 위험하지만, 독자가 청소년이라는 것을 고려하는 것은 기본이겠지요(「금요 월례 토론회 : 청소년 문학의 물꼬, 그 방향을 고민해 보자」, 『어린이와 문학』, 2008.4)"라고 말한다. 김옥선은 "청소년문학이 반드시 성장을 동반해야 한다고 생각하진 않습니다. 하지만 청소년소설이기에 전망은 있어야 한다고 생각해요(「금요 월례 토론회 : 건강하고 유머러스한 에로티즘」, 『어린이와 문학』, 2008.1)"라고 하였다.

멘터리도 있었다. 이런 문화적 흐름을 상기하면 청소년문학이 동성애를 소재로 했다고 해서 그 자체로 특별하거나 이상할 것은 없다. 정작 중요한 것은 문학이 이러한 소재를 통해 인간에 대한 이해를 어떻게 심화하고 있느냐 하는 점이다. 이런 측면에서 강미 소설의 다음과 같은 몇 가지 공식을 문제 삼아야 한다. '학교 유망주인 공부 잘하는 모범생과 공부엔 관심 없는 학교 요주의 인물이 친밀한 짝패를 이룬다, 후자가 서술자가 되거나 시점視點을 맡는다, 후자인 그/그녀의 경우 가족은 불우(가난하거나 문제가 있는 부모)하고 늘 학교의 압박을 받는다.' 이 공식의 근간에는 익숙한 이분법적 잣대가 놓여 있다.

「겨울, 블로그」와 「사막의 눈 기둥」의 동성애적 행위는 성적性的 지향을 통해 자아를 규정하는 동성애자 정체성으로 나아가지 않는다. 그들에게는 학교와 가족에 관련된 갈등이 항상 끈덕지게 엉켜 있어 동성애적 행위의 경우, 갈등에 처한 청소년들의 일시적인 탐닉으로 그려지거나 억압적인 환경을 폭로하는 징후로 나타나곤 한다. 두 작품 모두 고집스럽게 학교(수업이 이루어지는 한낮의 고등학교 도서관, 고등학교 교실과 운동장)를 공간적 배경으로 하고 있다는 점도 왜곡된 학교 이데올로기에 균열을 내려는 설정으로 보인다. 이렇게 청소년/청소녀들의 동성애 모티프라는 낯선 소설적 장치 뒤에는 '억압적인 학교(가족) vs. 일탈적인 학생'이라는 낯익은 구도가 있는 것이다. 물론 강미는 파행적인 학교 현실을 관념적으로 설명하지 않으며, 계몽적 관점을 앞세워 화해를 이루는 결말로 유인하는 대신 인물의 일탈적 행위를 부각하는 미해결의 결말을 보여준다. 그러나 심층의 이분법적 사유는 여전히 이 작품들을 상투적으로 만들고 있다. 이로 인해 관습적 시선에서의 '비행'을 아웃사이더의 '대항적counter-' 에너지로 변환시키려던 작가의 시도는 '겨울 안개'나 '사막의 눈 기둥'이라는 상징적 이미지에 간신히 기대고 있는 형국이다.

10대 청소년 / 청소녀들의 일상을 있는 그대로 이해하고자 하는 시도는 자칫 가벼운 현실추수적 태도나 냉소적 허무를 낳을 수 있다. 또한 청소년들을 문제적 존재(비행청소년)로만 바라보는 담론에 자기도 모르게 가담하게 될 우려도 있는 것이다. 위에서 살핀 것처럼 10대들의 일상에 대한 가볍거나 무거운 문학적 접근은 그 방향이 다를 뿐, 10대 청소년들의 다면적인 모습을 일면적으로 단순화하는 오류를 범한다는 점에서는 동류이다.

4. 포기하기 힘든 문학교육적 관점과 '성장의 결말'에 대한 소설적 강박

"'지금 여기'의 청소년과 공감대를 넓힐 수 있는 새로운 감수성과 문제의식을 충실하게 담아 즐겁고도 의미 있는 책 읽기"[6]가 되도록 하는 소설, 이러한 정의에 잘 맞는 작품으로 제1회 창비 청소년문학상을 수상한 김려령의 장편소설 『완득이』(창비, 2008)를 꼽을 수 있다. "똥주한테 헌금 얼마나 받아먹으셨어요. 나도 나중에 돈 벌면 그만큼 낸다니까요. 그러니까 제발 똥주 좀 죽여주세요. (…중략…) 이번 주에 안

6 창비 청소년문학 기획편집위원회, 「창비 청소년문학을 펴내면서」, 『호기심』, 창비, 2007, 218면.

죽여주면 나 또 옵니다. 거룩하시고 전능하신 하나님 이름으로 기도 드리옵나이다. 아멘(9면)"으로 시작하는 이 소설은 거칠지만 순진한 싸움꾼인 열일곱 살 '도완득'의 성장기를 그리고 있다.

난쟁이 춤꾼 아버지와 베트남 출신 어머니 사이에서 태어나 산동네에서 기초생활 수급 대상자로 살아가는 완득이의 삶은 2000년대 판 '난장이가 쏘아올린 작은 공'이라고 할 만하다. 코리안 드림을 좇아 온 외국인 이주 노동자와 국제결혼 여성들이 한국 사회의 구성원으로 편입되는 현실을 적극적으로 받아들여 단일민족 이데올로기의 허구성과 자본주의 시스템의 배타성을 폭로하는 다문화주의에 작가의 문제의식이 놓여 있기 때문이다. 그러나 더욱 중요한 것은 이러한 와중에서도 완득이의 이야기가 웃음의 미학을 풀어 놓고 있다는 점이다. 그것은 위의 인용에서 보는 것처럼 기도의 양식을 엉뚱한 발상으로 비트는 열일곱 살 완득이의 눈높이와 화법, 그리고 "그저 숨는 것밖에 몰라 계속 숨어 있었(233면)"던 완득이를 찾아내어 세상과 맞부딪칠 수 있도록 도와 준 괴짜 선생 '똥주'의 캐릭터 덕분이다. 이 소설은 엉뚱해서 유머러스한 짧은 문장과 요소요소에 적절히 배치된 에피소드에 힘입어 완득이가 사회적 약자를 배척하는 세상을 통과하면서 자신만의 윤리를 세우고 세상과 화해하는 과정을 유쾌하게 그리고 있다.

그런데 『완득이』의 표지와 속지에 그려진 만화처럼 완득이의 세계가 현실과 거리가 있어 보이는 것은 왜일까? 이 소설엔 완득이를 격려하는 따뜻한 사람들의 공동체 의식이 충만하기 때문이다. 아들을 사랑하는 난쟁이 아버지와 어머니, 순진한 말더듬이 삼촌, 풋풋한 사랑을 느끼게 해 준 여자친구 정윤하, 완득이의 꿈을 격려하는 체육관 관장, 심지어는 시끄럽다고 욕하며 고래고래 소리 지르던 옆집 아저씨까지 모두 완득이를 응원하는 선량한 사람들인 것이다. 도입에서 완득이가 신에게 죽여 달라고 간청했던 '똥주 선생'이야말로 결정적으로 완득이를 성장하게 하는 인물이 아닌가. 물론 이 소설의 배경에서 완득이네를 산동네에 고립시킨 자본의 논리와 사람들의 배타적인 인습을 찾아 볼 수 없는 것은 아니다. 그러나 완득이가 인간에 대한 신뢰와 긍정적인 삶의 의지를 확보하는 과정은 엄밀하게 말하면, 그가 세상과 직접 부딪쳐서 얻은 것이라기보다는 선량한 사람들과 '똥주 선생'의 배려를 통한 것이었다. 특히 완득이의 순진성과 부딪치면서 웃음을 발생시키는 괴짜 담임 '똥주 선생'의 중요한 책무가 바로 완득이를 성장으로 이끄는 것이다. 그는 부도덕하게 부를 축적하는 자기 아버지를 고발하기도 하고, 소위 불법체류자들을 위해 산동네 교회로 위장한 쉼터를 마련하고 그들의 인권을 위해 분투하며, 실직한 완득이 아버지를 위해 그 교회를 사서 '신神나는 댄스' 교습소를 열어 유쾌한 공간을 마련한다. 어떤 장애도 걷어 내는 이 힘은 역시 작가의 신념 혹은 문학교육적 관점에서 나온 것이다. 청소년들이 공감할 만한 언어와 감수성으로 독자들을 따뜻하게 위무하는 '착한 소설' 『완득이』는 폭력적인 현실을 막아선 작가의 울타리 안에서 자족적인 세계라 할 수 있다.

제4회 푸른문학상 수상작인 김태희의 『쥐를 잡자』(푸른책들, 2007)는 10대 여학생의 임신, 낙태, 자살이라는 충격적인 소재를 다룬 소설이다. 원치 않는 임신을 한 열일곱 살 '주홍이', 역시 미혼모였던 주홍이 엄마, 주홍이의 임신 사실을 알아차린 담임교사, 이렇게 세 사람이 번갈아가며 화자가 되는 이 소설은 '쥐'라는 상징적 이미지를 통해 소설적 긴장을 유지하고 사회적 울림을 증폭시키고 있다. 사물함 속을 갉

작거리는 정체불명의 소리, 당시 오락 프로에서 시작되어 아이들에게 유행했던 '쥐를 잡자' 게임, 임신에 대한 공포로 인해 "내 뱃속엔 확실히 쥐가 있다(52면)"고 여기는 주홍이의 갈등, 이 모든 것이 '쥐'의 이미지를 중심으로 형성된다. "내가 쥐였기 때문이다. 스무 살을 감당할 수 없게 한 나의 열아홉, 열여덟, 열일곱……이 쥐였다. 아니, 이 세상이 쥐로 득시글거리기 때문이었다. 결혼하지 않은 여자가 아이를 낳을 수도 있다는 가능성을 깜빡한 세상이 바로 쥐였다(75면)"는 주홍 어머니의 독백에 이르면 두려움과 자학의 대상인 쥐 이미지는 부조리와 모순으로 가득 찬 세상으로 확장된다.

성폭력에 노출된 여학생의 두려운 내면에서 생명의 가치로 작품 방향이 선회하는 것은 낙태 수술 이후부터다. '퉁'하고 떨어지는 작은 목숨의 소리에 시달리며 죄책감을 가누지 못한 주홍이는 결국 자살을 선택한다. 이 속죄 의식과 생명의 가치라는 주제를 갈무리하는 인물이 바로 주홍이의 담임교사이다. "너희를 위해 내가 할 수 있는 일이 뭐가 있을까? 아이들의 웃음소리가 가슴 아플 만큼 천진했다(112면)"라고 되뇌는 교사는 주홍이의 일을 계기로 성 상담 카페를 운영하며 '주홍이들'의 고민을 풀어주려고 노력한다. 죽은 주홍이의 사물함에서 악취를 풍기는 고양이를 꺼낸 것도 그녀이며 보건교사와 함께 고양이를 씻겨 주홍이 어머니에게 가져다준 것도 그녀가 한 일이다. "생명을 낳고 기르는 일이 / 한 사람의 희생이 아닌 / 온 우주의 축복일 수 있기를(154면)"이라는 계몽적이고 직설적인 독백[7] 역시 담임교사

7 청소년 독자를 배려하는 계몽적이고 직접적인 독백은 황석영의 자전적 성장소설 『개밥바라기별』(문학동네, 2008)에서도 발견할 수 있다. 출간되자마자 베스트셀러 1위의 자리를 석권한 이 작품은 작가가 말한 것처럼(황석영 · 차미령, 「내가 잊은 그곳에, 버려져 있던 나를 찾아서」, 『문학동네』, 2008년 가을, 130면) 『바리데기』 이후 얻은 젊고 어

의 몫이었다.

오랜 수련을 거친 단단한 문장과 문학적 진정성으로 독자들의 신뢰를 얻고 있는 작가 이금이의 경우에도 결말에 성장과 화해로운 세계에 대한 강박이 나타난다. 『유진과 유진』(푸른책들, 2004)은 유년기 성폭력의 상처를 극복해 가는 두 명의 '유진'을 그리고 있다. 그들은 상이한 방식으로 서로를 비추면서 상처를 극복하는 과정을 보여주는데 정작 성장과 화해가 완성되는 것은 결말에 가서 ('유진'의 유년 기억을 지워버린) 유진의 엄마가 갑자기 참회하는 데서 이루어진다. 이외에도 「늑대거북의 사랑」(『베스트프랜드』)의 결말에서 주인공의 서사와는 직접적인 관련이 없는 선생님 조카의 자살을 밝혀 '민재'의 의지를 다진다든지 하는 것은 화해로운 세계와 성장에 대한 강박 때문에 설정된 인위적인 반전이라고 하겠다.

위에서 살펴본 문학교육적인 관점과 성장의 결말에 대한 강박은 청소년문학 전반에 나타나는 문제점이다. 청소년 독자에게 성장의 계기를 부여하고 희망과 의지를 심어 주기 위한 화해로운 결말에 대한 강박, 그리고 청소년의 특수성을 의식한 듯한 직접적인 주제의 발설은 청소년을 미숙한 존재로 보는 담론의 결과이며 이는 오히려 청소년문학의 상투화를 재촉할 수 있다.

린 독자들과 소통하고자 하는 데서 출발했다. 황석영의 문체는 『바리데기』를 경계로 하여 확연하게 달라졌는데, 그것은 '세계 시민'임을 역설하며 지금 이 시대의 급변하는 현실에 적극적으로 대처하고자 한 작가 황석영의 문학적 대응이라고 할 수 있다. 『개밥바라기별』도 이러한 연장선에서 바라볼 수 있는데, 결말에서 작가가 "그렇다, 대위의 말대로 사람은 누구든지 오늘을 사는 거니까(282면)"라고 주제를 요약하는 서술적 행위는 '새로 얻은 어린 독자'라 칭해진 청소년 독자를 배려한 군더더기 발화로 보인다.

5. 'For Youth'라는 탈정치화의 정치성

청소년문학은 의욕적인 출판 인프라 위에 든든한 역량을 갖춘 청소년소설 작가들이 대거 등장하면서 과거에 비해 양적으로나 질적으로 훨씬 풍성해졌다. 그러나 지금까지 살펴본 것처럼 최근 작품들은 몇 가지 특징적 양상이 고착되는 경향을 보이고 있고, 각각의 트랜드가 상이한 내용에도 불구하고 공통적으로 '청소년을 위한 문학'이라는 지향성을 나타낸다. 10대의 자유로운 모험심과 상상력을 자극할 재미있는 읽을거리를 제공하고, 청소년들의 일상을 미시적으로 관찰하여 그들의 현재를 진솔하게 알리는 동시에 청소년 독자가 인물을 통해 성장의 계기를 체득할 수 있도록 하는 것, 이 점이 최근 청소년문학 작가들의 지상 과제로 인식되고 있다. 특히 성장과 화해로운 결말에 대한 강박은 청소년문학에 두루 나타나는 현상이다. 이는 청소년의 인지적 발달 단계를 고려한 태도라고 할 수 있는데, 청소년의 특수성을 고려하거나 배려하는 태도 뒤에는 청소년을 '미숙한 존재'로 바라보는 담론이 자리 잡고 있다. 청소년을 훈육의 대상으로 바라보았던 과거 '육성 담론'의 흔적이 아직도 완강하게 나타나는 것이다.

이와 관련하여 청소년문학을 기획하는 편집자들의 좌담은 흥미로운 사실을 제공한다. 『북페뎀』 〈청소년출판 특집〉에서 의욕적인 글을 썼던 도서출판 푸른숲의 박창희 청소년팀장은 "결국 선생님이 소개하면, 엄마가 사주고, 청소년들이 읽는 삼원구조임을 인정하게 된 거죠. 그걸 인정하고 나서부턴 기획할 때, 추천받을 만한 책인지 아닌지가 많이 중요해졌어요. 추천만이 살 길이니까요"[8]라고 말하고 있다. 다시 말해 청소년문학의 독자는 '청소년과 교사와 부모'이며, 그중에서도 교사와 부모의 추천이 청소년들의 독서 행위에 현실적으로 엄청난 영향력을 행사하고 있다는 것이다. 이는 출판 마케팅에 직면해 있는 출판사의 입장에서 말한 것이지만, 청소년문학의 생산자와 수용자와 매개자의 관계에 관한 한 진실이라고 말할 수 있다. 실상 현재 청소년문학의 생산자인 기성세대 작가가 문학교육적인 관점을 의식하는 한, 이러한 구조에서 자유롭다고 말하기 어려운 것이다. 이 같은 측면에서 볼 때, 청소년을 배려하는 'For Youth'라는 것이 언뜻 어떠한 정치성도 없어 보이지만, 그 심층에는 청소년들에게 그 사회의 주류 이데올로기를 전파하고 궁극적으로는 그들을 관리하고자 하는 정치적 무의식이 포진되어 있다고 할 수 있다.

이 문제는 당대의 사회문화적 환경, 교육 여건, 입시제도, 출판문화 등이 긴밀하게 맞물려 있어서 단기간에 해결될 수 있는 것은 아니다. 그러나 현재 청소년문학에 대하여 전반적으로 인식의 전환을 요청하는 일이 지연되어서도 안 될 것이다. 지금 시점에서 중요한 것은 청소년문화의 다면성을 인식하는 일이다. '미숙한 문화, 비행문화, 하위문화, 대항문화, 새로운 문화'[9] 등 이 모든 측면이 총체적으로 청소년문화를 이루고 있다는 지적은 의미심장하다. 거리 축제와 사이버 공간과 촛불 문화제와 아이돌 스타 콘서트 등에 나타나는 청소년들은 각기 자신이 가지고 있는 다면적인 속성을 유동적으로 보여주고 있는 것이다. 이 '움직이는 존재'를 일면적으로 혹은 단일한 잣대로 인식하

8 「고뇌하는 청소년출판, 성장 동력과 걸림돌」, 『기획회의』 216호, 한국출판마케팅연구소, 2008.1, 37~38면.

9 한국청소년개발원편, 『청소년문화론』, 교육과학사, 2008, 25~27면.

는 데서 청소년문학의 상투성이 배태된다.

최근의 '청소년 주체 담론'이 말하고 있는 것처럼, 청소년을 내일의 주역으로 혹은 내일을 준비하는 존재로만 볼 것이 아니라, 우리 사회를 구성하는 현재적 존재로 인식하는 일이 선행되어야 한다. 지금까지 청소년문화에 대한 인식이 주로 '미숙과 비행'에 치우쳐 있었다면, 이제부터는 기성세대 바깥에서 중심 이데올로기의 허구성과 모순을 포착할 수 있는 청소년 시점의 가능성, 즉 청소년들의 대항문화와 하위문화를 발굴하는 노력이 요구되는 것이다. 이러한 측면에서 하자센터의 다양한 프로젝트라든가 한국문화예술위원회가 운영하는 사이버 문학광장 안의 '글틴', 청소년이 쓴 청소년문학에 주는 '문장 청소년문학상'과 문학동네 주최 '청소년문학상' 등을 주목할 필요가 있다. 이 시대 변화의 지표를 탐색하는 'With Youth'의 문학을 기다린다.

닫힌 결말 속의 인공낙원

1. 2000년대 '청소년문학'에 대한 방법적 회의懷疑

현재 한국 청소년문학의 좌표는 어디쯤일까? 물론 이는 작가 · 작품 · 독자, 생산자 · 수용자 · 매개자 등 여러 가지 요소를 총체적으로 밝혀야 할 문제지만, 일단 그 실마리를 대형서점 코너의 위치에서 발견할 수도 있을 것이다. 최근 서울의 한 대형서점은 코너 위치를 일부 조정하였는데 그중 하나가 청소년문학이다. 한동안 비교적 중앙에 가깝게 배치되어 있었던 이 코너는 주변부 모퉁이로 이동하였다. 초 · 중 · 고 학습지와 나란히 서점 중앙에 넓게 분포되어 있는 아동문학과 달리 청소년문학은 한쪽 구석에 놓였고, 그나마도 문학 전집류와 효율적인 학습법 관련 자기계발서가 그중 2/3정도를 차지하고 있다. 그리고 이 코너에서 '청소년문학' 책을 펴 들고 서 있는 청소년을 목격하기란, 매우 어려운 일이다.

이 같은 현상의 원인은 청소년 관련 문제를 거론할 때마다 많은 이들이 지적하듯 근본적으로는 사회구조적인 차원에서 찾을 수 있다. 청소년문학에 대한 관심의 열도를 급상승시켰던 『완득이』(김려령, 창비, 2008)도 입시 위주의 교육 환경 앞에서는 무력할 수밖에 없다. 사회구조적 차원의 접근은 꾸준히 시도해야 할 작업이겠지만 이렇게 외연을 넓혀 같은 이야기를 반복하는 텅 빈 논의보다는, 지금의 청소년문학이 독자와 즐겁게 소통하지 못하는 문제를 텍스트 차원에서 다각도로 논의해 보는 일이 생산적이지 않을까? 바야흐로 2000년대 청소년문학에 대한 방법적 회의가 필요한 때다.

이때 '결말'의 문제는 현재 청소년문학의 특질을 가늠해보는 중요한 키워드라고 할 수 있다. 결말은 도입부와 함께 전체 서사의 장場을 결정지으며 작가의 세계관을 집약적으로 드러낸다. 그것은 도입에서 던진 서사적 갈등과 작가적 문제의식을 중심으로 한 '선택'의 차원이다. 선택이란 '가치(관점)'와 연관된 것인데, 2000년대 들어 본격화한 청소년문학은 그 출발부터 가치의 문제, 특히 '교육적 가치'와 긴밀한 관계를 맺고 있었다. 각종 문예지와 학술지의 특집에서는 아동문학의 그늘에서 벗어난 독자적인 '청소년문학'의 필요성을 피력하였고, 출판사들은 '청소년문학'이라는 타이틀을 부각하여 번역물과 국내 창작물을 시리즈로 간행하고 각종 청소년문학상 수상작을 배출하였다. 이렇게 2000년대 청소년문학 담론은 청소년 독자라는 목표 집단을 상정하고 성인이 창작한 '청소년을 위한' 문학을 지향하고 있다. 발달 단계와 수용 능력 등에 관련된 청소년의 특수성이라는 명분 아래 청소년문학은 숙명처럼 교육적 관점에 구속되어 왔다. 이 글에서 청소년의 삶을 소설화한 작가들의 창작방법론, 특히 결말을 문제 삼는 일은 교육적 관점을 벗어나 청소년문학이 문학임을 탐색하는 것이며 궁극적으로는 청소년문학의 이데올로기를 비판적으로 성찰하고자 하는 시도다.

2. 청소년의 모든 것은 윤리 문제이다?

2000년대 청소년문학(소설)은 청소년의 삶을 주로 윤리적인 차원에서 형상화하고 있다. 탄탄한 문장력과 흥미로운 상상력으로 그려지는 에피소드들이 전체적으로는 윤리적 결말의 자장 안에 있는 것이다. 윤리 문제가 아닌 경우the non-moral도 청소년문학의 조명을 받으면 윤리적 차원으로 공간 이동을 하게 된다. 물론 윤리적 접근 그 자체가 문제되는 것은 아니다. 문제는 특정한 가치관에 편향적으로 집중되어 있다거나 해당 작품의 서사를 이루는 모든 일상과 사건과 모험이 결말에 가면 어느새 윤리의 차원으로 급조된다는 점에 있다.

김혜정의 『하이킹 걸즈』(제1회 블루픽션상 수상작, 비룡소, 2008)는 청소년문학의 윤리적 관점이 구체적으로 무엇을 향하고 있는지를 단적으로 보여준다. 이 소설은 소년원에 가는 대신 실크로드 1200km 도보여행을 수행하게 된 두 청소녀의 이야기인데, 비슷한 소재를 다룬 루이스 쌔커Louis Sachar의 『구덩이』(창비, 2007)와 비교해 보면 그 윤리적 차원이 금방 드러난다. 『구덩이』는 소년원 대신 '초록호수 캠프'에 배치되어 구덩이를 파는 아이들의 이야기를 현재적 서사로 하되 거기에 100년을 전후한 사랑 및 복수 이야기와 운명적 약속 이야기를 겹쳐 놓아 '스탠리'와 '헥터'의 모험적 서사를 풍성하게 하고 촘촘한 개연성으로 시간을 뛰어넘는 해후를 그렸다. 반면, 『하이킹 걸즈』는 흥미진진한 여행 에피소드를 보여주면서도 그 모든 여로의 경험들을 두 소녀의 문제 행동과 결핍된 가족사와의 연관성 안에서 풀어내고 있다. '이은성'과 '주보라'는 줄곧 죄의식과 반항심에 사로잡혀 있었고 여로의 풍경 속에서 극복 방법을 터득함으로써 비로소 여행을 마무리하고 가족과 화해하여 교정矯正이라는 궁극적 목적을 달성한다.

제2회 블루픽션상 수상작인 양호문의 『꼴찌들이 떴다!』(비룡소, 2008)에서 윤리의 문제는 좀 더 확장된다. 이 작품은 실습생 명목으로 엉뚱하게도 고압 송전 철탑공사 막노동판에 투입된 공고생들의 좌충우돌 경험을 그리고 있다. 밤새 공사판을 몰래 벗어나려다 붙잡히고 마는 도입부에 '탈출'이라는 긴장감 있는 모티프를 설정하고, 끊임없이 탈출을 무력화 시키는 '양대리'와의 갈등과 스스로 탈출을 연기延期하게 되는 네 명의 변화를 속도감 있게 형상화했다. '추동리'에서 벌어지는 다양한 에피소드 가운데 '재웅이'를 비롯한 아이들의 인식 변화를 불러온 가장 큰 사건은 마을 사람들의 시위다. 그런데 쇠락해 가는 시골의 순박한 사람들이 인재人災를 불러온 철탑공사에 항의하기 위해 처음으로 시위라는 걸 하게 된 과정이나, 경운기로 바리케이드를 친 대치 상황 전후로 재웅이 등이 경험하는 여러 가지 사건들(우정, 짝사랑, 싸움 등)은 결말에서 급격하게 빛을 잃고 만다. 바로 공동체적 통합에 대한 작가의 강박 때문이다.

결말은 서로 대립각을 세웠던 사람들이 한데 어우러지면서(가족과의 화해는 물론 기본이다) '희진' 할머니의 빈소를 배경으로 모든 갈등이 소멸되는 한판 축제를 보여준다. 마을 사람들과 공사팀, 조립팀과 기초팀, 양대리와 아이들에 이르기까지 양보와 상생과 화해가 이루어지는 것이다. 그러나 이는 외부의 개입[1]으로 단번에 조성된 인공낙원일 뿐이다. 여기서 외부란 천마산업의 사장인 "인자하게 생긴 할아버지(300면)"다. 사장을 직접 찾아가 진실을 밝힌 아이들의 용기, 이제껏 악역을 맡았던 양대리의 반전, 인자한 사장의 공평한 판결과 후덕한 배려는 삼위일체가 되어 추동리의 위기를 극복한다. 사장은 파손된 집기 변상은 물론 마을과 1사社1촌村돕기 결연을 맺고 마을회관 신축과 영농조합 법인 설립을 적극적으로 돕겠다고 나선다. 돈에 눈먼 사장 아들에게 사건의 모든 원인이 돌아가면서 개인에 대한 처벌이 이루어지는 순간, 갈등은 간단하게 해소되어 버린 것이다.

> 참다운 어른이란 크든 작든, 잘났든 못났든, 자기 자리를 찾아 열심히 땀을 흘리며 제 역할을 하는 사람이야. 그 말이 입속에서 맴돌며 저절로 고개가 끄덕여졌다. 그러자 무조건 싫었고 거부감만 들었던 어른들의 세계를 조금은 알 수 있을 것도 같았다. 그래도 그 세계엔 어둡고 차가운 면보다 밝고 따듯한 면이 더 많다는 것을.

---

1 외부의 개입으로 문제가 해결되는 양상은 김해원의 『열일곱 살의 털』(제6회 사계절문학상 수상작, 사계절, 2008)에서도 나타난다. 이 소설에서 외부의 개입은 17년 만에 집으로 돌아온 아버지를 통해 이루어진다. 청소년의 심리를 세심하게 형상화한 이 작품은 문제 해결 면에서는 감상성感傷性을 드러내고 있다. 지나친 두발 검사와 폭력적 처벌에 항의하는 주인공이 위기에 처하는 후반부에 절묘하게 아버지가 등장하여 '나'의 든든한 원군이 되어 주는 것이다. 여기에 할아버지의 예상치 못한 '이발 이벤트(이발사로 평생을 살아온 할아버지는 정학당한 손자의 1인 시위를 암묵적으로 지원하기 위해 창고로 변한 먼지 쌓인 교내 이발소에서 학생들의 머리에 별을 새겨주는 이발을 감행한다.)'까지 더해져 사건은 극적으로 반전된다.

— 양호문, 『꼴찌들이 떴다』, 339면

사건 바깥의 조력자를 결말에 갑자기 등장시키는 일은 서사적으로도 무리수를 두는 일이다. 하지만 덕을 갖춘 노인과 악덕한 아들이라는 이분법적 대비를 통해 자본주의 시스템의 부조리한 현실을 개인 차원의 선악으로 전경화 하고 있다는 점이 더 큰 문제이다. 위의 인용은 이 작품에서 세상을 바라보는 시선을 담당해 온 재웅이의 독백이다. '참다운 어른'이라는 추상적인 정의는 구체적인 사회관계를 다 지운 채 모호한 개인의 의지만을 우위에 두는 순진한 믿음이다. 이 작품에서 성장의 척도는 그러한 믿음에 바탕을 둔 '어른 되기'이다(전에는 하지 않던 집안 걱정과 미래 계획에 대해 말하며 재웅이들은 서로에게 "짜식, 어른 다 됐네(334면)"라고 한다.). 재웅이가 고개를 끄덕거리는 행위는 '어른들의 세계'에 대한 잘못된 인식을 수정하여 "밝고 따듯한 면이 더 많"은 어른들의 세계를 수용하는 행위다. 이때 미숙한 존재의 성숙이란 이미 수립되어 있는 (가족공동체의 확장된 형태인) 체제 내부로 편입하는 일이다.

3. 성장이라는 목적은 수단을 정당화한다?

『완득이』의 바통을 이어받은 제2회 창비 청소년문학상 수상작 『위저드 베이커리』(구병모, 창비, 2009)는 독특한 마법사 모티프로 낯선 성장

서사를 구축하여 기존 청소년문학의 상투성을 극복한 작품이다. 우선 이 소설은 수많은 청소년문학 작품이 줄기차게 추구해 온 가족공동체 의식을 거들떠보지도 않는다. '아이를 청량리역에 버리고 종국에는 자살한 어머니, 어린이(의붓딸) 성추행범인 아버지, 교묘하고 잔인하게 아이를 괴롭히는 계모'라는 설정은 처음부터 조화로운 가족의 재구성에 대해 한 가닥 기대도 품지 않았고 결말에 이르기까지 화해의 포즈조차 보여주지 않는다. 이 소설의 또 다른 차별화 전략으로 결말의 문제를 들 수 있다. 가족의 일방적인 폭력에 내몰린 절정의 순간, 마법사가 준 '타임 리와인더 머랭 쿠키'를 삼키느냐 마느냐를 놓고 'Y의 경우, N의 경우'라는 선택지를 병치해 놓은 결말은 기존의 '닫힌 결말'에서 벗어나려는 시도라고 할 만하다. 그런데 이 두 가지 특성은 마법사 모티프와 관련하여 좀 더 세심히 살펴보면 사정이 달라진다.

타임 리와인더를 삼켜 아버지가 재혼하기 전인 6년 전으로 돌아간 'Y의 경우'와 타임 리와인더를 놓치고 세월이 흘러 가족이 해체된 지 3년 후가 된 'N의 경우'는 표면적으로는 상이하다. 그러나 어느 경우에서나 아버지는 성추행범으로 잡히고, 계모의 존재는 없거나 떠나거나 하여 부재중이며, 시간이 되감겨 '위저드 베이커리'를 기억하지 못하는 경우나 시간이 흐른 뒤 여전히 중요한 기억으로 남겨진 경우 모두 '나'는 감정적 고양(눈물)을 경험하면서 위저드 베이커리와 해후한다. 두 경우 모두 이른바 삶의 심급審級은 같은 것이다. 그리고 무엇보다 두 경우 모두 도입에서 설정되었던 '나'의 갈등이 극복되면서("단지 거기 존재했을 뿐(32면)"인 존재에서 '선택'하는 존재로의 변화) 말더듬 증세도 서서히 치유되었다는 점에서 "기대감의 충족, 새로운 균형 상태의 회복"[2]을 실천한 셈이므로 '열린 결말'로 보기 어렵다.

결말에서 의식적 · 무의식적 지향의 대상인 위저드 베이커리의 마법사는 도입에서 '나'가 가족삼각형 혹은 오이디푸스 구조를 부정하면서 발견한 존재다. 몽마의 습격 에피소드에서 보듯이 '나'에게 가족은 악몽이다. 기존의 청소년문학에서 자주 보아온 손쉬운 화해와 급조된 가족공동체를 그리는 결말이 실은 현실을 심각하게 은폐하면서 사회 통합적 이데올로기를 강제하는 행위였다는 점을 상기하면, 가족 바깥의 '다른' 가능성을 찾는 일은 분명 가치가 있다. 그런데 이 소설의 마법사는 그 독특한 속성 때문에 문제적이다. 그는 '해리 포터' 시리즈에 나오는 마법사들처럼 선악으로 나뉘어 비현실적 공간에서 "윙가르디움 레비오우사" 같은 주문을 외지 않는다. 그 대신 아파트촌에 제과점을 차려놓고 홈페이지를 열어 인터넷으로 마법의 빵과 과자를 주문받아 판매하는 위저드 베이커리의 마법사는 도시적 일상성 속으로 깊숙이 들어와 있다. 또 그와 관계된 언술은 '물질계와 비물질계, 물질계의 균형, 양극성의 원리, 자기장, 원소, 초음파, 헤르츠, 에너지의 흐름, 확률이론, 평행우주' 등의 과학 용어를 동원한다. 우주를 설명하는 "M이론의 'M'은 막(膜, membrane)의 첫 글자를 따온 것이나 물리학자들 사이에서는 '신비한mystery', '마술 같은magic'의 첫 글자로 통하기도 한다"[3]는 것을 실현한 것 같은 위저드 베이커리의 마법사는 필연적 법칙을 자연화 하는 과학자 이미지를 입고 있다. 게다가 "때로는 한없이 어리석지만 그것밖에는 선택할 수 없는 남들의 바람을 이루어지게 도와주면서, 정작 자기 자신은 소원이 없는 사람. 남들의 감사만 받아도 모자랄 마당에 단지 뒤틀린 결과 때문에 비난을 받아야

2 오탁번 · 이남호, 『서사문학의 이해』, 고려대 출판부, 1996, 88면.
3 미치오 가쿠, 박병철 역, 『평행우주』, 김영사, 2005, 42면.

하는 사람(121면)"이다. 그는 "물질계의 균형을 맞추기 위해(104면)" 운명적 미션을 수행함으로써 몽마의 습격도 감수하는 자다. 이를 종합해 보면 그의 '흰 가운'은 제빵사의 것이지만, 마법사와 과학자의 것이며 동시에 사제(더 나아가서는 구원자)의 것이라고 할 수 있다.

물론 이 작품에서 '나'는 일정 정도 성장한다. 마법사의 오븐에 몸을 숨긴 뒤로 위저드 베이커리 홈페이지 일을 도우면서 거기서 팔려나가는 마법의 과자를 통해 인간의 욕망을 관찰하고 선택과 책임의 문제를 터득할 기회를 얻기 때문이다. 그런데 그 매개자는 마법사이자 과학자 혹은 "생성과 소멸의 논리(106면)"에 관여하는 구원자이기까지 한 강력한 존재이며, 세상 끝으로 내몰린 '나'의 고아의식을 극복하게 한 인물이다. '나'는 자신을 보호해 준 그를 위하여 몽마의 습격을 대신 받기도 하고 자신을 진정으로 '걱정'하고 '인정'해 주는 그의 어깨에 기대어 울거나 안마를 해 주기도 하며, 위저드 베이커리와 해후하는 결말에서 기억은 못하지만 통제할 수 없는 그리움의 눈물을 흘리거나(Y의 경우), 그를 향해 다시 달려간다(N의 경우). 위저드 베이커리의 마법사는 세속적 아버지를 능가하는, 가족 바깥에 있는 강력한 아버지의 기호인 것이다. 결국 '나'는 권능을 가진 '다른' 아버지의 영향 아래서 부분적인 선택을 할 뿐이다. 게다가 위저드 베이커리의 마법사는 인간의 욕망이 구매력을 가진 수요자가 되는 한 끊임없이 마법 쿠키를 상품으로 판매하는 자이며, "저편에서 누군가가 뒤틀어놓은 물질계와 비물질계를, 이편에서 다른 힘으로 붙들거나 되돌(105면)"리는 일만 하는 게 아니라 고객의 주문에 따라 그것을 뒤틀기도 하며, '나'같이 선택받은 자에게만 드물게 연민과 배려를 허락한다. 근본적으로 '나'의 성장은 이와 같이 강력한 마법사의 오븐에서 자유롭지 못한 것이다.

4. 10대는 돌아갈 수 없는 순수이다?

한편으로 가족, 친구, 학교 등을 중심으로 이 시대 청소년들의 일상을 그리는 소설들이 있다. 10대들의 사소하지만 절실한 일상을 실감나는 에피소드로 그려낸 『직녀의 일기장』(제2회 세계청소년문학상 수상작, 전아리, 현문미디어, 2008)이나 『닌자걸스』(김혜정, 비룡소, 2009) 등이 그렇다. 졸업식을 하는 결말에서 "약속이라도 한 듯 몽둥이를 있는 힘껏 집어던지고, 서로를 끌어안(『직녀의 일기장』, 258면)"고, "할 수 있다면 장애물을 부술 것이다. 우리는 충분히 그래도 되는 나이니까. (…중략…) 저기, 내가 그토록 꿈꾸던 무대가 있다(『닌자걸스』, 256면)"라고 말할 수 있는 경쾌한 건강성의 핵심은 10대들의 순수함이다. 이에 대한 작가의 전적인 신뢰가 있었기 때문에 소설은 위험하지 않은 수준에서 인물들이 살짝 삐딱하게 겪는 가벼운 이야깃거리에 매달린 것이다.

10대의 순수함은 그 반대편에 기성세대의 타락한 사회를 상정한다. 그 둘의 관계는 수평적이지 않고 위계적이다. 관계의 억압성이 증폭될 때 작가들은 10대들의 순수를 지키기 위해 희생양 모티프를 가져오곤 한다. 10대의 임신을 소재로 한 『쥐를 잡자』(제4회 푸른문학상 수상작, 임태희, 푸른책들, 2007)와 『분홍 벽돌집』(박경희, 다른, 2009)이 그러한 예이다. 전자는 '주홍'이 성폭력에 노출되었다는 점만 보여준 채 그녀의 극심한 정신적 고통을 전경화 했고, 후자는 모델학원비를 사기당해 빚 독촉에 시달리던 '수경'이 돈을 갚기 위해 원조교제를 하다 소년원에 수감된 사건 전후를 서사화했다. 결말에서 주홍은 공포스러운 쥐를 배 속에 키웠던 자신을 학대하며 결국 낙태를 자책하다 자살을 하는가 하면, 수경의 경우는 매독으로 인한 자궁 외 임신 때문에 하혈을 하다 수술 중 사망한다. 서사구조나 죽음의 형태는 서로 다르지만 죽음의 텍스트 내적 효과가 '희생양'이라는 점에서는 두 작품이 유사하다. 죽음은 아이들이 더럽혀진 몸을 버리고 순수한 영혼을 지키게 한다. 아이들의 죽음은 세상의 고통을 대속代贖하는 한편, 타락한 사회를 강렬하게 드러내는 것이다. 『쥐를 잡자』의 주홍은 역시 미혼모였던 엄마의 고통과 그 사실을 제대로 받아들이지 못했던 할머니의 죄의식을 "구원(127면)"하기로 하고 죽음을 택한다. 『분홍벽돌집』의 수경은 자신의 닉네임을 '가시엉겅퀴'라 짓고 죄의식을 고백하며 죽어간다. 가시엉겅퀴는 창세기의 구절("땅이 네게 가시덤불과 엉겅퀴를 낼 것이요")이나 가시면류관의 이미지와 관련되어 있으며, 그리하여 죄에 대한 심판 혹은 순교를 상징하고 있다. 주홍의 엄마가 삶을 긍정하고 주홍의 교사가 생명에 대한 인식을 새롭게 할 수 있었던 것도, 또 수경의 친구 '웅'이 수경이의 염원이 담긴 영화를 완성하고 새로운 삶에 도전할 수 있었던 것도, 모두 그녀들의 죽음 이후에나 가능했고, 이러한 설정은 희생양 모티프를 완성한다.

대개 청소년들의 순수는 역동적인 현재보다는, 미래를 위한 준비단계 혹은 이미 지나온 그래서 다시는 돌아갈 수 없는 과거로 작동하고 있다. 제1회 세계청소년문학상을 받은 『내 인생의 스프링캠프』(정유정, 비룡소 2007)는 액자소설의 구조를 통해 10대의 순수가 과거 지향적이라는 점을 좀 더 분명히 보여준다. 이 작품은 정치적으로 참혹했던 1980년대를 원경으로 하여 학생운동 수배자인 '주환이 형'에게 중요한 서류를 전달하기 위해 떠난 나흘간의 긴박감 넘치는 여행을 그리고 있다. 열다섯 살 또래 세 명('나' 준호와 승주와 정아)과 비밀에 싸인 정체불명의 노인, 그리고 검둥개라는 이상한 동행자들의 여정은 위험한 임무를 가까스로 완수한 뒤 안개섬에서 목격한 장면, 즉 새벽 바다를 박차고 오르는 거대한 잿빛 고래들의 활강을 목격하는 데서 절정을 이룬다. 물론 이 소설은 생동감 있는 모험을 현재적 서사로 하는 내부 이야기 덕분에 기존의 회고담류와는 다르다고 할 수 있다. 그러나 결말의 액자에 나타나는 30대 후반의 서술자 준호에 의해 그 열다섯 살의 나흘이 내부 이야기로 강력히 폐쇄된다는 점을 주목할 필요가 있다. '나'만의 비밀 장소에 남긴 정아의 편지는 자신들이 목격했던 그 나흘의 모든 것을 "비밀(381면)"이라고 부르며 봉인한다. "이십이 년 전 나흘이 별똥별처럼 떨어졌다. 내 발치에 흩어진 별 조각(386면)"은 누구도 믿어주지 않을, 또 누구에게도 발설하고 싶지 않은, '아름답고 빛나는 열다섯 살 또래만'이 가질 수 있는 비현실적 꿈의 세계이며 그것은 비밀의 후광을 입은 채 낭만적 과거로 고착되는 것이다.[4]

5. 인공낙원이 외면하는 것들

2000년대 청소년문학의 의의, 즉 상업적 읽을거리와 입시 대비용 근엄한 문학전집류로 양분되어 있었던 기존 독서 시장의 구도를 돌

4 『내 인생의 스프링캠프』 분석은 이 책 「이 시대 아이콘 '청소년'(을 위한) 문학의 딜레마」에서 참조.

파하고 새로운 가능성을 탐색하고 있다는 점을 부정할 순 없다. 그러나 이제 서서히 또 한 번의 전환점이 필요하다고 판단된다. 이 글에서 살펴본 장편소설 외에도 '청소년문학'이라는 이름을 내건 많은 작품들이 '닫힌 결말'로 텍스트를 통제하고 있다. 닫힌 결말이 조성해 내는 것은 청소년들을 '위한' 인공낙원이다. 지금 여기 있는 그대로의 현실, 다양한 모습으로 이루어진 현재진행형의 청소년문화, 그리고 자동화된 강박을 벗어난 풍성한 문학적 상상력 등이 인공낙원에서 배제된 채 그 울타리 밖에서 서성이고 있다. 청소년문학의 인공낙원 프로그램은 어떤 방식으로든 교육적 관점, 당위성, 고정관념에 붙들려 있기 때문이다. 청소년의 특수성이라는 것 혹은 특수성에 대한 오해가, 편향된 창작행위의 명분이 될 수는 없다. 지금 유통되는 '청소년다움', '청소년문학다움'이라는 풍문은 작가의 진정성을 왜곡하고 탈정치성의 정치성을 은폐할 가능성이 높다.

앞에서 살펴본 바와 같이, 청소년의 모든 것을 특정한 윤리 문제로 접근하고, 성장의 강박 속에서 또 다른 강력한 아버지의 기호를 찾으며, 10대의 순수성을 구원의 모티프로 하거나 과거화 하는 창작행위는, 의도했든 그렇지 않든 간에 당대적 현실을 외면하고 다중적인 청소년 문화를 일관되게 '미성숙한 문화 혹은 비행문화'로 단순화하는 태도를 내장하고 있다. 글로벌 자본주의 시스템과 힘의 논리가 일상성 속에 샅샅이 스며들어와 누구나 그 부조리한 냉혹함을 피부로 체감할 수 있는 지금, 기성세대가 만들어 놓은 인공낙원에서 청소년들이 진정으로 성장할 수 있을 것인가? 예전과는 비교하기 어려울 정도로 복잡해진 21세기 현대사회에서 청소년의 존재는 당대성과 상호관계를 맺으며 매우 다층적인 모습을 보이고 있다. 때론 우리를 감동시키고 때론 우리를 당혹스럽게 혹은 슬프게도 하고, 어떤 경우에는 이해하기 어려울 정도로 극과 극의 속성을 동시에 보여주며, 또 어떤 경우에는 예상하기 어려운 새로운 양상들을 나타내는 '다중적 존재'인 청소년 그 자체를 형상화하는 작업이 필요하다.

또 교육적 관점이란 것도 구호 차원을 떠나 실천적으로 발상의 전환을 이루어야 할 것이다. 지금 이 시점에서 "지식의 고정성에 도전하여 학습자가 텍스트 해석 과정에 능동적으로 참여하고 다양한 해석을 생성하되 그것을 텍스트의 차원에서 현실의 삶으로 전이시키고자 하는 하버마스의 비판적 지식모형"[5]을 진지하게 고민해 볼 필요가 있다. 불합리를 합법화하고 저항하는 입을 막으며 순응을 강요하는 지금 한국 사회에 무엇보다 필요한 것, 그것은 비판적 사고이지 않은가? 이러한 사유는 질문을 하는 행위에서 출발한다. 질문에 중요한 역할을 하는 것이 문학적 상상력이다. 경직된 것에 끊임없이 균열을 내려는 비판 정신과, 교환가치로 획일화되고 자동화되는 세계를 가로지르며 낯선 꿈을 꾸게 하는 상상력은 청소년문학에도 역시 중요한 항목이다.

"청소년을 위해 글을 쓰려면 청소년을 위해서 쓰면 안 된다"는 '역설'을 강조한 테오도르 슈토름Theodor Storm[6]을 떠올려 본다. 답을 가르쳐주려는 닫힌 결말은 질문을 봉쇄하는 행위이다. 닫힌 결말이 조성해 놓은 인공낙원은 지시되고 제한된 것만을 향유하도록 유도한다. 청소년문학의 인공낙원이 외면하는 것들, 인공낙원의 울타리 밖으로 내쳐진 것들을, 지금 불러와야 할 것이다.

---

5 신종곤, 『영상드라마와 서사교육방법』, 한국학술정보, 2007, 78~84면.

6 김경연, 「독일 '아동 및 청소년문학' 연구」, 서울대 박사논문, 1999, 47면.

'그녀'가 팩션faction에 등장하는 두 가지 방식

신경숙의 『리진』과 김탁환의 『리심』

1. '그녀'를 만나기 100m 전

'역사歷史'라는 말이 하루아침에 권위를 잃고 사라지는 것 같았던 때가 있었다. 이른바 세계사적 지각 변동을 겪고 환멸과 애도가 '역사'를 뒤따르던 1990년대 초반의 일이었다. 새로운 밀레니엄을 들떠서 외치던 것도 한참 지난 지금, 흥미롭게도 여러 매체에서 '역사'가 중요한 키워드로 부상하였다. 특히 TV 드라마와 소설 부문에서 '역사 열풍'이라고 할 만한 현상이 나타나고 있는 것이다. 2000년대 들어 방영된 〈대장금〉, 〈불멸의 이순신〉, 〈해신〉 등에게서 바통을 이어받은 〈주몽〉, 〈대조영〉, 〈태왕사신기〉, 〈이산〉, 〈왕과 나〉, 〈대왕 세종〉, 〈선덕여왕〉, 〈동이〉 등의 사극은 늘 평균 이상의 혹은 압도적인 시청률을 확보하면서 각종 매체에 시너지 효과를 일으켰다. 소설 부문에서는 100

만 부를 돌파한 『칼의 노래』를 필두로 하여 『남한산성』, 『현의 노래』, 『검은 꽃』, 『미실』, 『논개』, 『리진』, 『리심』, 『황진이』, 『천년의 왕국』, 『도모유키』, 『방각본살인사건』, 『열녀문의 비밀』, 『열하광인』, 『바람의 화원』 등이 꾸준히 독자층을 확보하였다.

우리가 지금 주목하는 역사소설들이 1980년대까지 전통적으로 이어져 왔던 민족주의 담론의 형태를 띠는 것은 물론 아니다. '뉴에이지 역사소설'[1]이라는 명명이 보여주는 것처럼 목적론적 거대담론으로서의 역사가 부정된 이후의 일이기 때문이다. 최근 역사소설들은 기본적으로 '역사의 객관적 재현은 더 이상 불가능하다, 역사적 사건들의 연쇄를 이해하기 위해서는 허구적 서사가 필요할 수밖에 없다, 정전화 된 역사는 역사를 진실로 만드는 정치권력에 의해 허구화 된 것이다'[2]라는 명제를 전제로 한다. "기존의 역사를 해체하는 역사의 다른 판본"[3]으로 역사소설을 정의하는 '팩션faction'이라는 신조어는 이러한 인식을 차별화 하여 부각한 것이다.

최근 역사소설에서 주목할 만한 특징 중의 하나가 바로 여성 인물이 주인공으로 등장한다는 점이다. 대부분의 역사소설에서는 이순신, 세조(수양대군), 단종, 연산군, 녹두장군 전봉준, 임꺽정, 장길산 등 남성 영웅들이 당연한 듯이 주인공이 되었고 수많은 여자들은 그들의 조연 혹은 기능적인 역할에 머물러 있었다. 남성 영웅들의 틈바구니에서 당당하게 얼굴을 내밀었던 박경리와 최명희의 여성 인물들은 그래서 더욱 더 문학사에서 기억할 만하다고 하겠다. 최근의 작품은 물론 그들에게

---

1 서영채, 「뒤늦은 애도, 한 고결함의 죽음에 관하여」, 『리진』, 문학동네, 2007, 313면.
2 공임순, 『우리 역사소설은 이론과 논쟁이 필요하다』, 책세상, 2000, 16~31면.
3 박진, 「우리는 왜 팩션에 열광하는가」, 『장르와 탈장르의 네트워크들』, 청동거울, 2007, 18면.

힘입은 바 크다. 그러나 『토지』와 『혼불』이 민족 담론으로 구성되었다는 점을 상기하면, 『리진』(신경숙, 2007), 『리심』(김탁환, 2006), 『황진이』(전경린, 2004), 『미실』(김별아, 2005), 『논개』(김별아, 2007), 『심청』(황석영, 2007) 등은 다른 길을 선택했다는 것을 알 수 있다.

역사의 장場에서 여성 인물을 탐색하는 소설들은 크게 두 가지 점에서 의미를 가질 수 있다. 첫째, 공적 역사에 기록되지 못했던 수많은 여자들, 끝없이 이어지는 풍문 속에서 왜곡된 형상으로 찢겨도 '침묵'할 수밖에 없었던 '그녀들'에게 '발화發話'의 기회를 줄 수 있다는 점이다. 여성은 사회의 반半을 차지하면서도 '소수자'였고, 말할 권리가 없었으므로 스스로 말할 수 없었던 이른바 '하위주체subaltern'였다 / 이다. 그녀들을 주목하고 그녀들의 입을 열게 한다는 것은 그 자체로 하나의 입장을 지향하는 것일 수 있다. 둘째, 소설화 되는 여성 인물들이 대체로 '월경越境'하는 자들이라는 점에서 당대를 비판적으로 성찰할 수 있는 가능성을 가진다. 그녀들은 궁녀에서 프랑스 외교관 부인으로(『리진』, 『리심』), 양반의 서녀庶女에서 기생으로(『황진이』), 설화에서 현실로 혹은 지역에서 세계로(『심청』) 경계를 넘는다. 이 '가로지르는' 행위는 영역의 경계를 돌파함으로써 경계의 안팎이 본질적이거나 절대적인 것이 아니라는 점, 다시 말해 '만들어진' 것이라는 점을 부각할 수 있다.

필자는 위의 두 가지 측면을 언급하면서 '의미를 가질 수 있다'라고 잠정적인 가능성을 짚었다. 이렇게 진술한 것은 우선 최근의 역사소설 붐이 픽션이라는 이름으로 생성 중인 현상이어서 그 난맥상을 한꺼번에 평가하기 어렵기 때문이다. 게다가 우리는 이미 뉴라이트 대안 역사 교과서가 '대안 역사'라는 희망적인 단어를 그르친 사례를 보지 않았는가. 또 그러한 작업이 실은 정전正典의 이데올로기를 내면화한 우리 자신을 대면해야 하는 일이므로 하위주체의 형상화와 당대에 대한 비판적 성찰을 수행하는 것이 결코 쉽지 않기 때문이라는 점을 들 수 있다. 특히 역사 속의 여성 인물이란 '신사임당'과 '황진이'로 대표되는 대조적인 계열체로 인식되어 왔고, 대중적 관심은 흔히 성적 관심으로 표면화 되어 후자 계열에 쏠리게 마련이었다.

이러한 점에서 '팩션'이라 일컬어지는 최근 역사소설은 좀 더 신중하게 접근해야 할 필요가 있다. 마침 그러한 필요성을 가늠하게 해 주는 흥미로운 소설 두 편이 있는데, 신경숙의 『리진』과 김탁환의 『리심』이 그것이다. 이 두 작가는 공교롭게도 동일한 인물에 관심을 두었고 서로 다른 텍스트를 만들어 냈다. 그들의 역사적 상상력과 텍스트의 전략은 각기 어떻게 다를까? '그녀'가 팩션에 등장하는 두 가지 방식을 살펴보자.

2. 사적私的으로 낭만화 되는 여성과 역사 : 신경숙, 『리진』

'조선의 궁녀'라는 소재는 여러 가지 면에서 흥미롭다. 작가 입장에서는 이런 인물이 대중적으로 널리 알려져 있지 않기 때문에 독자의 기대지평을 적극적으로 재조정해야 하는 어려움을 더는 것은 물론, 기록이 거의 없으므로 작가적 개성의 자유를 구가할 수 있다. 독자 역시 역사소설에서 익히 보아왔던 계층이 아니라는 점에서 신선하고,

'프랑스 초대 공사가 사랑한 여인, 파리로 간 최초의 조선 여성'이라는 수식어가 붙는 순간, 지금 여기 반복적인 도시 일상의 권태를 깨뜨려 줄 파란만장한 삶을 기대하게 된다. 실제로 작품과 관련된 각종 인터뷰, 작가와 함께하는 문학 답사, 경복궁에서의 춘앵무 시연 등은 이러한 독자들의 관심과 잘 맞물려 있는 출판 이벤트이다.

19세기 말 전근대와 근대, 아시아와 서구 열강이 각축을 벌이던 혼란스러운 시기에 평범치 않은 생애를 살다 간 '그녀'에게서 두 작가는 각각 무엇을 보았는가? 김탁환의 『리심』(민음사, 2006)과 신경숙의 『리진』(문학동네, 2007)은 최소한의 서사소敍事素를 공유하되 서로 다른 길을 간다. '① 조선에 온 프랑스 공사 빅토르 콜랭이 궁중 무희를 사랑하게 되었다. ② 어렵게 왕의 허락을 받아 두 사람은 프랑스로 가서 살았다. ③ 그들은 다시 조선으로 돌아왔고 그녀는 결국 자결하였다.' 이러한 공통 서사소 사이사이를 파고들어 가는 두 작가의 역사적 상상력은 커다란 차이를 보인다. 그중에서도 '그녀'의 가족과 성장 환경, 그녀를 둘러싼 인물과의 관계, 프랑스에서의 삶을 대하는 태도, 자결의 정황, 작가의 서술 태도 등이 두 작품의 길을 따로 멀리 내고 있다.

먼저, 신경숙의 『리진』을 보자. 신경숙은 자신의 특장인 나직하고 유려한 문체로 인물에게 스며들어 '리진'을 조형해 내었다. 『리진』에는 두 개의 계열체가 있는데 이것이 통합적으로 리진의 삶을 형성한다. 하나는 서씨, 대비, 중전으로 이루어지는 '어머니'의 계열이고, 또 하나는 강연, 왕, 콜랭, 홍종우로 이루어지는 '리진을 사랑한 남자'의 계열이다.

리진은 뛰어난 외모와 총명함으로 어디에서고 뭇 남자들의 사랑을 받는다. 사랑은 그녀의 삶을 변화시키는 동인動因으로 작동하였다. 고아의 처지로 함께 자라나 리진의 분신과도 같은 '강연'은 위험한 순간마다 나타나 그녀를 구해 내고 대신 상처를 입는다. 또, 리진이 프랑스로 가게 된 것도 그녀에 대한 왕의 관심과 콜랭의 헌신적인 사랑이 역학 관계를 이루면서 일어난 일이며, 다시 조선에 돌아왔을 때 리진과 콜랭의 관계를 위협하고 악사樂士 강연의 두 손을 자른 것도 사랑을 거부당한 '홍종우'의 복수심이었다. 이 같은 연애 서사는 작품의 추동력이며, 낭만적 사랑의 코드를 형성하여 대중 독자들을 흡입한다.

연애 서사가 리진의 삶을 변화시켰던 외적 동인이라면, 이 작품의 심층 혹은 이 모든 사건들을 대면하는 리진의 내적 동인은 바로 '어머니'에 대한 애착과 그리움이다. 이는 유복녀로 태어나 어머니마저 일찍 여읜 그녀의 외로움에서 비롯된다. '어머니'의 계열체는 리진의 보호자 군群이며 연애 서사에서 매우 수동적이었던 그녀를 능동적인 행위(자결)로 이끄는 역할을 한다. 그중에서도 중전과의 관계는 연애 서사를 압도할 정도였다. 다섯 살 아기 나인으로 처음 만나게 된 중전이 손수 배를 둥그렇게 잘라내고 숟가락으로 하얀 배 속을 살살 긁어 입에 넣어준 행위는 리진의 전 생애를 사로잡는데, 이는 마치 "알에서 갓 깨어난 오리는 처음 반나절 동안 본 것을 평생 잊지 않는다(신경숙, 「풍금이 있던 자리」, 프롤로그 중에서)"를 실천하는 것으로 보인다. 리진이 콜랭의 사랑을 수락하고 프랑스로 간 것도 다시 궁으로 돌아오지 말라는 중전의 속뜻을 이해했을 때였고, 프랑스의 낯선 문명을 바라보는 리진의 시선은 내내 고독했으며, 결국 다시 조선에 돌아오게 된 것도 유산 후 향수병으로 몽유했던 고통 때문이었다. 그리하여 이 소설의 백미는 귀국 후 왕비와 하룻밤을 같이 하면서 왕비의 어지러운 소회를 듣는 장면, 왕비가 일본인에 의해 시해되는 충격적인 현장을 목격하는 장면, 그리고 결국 리진이 비상을 묻힌 불한사전을 한 장씩 뜯어 삼키며 왕비의 처소였던 교태전에서 목숨을 끊는 결말 부분이다. 이는 우리로 하여금 망각의 역사로 사라졌던 명성황후의 초상을 상상하게 하며 숭고하고 비극적인 정서를 경험하게 한다.

문제는 이 비극적 사건을 어떤 차원에서 접근하고 있는가 하는 것이다. 작가는 이 역사적 사건을 리진의 사적私的인 시선을 통해 바라봄으로써 민족주의적 색채와 역사적 아우라를 지우려고 하였다. 물론, '리진李眞'이라는 이름도 왕이 자신의 성을 따서 하사한 것이고, 소촌실의 딸이 야비하게 웃으며 리진을 결박하고 왕비를 지목하거나, 무력하게 쫓겨 간 왕비를 일본인 자객들이 수차례 칼로 찌르는 장면은 그 자체로 민족적 정서를 불러일으킨다. 사건의 표면은 그러하지만, 이 현장은 철저하게 리진의 관점에서 목격된다. 리진의 시선에서 중전의 죽음은 '어머니'의 죽음으로 구성되는 것이다. 그녀에게 중전은 "최초로 넌 누구냐고 묻는 존재"[4]였고 따뜻한 보살핌을 베풀어 준 어머니 같은 존재였다. "자신이 왕비를 어머니라 여겼음을 왕비가 칼을 맞는 순간에 리진은 깨달았다. 고개를 들어 바라보기조차 어려운 왕비가 아니라 사가의 다정한 어머니라 여겼음을. 그 사이에서 늘 분열했으나 속 깊은 곳의 리진의 마음은 왕비를 외롭고 고단하고 다정하고 힘이 세고 강건한 어머니로 여겼음을. 그래서 서운해 하면서도 원망하면서도 종내 사랑할 수밖에 없었음을(『리진』 2, 295면)." 그러므로 이 깨달음은 리진의 죽음을 '숭고한 어머니의 세계'를 향해 '회귀'하는 빛나는 사건으로 만들어 준다. 비상을 바른 불한사전의 종잇조각들이 "봄바람에 밀려 주위에 이리저리 떠다녔다. 그것은 흡사 봄을 맞이

4 신경숙, 『리진』 1, 문학동네, 2007, 47면.

해 나래를 편 금빛 나비처럼 보이기도 했다(『리진』 2, 299면)"는 묘사는 리진이 처음 중전을 만났을 때의 눈부심과도 통한다.

작가는 위기의 시대였던 19세기 말을 기존의 민족주의 담론에서 비껴 서는 새로운 모습으로 형상화 하고자 했던 것이고, 그러한 의도는 '작가 노트'에서도 확인할 수 있다. "'이윽고 다시 던져진 사슬이 자신의 영혼에 상처를 입히는 것을 용납할 수가 없어 결국 금종이를 삼키고 스스로 생명을 끊었다……'를 읽어 내리는데, 동시대인들이 보지 못했던 것을 본 대가로 깨진 유리 조각들을 손에 움켜쥔 채 피 흘리고 있는 백 년 전 한 여인의 고통이 나를 엄습했다"라고 작가는 쓰고 있다. 이러한 언급은 비극적 생애를 살다 간 한 여인의 실존적 형상을 시대적 이념을 떠나 생생하게 그려 내고자 했음을 짐작하게 한다. 그러나 세계를 바라보는 리진의 사적인 시선은 19세기 조선과 프랑스라는 시대적 상황을 장식적 배경으로 물러서게 했다. "콜랭의 가슴이 들썩이는 걸 보며 옷을 입으려 몸을 일으키는데 잠든 줄 알았던 콜랭이 나의 파랑새! 속삭이며 리진을 이불 속으로 끌어당겼다. 파리의 센 강변에 프랑스 대혁명 백 주년을 기념하는 에펠 탑이 우뚝 세워지기 일 년 전의 일이다(『리진』 2, 344면)"라든지, "백통 가락지가 끼워져 있는 왕비의 손이 탁자 위에서 꾹 쥐어졌다. 청나라와 일본, 두 나라 사이에서 힘의 균형을 유지하려는 게 조선의 외교정책이었으나 갑신정변 이후 조선 내에서 청나라의 힘이 드세졌다. 청나라는 조선에 원세개를 보내 조선을 속국처럼 다스리려 들었다. 원세개의 힘이 왕을 압박했다(『리진』 2, 217면)"는 기다란 교과서적 설명에서 보는 것처럼, 역사적 사건과 리진을 둘러싼 사건은 상호 연관성 없이 나열되어 있으며 그리하여 당대의 역사적 상황은 이 작품에서 매우 소모적이다.

시공간적 배경만 바뀌었을 뿐 이 소설은 신경숙이 지금껏 추구해 왔다고 평가되는 '사라지는 것들에 대한 연민과 애도, 낭만화 된 열망'을 반복함으로써 시대와의 역동적인 관계를 접었던 것이다.

이렇게 거대담론적 접근을 멀리하고자 했던 시도는 신경숙에게서 인물과 역사가 사적인 코드로 나열되는 결과를 낳았고 이는 멜로드라마적인 속성을 노정시켰다. 낭만적인 이미지로 여러 차례 언급되는 리진과 콜랭의 운명적인 마주침, 중국으로 간다며 사라져 버린 강연의 벽장에서 쏟아져 나온 '부치지 못한 연서'들, 두 손이 잘린 채 리진의 무덤 앞에서 홀로 얼어 죽은 강연의 모습 등은 기존의 멜로드라마에서 익히 보아 오던 장면이 아닌가. 이러한 설정은 정객 홍종우를 치정 관련 복수극을 꾸미는 기능적 인물로 제한한 데서도 극명하게 나타난다. 이 작품에 나타나는 어머니 담론이나 멜로드라마적 속성의 치명적 결함이란 바로 여성에 대한 새로운 인식을 이끌어 내지 못한 채 신선한 소재를 폐쇄적인 공간에 가두어 시들게 만들었다는 데 있다.

3. 여성 영웅담의 가벼운 이야기성 : 김탁환, 『리심』

신경숙과 김탁환은 동일한 소재를 선택했지만 그 출발과 결과가 사뭇 대조적이다. 신경숙의 경우 19세기 조선의 궁중 무희에 대한 관심은 "백 년 전 한 여인의 고통"이라는 감각적이고 정서적인 데서 촉발되었다. 반면, 김탁환은 프랑스 공사 프랑뎅의 회고록 『한국에서』를 살피다가 눈이 번쩍 뜨였다고 하면서 "이것을 꼭 쓰리라! 리심이 기록해 두었으나 지금까지 발견되지 않은 여행기"[5]라고 진술하였다. 그의 관심은 길 위에서 만난 낯선 세계와 사건들, 즉 '이야기'에 있는 것이다. 김탁환은 작품 후기에서 "우연들을 '운명'이라 칭하며 갖가지 이야기를 꾸며 대는 자, 그가 바로 소설가"라고 말하고 있는데, 이는 이제까지 십 여 권의 장편 역사 · 추리소설을 써 온 작가의 작품 성향을 엿보게 하는 대목이다. 감각적이고 정서적인 데 주목했던 신경숙이 낮은 목소리로 중심인물의 내면에 가까이 다가갔던 반면, 이야기에 주목한 김탁환은 사건과 인물들의 관계를 전체적으로 설명하고 논평[6]하는 이야기꾼의 방식으로 접근하였다.

'리심梨心'은 성장 환경부터가 '리진'과 다르다. 리진이 어려서 부모를 잃은 불우한 환경이었으나 서씨와 중전의 보살핌으로 곱게 컸던 것으로 설정된 데 반해, 리심은 성장기에 두 번의 치명적인 사건을 겪는 것으로 설정되었다. 먼저는 적성현 관아의 기생 '월선'의 딸로 태어난 리심이 11살에 엄마로부터 버림받은 사건이다. 야소교도였던 월선은 신부와 신도들과 함께 도망치던 중 자꾸 토하는 딸에게 매정하게 아편을 먹이고 떠나 버렸다. 두 번째 사건은 리심이 동기童妓 수련을 받던 중 현감 아들에게 모욕을 당하고 저항하다 강물에 빠져 죽을 뻔했던 일이다. 혈연으로부터의 버려짐과 의사疑似 죽음의 경험은 리

5 김탁환, 「부록 : 리심의 흔적을 찾아서」, 『리심』 下, 민음사, 2006, 322면.

6 예를 들면, "젊은 여우 중전 민 씨와 늙은 호랑이 대원군 이하응의 대결은 청나라와 일본의 개입으로 싱겁게 막을 내렸다", "콜랭이 제물포에 내린 1888년 6월 3일에도 리심은 몰랐다. 자신의 춤을 평생 흠모할 인연이 그날 제물포에 닿았음을", "남의 손으로 코 푼 격이랄까. 빅토르 콜랭은 기뻤고 중전은 속이 시원했으며 고종은 분통이 터졌다" 등이 있다.

심의 생존 의지를 단단하게 만들었다. "지금은 일단 살자. 살고 또 살아서, 견디다 보면 길이 보이겠지. 일이라 여기지 말자. (…중략…) 배운다고 여기자. 나중에 다 쓸모 있는 경험일 것이니(『리심』 上, 43면)"라는 말을 되뇌는 열두 살 '리심'에게서 '리진'의 수동성 같은 것은 찾아볼 수가 없다. 임오군란 때 피신하던 명성황후가 위기에 처하자 기지를 발휘해 구해 낼 정도로 영리하고 적극적인 리심은 상궁인 대수에게서 의술과 춤, 각종 서책을 공부하는가 하면, 중전의 벌을 받는 몇 년 간의 시련 속에서도 꿋꿋하게 견뎌 내는 것은 물론 징벌을 무릅쓰고 춤을 연습한 끝에 결국 선무로 발탁된다.

이러한 과정에서 드러나는 바와 같이 이 소설은 고전 서사의 '전傳'에서 보여준 바 있는 영웅의 일대기, 즉 영웅담의 특성을 가지고 있다. 리심은 기구한 운명으로 태어났지만 미모와 탁월한 총명함으로 기지를 발휘하고 춤과 의술을 연마한다. 콜랭과 함께 프랑스를 향해 떠나면서 "날아가는 거다. 훨훨훨. 조선을 떠나 먼 곳으로 가는 거다. 리심!(『리심』 中, 22면)" 하고 스스로 외치는 장면은 이제 곧 펼쳐질 진기한 모험의 세계를 꿈꾸는 자의 모습을 보여준다. 리심의 영웅적 면모는 성장 환경은 물론 시공간적 배경의 설정에서부터 준비되어 있었다. 『리진』이 명성황후 시해 사건 직후까지를 다루면서 '어머니로서의 중전'을 다뤘던 것과 달리, 『리심』에서는 리심이 콜랭을 따라 새 부임지인 모로코(명성황후 시해 소식을 들은 곳)에까지 갔다가 다시 조선에 귀국(향수병에 의한 것이 아니라 파견 명령을 받음)한 이후 대한제국이 성립되는 때까지를 다루고 있다. 이에 따라 중전의 비중은 소략해지는 반면, 프랑스 문물을 동경의 시선으로 관찰하고 모로코 사막에서의 깨달음을 적은 리심의 여행기(『리심 中』)와 고종 · 홍종우 · 프랑스 공사 콜랭 · 러시

아공사 베베르 · 서재필 · 리심 등이 벌이는 조선에서의 정쟁政爭(『리심 下』)이 이야기의 중심을 이룬다.

춤의 의미도 『리진』과는 상이하다. 모두 잠든 배 위에서, 한밤의 서재에서, 주인을 잃은 중전의 방에서 홀로 추었던 '리진'의 춤은 그녀의 결핍과 열망을 분출하는 영혼의 형식이었다. 이와 달리, '리심'의 춤은 외국인들에게 조선의 문물을 소개해 주기 위해 혹은 자신의 결단을 무언으로 보여주기 위해 여러 사람들 앞에서 추는 춤이었다. 특히 결말에서 각국 외교관들을 초대하여 대한제국의 성립을 선포하고 축하하는 연회에서 추는 그녀의 마지막 춤, 결국 자결로 이어지는 "이 세상에 하나뿐인 리심의 춤(『리심』 下, 313면)"은 근대적 각성을 비극적 영웅의 면모로 과시하는 것이었다. 이 장면을 준비하기 위해 하권에서는 주로 고종과 홍종우, 콜랭, 서재필, 리심 등이 정치적 입장을 밝히고 권력 암투에 연루되는 과정을 그리고 있다. 홍종우는 고종을 황제로 추대하는 제국의 길을, 서재필은 입헌군주제를, 콜랭은 러시아와의 협력을 지시받은 공사로서 정치적 중립을, 마지막으로 리심은 당시 아무도 말하지 않는 공화정을 주장한다. 자결은 분명 비극적 상황이지만, 봉건적 질서와 부당한 정치적 거래를 거부하는 행위라는 점에서 리심의 영웅적 일대기를 완성하는 순간이다.

그렇다면 '근대적 각성'을 '여성 영웅담'으로 엮고자 한 이 소설에 대해 우리가 물어야 할 것은 크게 두 가지가 될 것이다. 과연 이 작품이 또 다른 소설 미학을 개척하였는가? 그리고 여성 영웅을 통해 오늘의 우리에게 여성에 대한 새로운 인식을 제기하는가? 이 물음에 대해 우리는 회의적일 수밖에 없다. 우선 리심의 영웅담은 근대와 관련된 주제를 만나 현대소설의 영역을 확장하는 데는 별 관심이 없다. 오히려 여행과 정쟁을 중심으로 하여 이야기의 흥미를 최대화하는 데 초점을 맞추었던 것이다. 이 작품 곳곳에 배치된 수많은 조력자들의 존재가 바로 이러한 퇴행을 반증한다. 시골 관아의 동기이던 리심을 한양의 약방 기생으로 천거해 준 '이방', 장터 식당에서 건달들과 맞닥뜨렸을 때 구해 준 '홍종우', 궁중 의례와 춤과 의술 등을 가르쳐 준 상궁 '대수', 콜랭과 함께 프랑스로 떠나도록 일을 꾸민 '중전', 료운가쿠에서 조선의 미래를 일별해 준 '김옥균', 쥴리에뜨의 함정에 빠졌을 때 탈출하도록 도와준 '도곤족 전사', 그리고 사하라 사막에서 길을 잃은 리심을 치료해 주고 리심에게 갈 길을 열어 준 '현자 마리안'에 이르기까지. 이들의 우연한 등장은 이야기의 흥미로움을 뒷감당해 주는, 다시 말해 여행이나 권력을 둘러싸고 벌어지는 사건의 고조된 긴장감을 해소하는 역할을 맡은 것이다.

여성에 대한 인식으로 가면 문제는 더 심각하다. 크게 두 가지 측면에서 그러하다. 첫째, 이 작품은 리심이라는 여성 인물을 형상화하고 있으면서도 그녀의 여성성을 찾아보기란 어렵다. 리심의 목소리는 남성의 것으로 들어도 크게 무리가 없다. 그녀의 여성성이란 다만 고종("고종은 리심의 젖꼭지를 차례차례 물고 포도알을 벗겨내듯이 빨아들였다. 그때마다 리심의 허리가 활처럼 휘었다", 『리심』 上, 180면)이나 콜랭과의 섹스에서 볼 수 있을 뿐이다. 10여 년이 흐른 후 재회한 야소교도 월선이 바로 눈앞에서 처형당한 날, 리심은 이제 자신이 고아가 되었고 죽은 어머니도 딸이 "혼자인 게 싫으실 거예요. 그러니 빅토르 콜랭 드 플랑시 공사님! 주저말고, 어서!(『리심』 上, 298면)"라고 외치며 저고리 고름을 푸는데, 이러한 장면은 인물의 심리적인 개연성조차 포기하고 있다.

둘째, 리심을 정쟁의 한복판에 놓은 설정도 근대적 여성을 형상화하려는 의도와 이야기의 흥미나 긴장을 높이려는 서사 전략이 '잘못된 만남'을 이룬 경우라고 볼 수 있다. 고종이 리심을 사이에 놓고 프랑스 공사 콜랭과 정치적 흥정을 유도하거나, 러시아와 프랑스 공사가 국익을 놓고 거래하는 장면, 홍종우 일파와 서재필 일파가 거리에서 맞대결하는 장면 등은 상투적인 정치극에 등장하는 권력 암투의 관습을 그대로 따르고 있다. 게다가 봉 마르쉐 백화점, 노트르담 성당, 살롱, 에펠탑, 루브르 박물관, 자연사 박물관 등 "조선에 없는 이 모든 것들을 하나하나 체험(『리심』 上, 151면)"하면서 적극적으로 파리지엔이 되겠다던 것, "가난한 이들을 위해, 그들을 가르치고 일깨워, 지성과 교양을 지닌 인간으로 새롭게 키워 보겠습니다. 특히 여자들을 교육하기 위하여 노력(『리심』 上, 334~335면)"하여 "슬픔에 잠겨 있는 조선을 깨워 일으키(『리심』 上, 357면)"겠다던 결의는 실상 계몽적 구호에 그칠 뿐이었다. 리심은 파리의 일상 속으로 깊숙이 들어가지 못하고 낯선 문물을 '구경'하는 데 급급했으므로 팡테온 국립묘지와 프랑스 혁명의 인권선언문만을 겨우 접했을 뿐인 인물이다. 그런 리심이 대한제국을 함께 만들자고 권하는 홍종우를 반박하며 조선의 정체政體로 공화정을 논하는 장면은 권력 암투의 리얼리티마저 떨어뜨리고 있는 것이다.

4. '그녀'와의 해후邂逅 에필로그

대중적이지 않은 문체 미학으로도 『칼의 노래』가 밀리언셀러가 되었고, 『바람의 화원』과 같은 소설들이 '팩션'이라는 모토를 내걸고 바람몰이를 하면서 점차 장르문학으로 정착하고 있으며, 서두에서 열거한 바와 같이 젊은 작가들이 역사적 소재로 장편소설을 잇달아 출간하면서 꾸준히 독자층을 확보하고 있다. 이러한 현상은 아직 뚜렷하진 않아도 무언가 '또 다른 형태'의 역사소설이 생성되어 가는 중이라는 판단에 힘을 실어 준다.

'팩션'이라는 새로운 명명의 차별화 전략은 지금 우리 시대의 역사인식이 실증주의적인 접근이나 목적론적인 거대담론에서 멀어졌다는 것을 잘 보여준다. 그 문제의식 자체는 기존의 사유 방식을 바꾸는 매우 획기적인 것이라고 해야 할 것이다. 역사의 서사성과 텍스트성을 인식하는 것, 다시 말해 역사적 진실이라고 운위되었던 것들이 실은 당대 이데올로기에 의해 '구성된 담론'이라는 것을 인식하는 행위는 정전화된 기억의 실체를 비판적으로 성찰할 수 있는 계기를 마련해 주기 때문이다. 좀 더 구체적으로 보면, 이 같은 역사 인식은 전통적으로 한국 역사소설의 미학적 특질이라고 할 만한 '윤리적 이분법과 계몽의 형식'[7] 혹은 민족담론을 비판적으로 성찰할 수 있는 기회를 제공한다. 특히 여성 인물이 주인공으로 등장하는 경우, 역사에 제대로 기록되지 못했던 여성에게 '발화'의 기회를 줄 수 있다는 점에서 역

7 정호웅, 「한국 역사소설의 미학적 특질」, 『한국의 역사소설』, 역락, 2006.

사소설의 또 다른 미래를 기대하도록 유도한다.

그러나 현재까지의 상황은 위와 같은 문제의식을 본격화하기에는 역부족이라고 해야 하겠다. 일단, 고정관념이 되어 버린 '양극화된 여성상'을 극복하기가 생각보다 무척 어렵다는 점 때문이다. 예를 들어 황석영의 『심청』(문학동네, 2003)의 경우, 설화 속 인물인 심청을 19세기 동아시아의 현실 속에 살게 함으로써 망각된 역사의 장을 풍속사적으로 재구성하고 한국 소설의 시야를 확장하고자 하였다. 그러나 황석영의 '심청'은 고전 서사에 나오는 심청의 완강한 효孝 이데올로기는 떨쳤지만, 훼손된 몸으로 모든 것을 품어 안는 모성이라는 여성수난사를 반복하고 있다. 신경숙의 『리진』 역시 모든 것이 모성성으로 수렴되고 있지 않은가. 한편, 남근주의적 여성상을 깨뜨리고 여성의 욕망을 재조명해 온 전경린은 『황진이』(이룸, 2004)에서 남자들의 풍문 속 가십gossip 거리로 떠돌던 황진이에게 육체성을 부여하였다. 그러나 황진이의 계급적 소외와 고통을 부각하기 위한 설정 — 양반 아버지 호적에 입적되어 부족함 없이 성장하다가 영문도 모르는 채 내동댕이쳐짐 — 은 신데렐라의 기호라 할 만하며, 운명적인 일별一瞥로 전 재산을 황진이에게 남기고 자취를 감춰 버린 후원자 역할의 '수근'은 멜로물에 대한 유혹의 흔적을 강하게 보여준다. 또한 전편에 걸쳐 나타나는 여성 인물의 주체적 사랑과 성적 욕망에 따른 섹스 묘사는 이미 전경린의 여러 작품에서 되풀이된 바 있어 낯설게 하기의 효과를 온전히 수행하기 어렵다. 이후 김별아의 『미실』에서와 같이, 과거 역사는 곧잘 현대의 도덕관념과 거리를 둘 수 있는 시공간적 배경으로 채택되었고, 역사 속 여성 인물은 주로 성적 욕망의 기호와 만나는 것으로 설정되곤 하였다.

우리가 앞서 살펴본 신경숙의 『리진』과 김탁환의 『리심』은 19세기 조선의 궁중 무희라는 동일한 소재를 상이하게 텍스트화 한 것으로, 역사 속 여성 인물의 재현에 대해 논할 만한 기회를 주는 흥미로운 사례이다. 신경숙의 『리진』의 경우, 구체적인 시공간의 현실을 배제한 채 개인의 실존을 지극히 사적인 시선으로 가두어 버림으로써 역사적 소재는 소모적으로 등장할 수밖에 없었다. 이와 동시에 '사라진 어머니의 세계'에 자신의 열망과 동경을 완전히 헌사하고 회귀하는 비극적 형식은 여성에 대한 고착된 인식을 반복하고 있다. 김탁환의 『리심』의 경우, 윤리적 상상력의 무거운 추를 끊어버린 이야기가 현실의 복잡한 세부까지 떨쳐버린 채 가볍게 날아가 버릴 때 역사적 소재는 흥밋거리로 소비되어 버리고 만다는 사실을 확인하게 해 준다. 『리심』이 정치극의 권력 암투와 같은 상투적인 관습을 따르고 리심의 삶을 근대적 영웅의 일대기로 무리하게 탈바꿈시킬 때 그녀의 죽음은 낭만적 허위이거나 과시적 행위로 추락할 수밖에 없다.

위의 두 가지 방식에서 간과하지 말아야 할 것은, 담론에서 자유로워지려는 텍스트의 이데올로기 혹은 텍스트의 정치성이다. 담론에서 자유로워지려는 행위 역시 일종의 이데올로기적 담론이기 때문이다. 민족담론에서 자유로워지려다 문화콘텐츠로 소비되어 버리는 역사적 상상력, 이것은 결국 과거와 현재를 단절시키고 기존의 인식을 고착화시키거나 왜곡하는 데 머무르고 만다.

작가들의 바람과는 달리 아직도 리진과 리심의 발화는 여전히 침묵의 형태라고 봐야 할 것이다. 작가들의 의도가 그녀의 자발적인 발화를 압도하고 있는 것으로 보이기 때문이다. '그녀'를 만나기 전 100m쯤에서 가졌던 설렘은 그녀들을 만나고 나서 대체로 황량한 것으로 바뀌어 버렸지만, 침묵의 발화發話가 갖는 심연에 기대를 걸어본다.

여성수난사 이야기와 탈脫국경의 상상력

1. 국경을 넘는 여성수난사 이야기

최근 한국 문학에 가벼움과 웃음이 잦아들면서 무겁고 진지함이 몰려들고 있다. 그 한가운데에 바로 '국경을 넘는 일', 즉 '탈脫국경의 상상력'이 있다. 이는 우선 21세기 들어 특정 국가나 민족에 국한되지 않고 전 세계적으로 일어나고 있는 '이동移動'의 현상을 반영한다. 이동의 스펙트럼은 물론 다양하지만, 여행 중 합법적으로 국경을 넘으면서도 어디선가 들리는 호루라기 소리에 저도 모르게 뛰기 시작하는 인상적인 장면[1]이 환기하는 것처럼, 국경을 둘러싼 일에는 아무래도 무거운 긴장감이 감돌 수밖에 없다. 국경을 둘러싼 분쟁으로 인해 세

1 전성태, 「국경을 넘는 일」, 『국경을 넘는 일』, 창비, 2005.

계 곳곳에는 국지전이 끊이지 않고, 신자유주의 이데올로기가 국경을 넘는 일은 이제 전면전의 양상을 띠고 있다.

배경이나 모티프, 인물 등이 일국적 범위를 벗어난다는 측면에서 통칭하여 '탈 국경의 상상력'이라고 했지만 이와 관련하여 실제로 최근 한국 소설에 나타나는 텍스트의 양상은 무척 다양하다. 외국 여행, 이민, 탈출과 망명, 이산, 외국인 이주노동, 국제결혼, 혼혈, 전쟁 등은 그 여러 갈래의 형태만큼이나 각 작가들의 진지한 노력이 창출해 내는 문제의식과 주제도 매우 다양하다. 그들이 포착한 '탈 국경'의 징후는, 이제 그 기운이 소진된 일상성이라는 소재를 벗어나 한국 문학의 새로운 전환점을 마련할 수 있다는 점에서, 또 지금 이 시대의 특징을 구성하는 이슈를 제공하고 있다는 점에서 의미 있는 작업이라고 하겠다.

그런데 국경을 넘는 일이 단순히 국가 간의 경계 지표면을 넘는 일이 아니고, 또 그것을 넘었다고 해서 국경이 상징하는 기호를 간단히 넘어섰다고 할 수 없듯이, 탈 국경의 상상력은 처음부터 녹록치 않은 문제들을 껴안고 가야 했다. 기존의 논의들이 지적한 것처럼 전 세계적 이동의 현상이 자본의 움직임과 궤도를 같이 한다는 사실은 탈 국경의 문제에 접근하는 일을 복잡하고 어렵게 만든다. 단적으로 "국경 없는 자본의 충동과 등기하려는 국가의 충동 사이에서 탄생하는 것, 그것이 바로 식민지"[2]라는 진술은 근대를 설명하는 유효한 논리이다. 자본주의적 욕망이 국경을 넘는 일에 심층적으로 개입하는 21세기, 가히 포스트식민의 시대라고 할 만한 지금, 그것으로부터 비판적인 거리를 확보해야 하는 어려운 작업이 탈 국경이라는 문학적 상상력

2 황호덕, 「넘은 것이 아니다 : 국경과 문학」, 『문학동네』 겨울, 문학동네, 2006, 426면.

에 부과되고 있는 것이다.

국경을 넘는다는 것은 과연 무엇을 의미하는가? 그것은 궁극적으로 '숙명적인 존재로 여겨지는 국가를 탈자연화'[3]하려는 행위이다. 이는 국가라는 숙명적인 존재, 초월적인 권위를 의문에 부치는 일이고, 강력한 금지의 법을 새삼 발견하는 일이며, 근대를 성찰하는 행위이다. 또 국가를 탈 자연화 한다는 것은, 국가가 구성되기 위해 배제했던 타자, 이른바 '구성적 외부'라고 일컬을 수 있는 타자를 사유하는 일이다. 최근에 눈에 띄는 '국경을 넘는 여성수난사 이야기'는 바로 이 지점에서 중요한 거점을 마련한다. 국경을 넘는 여성 인물의 수난사는 대체로 추방되고 팔려가 유랑하는 일종의 '피해자 디아스포라'[4]이다. 특히 그들은 성적으로 유린되는 방식으로 추방되고 팔려 간다. 이러한 여성의 형상은 국가가 젠더 중립성을 가지지 않는다는 것, 다시 말해 여성의 존재가 국가의 배타적 경계를 구성하는 데 필요한 타자라는 것을 발견하게 한다.

이와 같은 측면에서 볼 때, 황석영의 장편소설 『심청』(2003)과 강영숙의 장편소설 『리나』(2006)는 모두 국경을 넘어 동아시아를 유랑하는 여성 인물의 삶을 그리고 있는 흥미로운 작품들이다. 두 장편소설은 '심청'과 '리나'가 성적 수난을 당하고 팔려 가고 국경을 넘어 유랑한다는 점에서 일종의 여성 수난사 이야기에 속한다. 한국 문학사에서 여성 수난사 이야기는 '성적 수난을 당하는 여성 인물을 통해 수난의 비극성과 숭고함을 강화시키면서 훼손된 여성의 표상으로 민족 수난사

---

3 우에노 치즈코, 이선이 역, 「국민국가와 젠더」, 『내셔널리즘과 젠더』, 박종철출판사, 1999, 13면.

4 Robin Cohen, *Global Diasporas*에서의 분류, 윤인진의 「디아스포라를 어떻게 볼 것인가」, 『문학 · 판』 봄, 열림원, 2006, 162면에서 재인용.

를 서사화[5]하는 방식으로 자주 등장했다. 그러나 이 두 장편소설은 기존의 여성 수난사 이야기에 거리를 취하려고 하는데, 그것은 두 작가가 모두 심청과 리나라는 여성 인물을 성적 폭력의 '희생자'로 그리지 않는다는 점이다. 이는 국가의 구성적 외부인 타자로서의 여성을 이야기하되, 여성의 몸을 '훼손된 몸'으로, 여성의 삶을 '수난의 삶'으로 그리는 기존의 관점을 전복하고자 하는 시도이다. 그러면서도 황석영과 강영숙의 방식은 매우 대조적인 양상으로 드러난다. '심청'과 '리나'가 보여주는 탈 국경의 상상력은 어디를 향하고 있는가?

2. 국경의 구심력 : 황석영, 『심청』

'심청'이 효孝이데올로기 같은 거추장스러운 전통 의상을 벗고 용궁이라는 판타지 공간을 뛰쳐나와 19세기 동아시아의 시공간에 섰다. 이는 설화를 현대적으로 변용하는 소설의 힘에서 비롯된 것이다. 장편소설 『심청』 상 · 하(문학동네, 2003)에서 황석영은 특유의 힘차고도 유려한 문장으로, 고증을 바탕으로 한 당시의 풍속사를 생동감 있게 재현하고 심청의 유랑을 극적으로 형상화 하였다.

심봉사의 딸, 열다섯 살 '청이'는 어느 날 영문도 모른 채 중국 장사

5 권명아, 「여성 수난사 이야기와 파시즘의 젠더 정치학」, 『문학 속의 파시즘』, 삼인, 2001.

치에게 팔려가 뱃길을 위한 인신공희人身供犧의 제물로 바쳐지고는 칠십 노인의 회춘을 위한 시첩으로 팔려 간다. 이후 도박장과 주점과 기루와 아편 흡연소로 이루어진 진장의 '복락루'로, 타이완 지룽의 밑바닥 사창가로, 다시 싱가포르 주재 영국인의 첩으로 팔려갔다가, 류큐의 사족 부인으로 잠시 살다 다시 나가사키의 기루에서 '마마상'으로 지내던 중 칠순이 다 되어 결국 조선의 제물포로 귀향한다. 이 작품에서 현대적 변용의 핵심은 바로 이렇게 국경을 넘어 유랑하는 심청의 정체성이다.

'팔려 가는 심청', '강간당하는 심청'은 수난의 표상이다. 이는 19세기 동아시아가 근대로 진입해 들어가는 시기에 겪었던 식민지와 가부장제적 자본주의의 폭력성을 드러낸다. 심청이 팔려 간 기루와 유곽은 늘 근대적 자본과 관련이 있는 지역이었다. 예를 들어 군함을 들이밀면서 교역을 강요했던 서구 제국주의적 자본이 드나드는 항구나, 근대적 자본이 자원과 노동을 착취하는 광산 근처 등이 심청이 팔려 간 곳이었다. '창녀'로서의 심청이 밑바닥 삶으로 배제되면서 동시에 수용되는 원리가 바로 여기에 있다.

심청은 생의 대부분을 창녀로 살아가는데, 이는 두 가지 방향에서 말할 수 있다. 그녀는 창녀로 '살아갈 수밖에 없었'지만 또한 창녀로 '살아갈 수 있었다.' 폭력적인 가부장제적 근대에 의해 강제적으로 창녀로 '살아갈 수밖에 없었'지만, 한편으로 심청은 자신의 적극적인 생존 의지를 통해 창녀로 '살아갈 수 있었던' 인물이다. 물론 이는 중국으로 팔려오면서 그녀가 두 번의 제의적 행위를 통해 '조선의 심청'을 장사지냈기 때문에 가능한 일이었다. 인신공희의 역할이 끝난 뒤 심청의 제웅이 수장水葬되면서 한 번, 그리고 첸 노인이 복상사腹上死한 후 그 시신 옆에서 자신의 한 생애를 환상을 통해 조망하면서 또 한 번, 그렇게 그녀는 심청으로서의 정체성과 결별했다. 그것은 "저 컴컴하고 물보라 치던 높은 파도의 바다로 가로막힌 아득한 저승처럼 이미 떠나온 세상이 었(상권, 58면)"던 것이다.

황석영은 이 소설에서 심청을 희생자이되 희생자의 전통적 역할을 온전히 수행하지 않는 능동적인 인물로 형상화 하였다. "매사에 적극적이고 기가 죽질 않(상권, 85면)"는, 다시 말해 자기 삶을 관장하는 능동적 실존으로서의 심청을 보여주고자 했던 것이다. 이때의 심청은 물론 창녀라는 '훼손된 몸'을 가지고 있다. 그러나 "저것들 모두 여자들 속에서 나온 것들이야. 힘 가지구 다툴 필요두 없다구. 나는 언제든 녀석들을 후릴 수 있어. 어디서든 살아낼 거야!(상권, 194면)"라고 다짐하는 그녀의 긴박한 생존 의지는 오히려 훼손된 몸, 창녀의 몸을 적극적으로 이용하고자 한다.

여기에는 두 가지 방법이 있다. 지룽으로 팔려가면서 네 명의 남자들에게 윤간을 당하는 그 처참한 순간, "내가 저들을 다 삼켜버릴 거야. 그래, 조금만 참자. 저들을 차례차례 쓰러뜨릴 테니까(상권, 174면)"라고 절규하는 데서 보듯이, 자신 역시 남성적 권력 혹은 폭력을 모방함으로써 살아남을 것을 다짐하는 방법이다. 또 다른 하나는 '렌화, 로터스, 렌카'라는 여러 개의 가면을 바꿔 쓰면서 "잡극 노는 광대처럼 겉으로만 하는(상권, 110면)" 연극적 자아를 전략적 수단으로 삼는 방법이다. 이렇듯 심청이 보여주는 재생의 욕망은 자신에게 강요되는 젠더 정치를 적극적으로 이용함으로써 살아남으려는 것이다.

'렌화, 로터스, 렌카'라는 각각의 이름은 모두 각국의 가부장적 질서가 심청을 호명하는 방식이었다. 중국으로 팔려 가는 배 위에서 "명심

해라. 네 이름은 지금부터 심청이가 아니니라(상권, 10면)", "렌화蓮花, 렌화라구 하지(상권, 23면)"라는 호명에서 시작하여, 비파에서 호금, 산신, 샤미센으로 악기가 바뀌는 것처럼 싱가포르에서는 제임스의 부인 '로터스'로, 류큐 왕국에서는 가즈토시 부인 '렌카'로 변신하는 과정은 그녀가 지배 질서의 호명에 적극적으로 순응하는 과정이다. 그녀는 가면이 바뀔 때마다 철저하게 그 가면으로서 살아갔던 것이다.

그러나 이 여러 개의 가면은 '젠더의 가장무도회'와는 전혀 다르다. 젠더의 가장무도회가 가면 뒤에 아무것도 없는 것을 의미한다면, 이 소설에 등장하는 가면 뒤에는 심청이라는 '진짜 얼굴'이 있다. 이는 렌화, 로터스, 렌카로 변신하는 긴 시간 동안 서술자가 상 · 하권을 통틀어 그녀를 일관되게 '청이'라고 호명했던 것에서도 확인할 수 있다. "미소"라는 제목이 붙여진 결말에서 나가사키의 마마상 렌카가 (중국으로 팔려오기 전 고향에서의 기억이 매우 소략하게 나타나고 또 그녀가 동아시아를 유랑하는 동안 고향에 대한 그리움을 거의 나타내지 않았음에도 불구하고) 조선의 제물포로 돌아온다. 고향 황주의 복숭아골에 갔다가 '심청지신위沈淸之神位'라고 쓰인 자신의 위패를 찾아오면서 그녀는 가면 뒤에 숨겨져 있던 진짜 얼굴 '심청'을 되찾는다. 자신의 위패를 내밀며 "나 가거든 화장하여 바다에 뿌려다우. 그것도 함께 태워버리고(하권, 307면)"라고 말하고 "실컷 울고 난 사람의 웃음"을 한번 빙긋 웃는 장면은 그녀가 자신의 본래 모습과 행복하게 조우하는, 다시 말해 잃어버렸던 자신의 본래적 정체성을 복원하는 순간인 것이다. 이 소설이 보여주는 심청의 형상은, 상실감 혹은 복원의 욕망에서 나타나는 바와 같이, 동일성을 근거로 하는 근대적 주체이다.

심청은 근대적 젠더 정치가 칭송하는 신화적 모성을 수락한다. 자매 같았던 '링링'이 죽은 후에 남긴 아이를 통해 촉발된 '모성적 돌봄mothering'이 바로 그것이다. 버려진 아이에게서 '버려진 자신'의 모습을 발견한 심청은 '유자오'의 양육을 책임지는 것은 물론, 싱가포르와 나가사키에서 길에 버려진 혼혈아들을 거두어 기아보호소를 양성한다. 모성적 돌봄이라는 것은 창녀로서의 심청이 자신의 훼손된 몸을 정화하거나 순결한 기원으로 복귀시킬 수 있는 최대치이자 최적의 방법인 것이다. 심지어 이 소설에서 심청이 보여주는 섹슈얼리티조차 모성적 행위로 등장하기도 한다. 민란의 주동자로 도망 중인 '센신 스님 하시모토'를 애무하면서 "내가 당신을 살려 낼게요(하권, 293면)"라며 속삭이는 부분은, 성 기능을 제대로 하지 못하는 몸뿐만 아니라 소진되어 가는 그의 생명을 살려 내겠다는 의지로 보인다. 심청이 구성하는 대안 가족 역시 젠더를 토대로 한 가족의 형태를 반복한다. '샹 부인', 링링의 딸 '유자오', '후미코'는 모두 혈연과는 관계없이 기루에서 만난 인연들이다. 대안 가족의 형태를 띠고 있지만 심청이 '샹 부인'을 어머니로 부르는 데서 드러나듯, 그들이 이루어낸 가족은 근대적 가족 삼각형과 유사한 형태를 띤다. 언뜻 이 가족 속에 아버지가 부재하는 것 같지만, 부재하는 아버지의 존재는 심청이가 노년에 돌아가 눈을 감은 '조선이라는 고향'이다.

심청의 심급을 고향과 관련된 모성으로 설정함으로써 작가는 심청을 초超역사적인 존재로, 그러면서도 근대성에 사로잡힌 인물로 만들었다. 한 예로, 풍속사에 대한 작가의 지대한 관심은 다종다양한 건축물이나 저잣거리, 전쟁이 촉발되는 동아시아 항구 등의 세심한 묘사[6]

6 류큐와 나가사키 등의 역사를 서술하고 장면적으로 재구하는 부분이 하권에서 상당히 많은 분량을 차지하는데, 이후 2007년 작가가 단권으로 재출간하면서 이 부분을 많이 생략하였다.

에서 드러나는데, 이러한 역사적 배경을 묘사하는 과정에서 서술자가 심청의 내면을 서술하지 않는 것은 물론 아예 심청을 등장시키지 않는 경우도 많아서 역사적 시공간과 심청은 서로 괴리되어 간다. 무엇보다도 작가 황석영의 '국경을 넘는 상상력'은 결말에서 보듯, 심층적으로는 국경 '안'을 강력하게 환기하면서 내부로 귀환하고 있다는 점을 주목해야 한다. 황석영의 『심청』에서는 국경을 넘는 행위가 근대적 주체를 초극할 가능성을 내포하는 것 같았지만 결국 그 가능성은 국경의 구심력에 강력하게 이끌렸던 것이다.

3. 국경의 원심력 : 강영숙, 『리나』

'리나'라는 인물이 탈북자들의 고통스러운 그러나 상투적인 내러티브를 떼어내고 낯선 곳에 섰다. 이 소설의 시공간이 낯선 것은 서술자가 리나의 국적이나 지역명, 연대年代 등을 굳이 밝히지 않는다든가 동아시아로 짐작되는 지역의 이국적인 풍경과 풍속을 사실적으로 등장시키지 않기 때문만은 아니다. 정작 그 낯섦은 먼저 독자의 기대지평을 위반하는 이질적인 서술에서 비롯된다. 이 작품에서 서술자는 주로 형용사와 부사와 같은 수식어를 가능한 한 동원하지 않는 건조한 문장들을 나열하고 있다. 하나의 문단에 상이한 대상들을 연관성 없이 뒤섞는 방식은 문단과 문단 혹은 장과 장의 연결에도 적용된다. 또 대상의 특징적인 요소만을 추출하여 반복적으로 전경화 함으로써 하나의 장소는 리얼리티를 털어 내고 기묘한 공간의 이미지로 창출된다. 일상처럼 이루어지는 성 매매와, 불구의 아이들이 축구를 하면서 내지르는 함성만으로 조형되는 '시링'이라는 공간이 그 한 예이다. 물론 아무리 재현적인 소설이라도 대상의 모든 것을 서술할 수는 없다. 그러나 이 소설은 전체적인 연관성을 의도적으로 배제하고 대상의 세부들을 각각 독립적으로 확대하고 파편적으로 서술하고 있다.

이와 같이 각 장면의 모든 사물들이 원근법 없이 한꺼번에 우중우중 서는 『리나』(문학동네, 2006)의 낯선 소설 공간은 '리나'라는 인물의 속성과도 통한다. 스물 두 명의 탈출자들이 군인들에게 잡히는 도입부에서부터 리나는 좌충우돌 엉뚱하고 발랄한 '열여섯 살 여자애'로 등장한다. 총구를 겨눈 채 다가온 군인들의 얼굴이 "배가 고파 죽겠다는 얼굴(9면)"로 보인다거나 바들바들 떨고 있는 남자애한테 군인이 노래해 보라고 시키자 "노래는 내가 잘해요(10면)"라고 손드는 인물이 '리나'다. 종잡을 수 없는 리나의 속성은 동아시아를 유랑하는 동안 강도가 높아진다. 그녀는 "불 속에 난 길이라도 본 듯 용접 불꽃 안으로 뚜벅뚜벅 걸어 들어가고 싶다는 생각(213면)"을 하는 무모할 만큼 열정적인 인물이며, 축일에 태어난 '부정한' 아기를 죽이는 광경 앞에서 신체적인 공감을 하기도 하고 공단 폭발로 오염된 '전직 여가수 할머니'의 몸을 닦아 주거나 극진히 노래 불러주는 희생적이고 따뜻한 인물이다. 그러나 동시에 화가 나거나 술을 마시면 병든 할머니에게 욕설을 퍼부으며 밀쳐 버리기도 하고, 때로는 심각했던 상황을 금방 잊어버리고 "천치들처럼 웃고 놀(103면)"기도 하며, 두 번씩이나 살인도 저지르는 "성격 파탄자, 알코올 중독, 애정 결핍에다가 향수병까지 겹

(250면)"친 인물이다. 리나를 단일하게 정의 내릴 수 있는 단어란 없다. 이렇게 여러 명의 리나'들'이 리나의 몸 안에 공존한다.

여러 명의 리나'들'은 리나를 구성하되 어느 하나로 수렴되지 않고, 또한 그것들은 집적되면서 또한 사라진다. 이 두 가지 특징은 거울에 비친 리나의 형상에 대한 묘사에서 확인할 수 있다. 리나는 자주 거울을 본다. 그러나 거울을 보는 행위는 자신의 본질이나 정체성을 확인하는 계기가 되지 않는다. "침대기차에서, 우물가에서 봤던 얼굴이 어땠었는지 전혀 기억나지 않았다. 지금은 죽은 친척 할머니 얼굴을 닮은 것 같기도 했고 모르는 남자의 얼굴을 닮은 것 같기도 했다(63면)", "아주 빠르게 늙어 가고 있는 낯모르는 여자의 얼굴(128면)", "그 모든 것들의 기억이 손가락 끝에서 사라져 가고 있었다(148면)" 등에 나타나는 리나의 매순간 낯선 형상은 '천막 여가수'의 '깨진 거울'에서 그 함의를 발견할 수 있다. '깨진 거울', 그것은 '깨진 정체성'을 뜻하며 동일성으로 수렴되지 않는 이질적인 것들, 즉 '나'의 복수성複數性을 암시한다.

리나의 '복수성'을 설명할 때 중요한 단서가 바로 리나의 몸과 섹슈얼리티다. 이 소설에서 남성은 대체로 폭력적 존재로 등장하며 리나(정확하게는 리나와 여자들의 공모)에 의해 응징된다. 탈출 도중 화공 약품 공장에 끌려온 리나와 '관리직 출신 여자'와 '신혼인 여자'는 고된 노동을 해야 하는 것은 물론 '네모반듯한 남자'에게 여러 차례 성폭행을 당한다. 어느 날 리나는 음식에 수면제를 타서 '네모반듯한 남자'를 잠에 빠뜨리고 다른 두 여자와 힘을 합쳐 화공 약품 드럼통에 밀어 넣고는 고속 회전 분리기를 작동시켜 죽인다. 또 한 차례의 살인도 여성의 몸을 위협하는 폭력적인 행위에서 촉발된 것이다. 경제 자유 구역의 서쪽 번화가에 자리 잡은 술집 '퍼즐'에서 여급으로 일하게 된 리나는 '고향 후배',

'인도 점박이'와 함께 주인 남자와 '뚱보'를 살해하고 직접 땅을 파 매장하기까지 한다. 물론 이 두 번의 살인은 비장하고 엄숙하기보다는 "겁이 나서 후들후들 떨(262면)"면서도 "어느 순간에는 얼굴을 쳐다보며 킬킬거리고 웃(262면)"으며 진행되는 여자들끼리의 블랙코미디이다. 한편 창녀촌 시링을 폐쇄하러 온 '국가 공무원'들 역시 남성으로 등장한다. 이들을 막아서는 시링촌 창녀들 가운데서 리나는 공무원들에게 따져 묻는다. 강제 철거 이유가 공무원들이 "창녀들과 그 짓을 하다가 제대로 안 돼서(164면)"이거나 시링의 아이들과 했던 축구 시합에 졌기 때문이 아니냐고. 리나의 저항 방식은 이성적이고 엄숙한 저항이 아니라 국가 공무원들을 희화화하는 유희적 방식이다. 이는 살인과 매장이 여자들끼리의 블랙코미디처럼 이루어졌던 것과도 일맥상통한다.

『리나』에서 폭력적인 권력은 파괴적인 남성성으로 등장하며 리나는 자신의 섹슈얼리티 오리엔테이션을 통해 여기에 대응하고 있다. 리나의 섹슈얼리티는 동성을 만나면 동성에 적합한 형태로, 이성을 만나면 이성을 지향하는 것으로 복잡하게 작동한다. 비좁은 공동 숙소에서 리나는 "통증도 가라앉고 그리움도 가라앉는 처방(172면)"으로 '봉제 공장 언니'와 동성애 관계를 맺고, 대규모 공장 지대 낡은 숙소에서는 '삐'와 이성애적 관계를 맺는다. 동성애와 이성애적 성향을 하나의 몸에 공존시킴으로써 여성의 성을 본질적이고 단일한 형태로 확정하지 않는 방식으로 리나의 복수성複數性은 강화된다. 이것은 섹스/젠더의 이분법적 구분을 토대로 한 성적 정체성을 지우려는 행위인데, 리나의 대안가족 역시 이와 연관되어 있다. 리나에서부터 늙고 병든 전직 가수 할머니, 동성애적 관계의 봉제 공장 언니, 이성애적 관계를 맺지만 정작 남편도, 동생도, 아들도 아닌 '삐', 그리고 봉제 공장 언니가 아랍인과의 사이에서 낳은 장애아까지 리나의 가족은 가부장을 중심으로 하는 기존의 가족 구성을 해체한다. 이때 할머니나 언니라는 단어는 친족 관계를 나타내는 어휘가 아니다. 자신에게 노래를 전수해 준 전직 여가수를 임종 때까지 보살피면서 어머니라 부르지 않고 일관되게 할머니라고 부르는 것은 탈출 도중 잃어버렸던 가족을 다시 만났을 때 외면했던 것처럼 기존의 가족 삼각형 관념을 부정하는 리나의 무의식이 투영된 것이라 할 수 있다.

이러한 요소들로 이루어지는 리나의 대응 서사는 어디로 향하는가? 화공 약품 공장의 '네모반듯한 남자'가 리나의 배 위에 쏟아놓은 정액을 "내장이 뒤집힐 것처럼 독한 냄새가 나는 흰 화공약품이었다"고 말하며 곧이어 "리나는 커튼을 열고 창유리에 손을 대는 순간 놀라 뒤로 물러서고 말았다. 창 전체가 잿빛 나방들의 영토였다(58면)"고 하는 진술은 리나가 대적해야 하는 혹은 넘어야 할 대상을 시사한다. 독한 냄새가 나는 흰 화공 약품과 잿빛 나방들의 영토는, '공업용 기름으로 질척거리고 쇳가루가 섞인 무거운 먼지(189~190면)'로 뒤덮인, 종국에는 화학 가스가 유출되어 초토화된 잿빛 공단 지대를 암시한다. 이렇게 폭력적인 남자들, 국가 권력, 대규모 자본이 연대하는 남성성 앞에 리나'들(타자들의 무리라고 할 수 있는 리나의 대안 가족을 비롯하여 건물의 잔해에 깔린 자들까지)'이 서 있는 것이다. 초토화된 공단 도시, 구호 봉사단과 환경운동가와 퍼포먼스 예술가들이 모두 다녀간 후 산업쓰레기만이 투하되는 '버려진 땅'에서 광과민성 눈 때문에 선글라스를 끼고 누더기 옷을 걸친 채 천천히 유영하는 리나, 무성한 풀 위에 나체로 누운 리나의 모습은 마치 속화俗化된 여산女神같다.

"리나는 또다시 저만치 앞 허공에 푸른 둑처럼 펼쳐져 있는 국경을 향해 달리기 시작했다(348면)"로 끝나는 이 소설의 결말은 국경을 욕망하는 리나, 결코 정착하지 않고 영원히 국경을 넘고자 하는 리나의 선택을 보여준다. 국가의 경계를 넘으면 또 다른 국가가 있을 뿐이니, 진정 국가에 대립하는 것은 끝나지 않는 '국경 넘기'가 될 수 있다. 그러나 리나의 선택은 오롯이 자발적이고 주체적인 것인가? "당신들한테 안전한 데가 어딘데?(20면)"라는 가혹한 질문에 이미 리나가 처한 진실이 숨겨져 있다. 리나는 국경 넘기를 꿈꾸는 자유로운 존재라기보다는, 추방된 자[7] 즉 어디에도 정주할 수 없는, 지치도록 국경 넘기만을 꿈꿀 수밖에 없는 존재인 것이다. 국경을 넘는다는 것은 배타적인 금지의 법으로 구성되는 국가의 강력한 권력이 전제되지 않고는 성립하지 않기 때문이다. 끝없이 국경을 넘는 리나의 행위가 국가의 이데올로기 효과인 것은 아닐까? 작가 강영숙은 리나를 국가 혹은 국경의 바깥으로 멀리 데려갔지만, 그 곳은 중심을 부정할 수 없는 원심력이 작동하는 곳이다.

4. 완강한 국경과의 고투苦鬪를 위하여

국경을 넘는 상상력은 국가를 탈 자연화 하는 일이며, 국가가 구성되기 위해 배제됐던 타자를 사유하는 일이다. 결국 국경을 넘는 상상

7 리나 가족의 국경 넘기 역시 그것은 탈출의 방식이었으나 그 탈출이란 것이 구조적으로 보면 사실상 배제되고 추방된 것이었다고 할 수 있다.

력은 국가와 타자의 문제를 상기하는 근대를 고민하는 것이며, 이른 바 탈근대를 탐색하는 일이라고 할 수 있다. 황석영의 『심청』과 강영숙의 『리나』가 직조해 낸 여성 수난사 이야기는 민족 수난사를 비극적으로 환기하는 기존의 구태의연한 방식에 거리를 두면서, 근대의 구성적 외부인 여성이라는 타자의 자리를 탐색하고 이를 통해 근대를 벗어나려는 혹은 비판적으로 성찰하려는 시도라고 할 수 있다. 그러나 동시에 이 두 장편소설은 그 일이 얼마나 지난한 작업인가 하는 것을 보여주는 두 개의 대조적인 텍스트이다.

황석영의 『심청』은 국경을 넘는 상상력이 오히려 근대적 주체를 확고히 보여줄 수 있다는 것을 예증하는 작품이다. 그것은 '진짜 얼굴(심청) / 가면(렌화, 로터스, 렌카)'이라는 이분법에 근거한 것으로, 근대적 주체 구성의 보편적인 방식을 그대로 보여준다. 조선의 심청으로 귀환하는 마지막 장章은 분량 면에서는 극히 짧지만 작품 전체의 심급이 되어 그간의 동아시아 디아스포라를 '심청'의 모험기로 자리매김 한다. 그리하여 창녀 심청의 훼손된 몸은 적극적인 섹슈얼리티[8]와 모성으로 상쇄되어 근대적 젠더 정치를 수락하는 동시에 초역사적인 존재로 승화 혹은 추락하는 것이다.

강영숙의 『리나』는 국경을 넘는 상상력이 가 닿을 수 있는 가장 먼 곳을 보여준다. 동성애와 이성애가 공존하는 섹슈얼리티를 통해 동일성으로 수렴되지 않는 복수성을 강조한 리나의 형상은 탈근대적 주체에 가깝다. 그러나 정주하지 않고 끝없이 국경을 넘고자 하는 리나의 자발적 유목이라는 선택은 국가에 대립하는 진지한 방법이라고

8 이는 참담함을 보여주는 장면에서도 자주 과도한 탐미적 현미경을 들이댄 결과이다.

도 할 수 있지만, 뒤집어 보면 국가로부터 추방되어 어디에도 안전한 곳이 없는 자가 선택할 수밖에 없는 비극적 방식에 가깝다. 이는 국경을 넘는 행위라는 것이 배타적인 금지의 법으로 구성되는 국가라는 전제前提 없이는 성립하지 않는다는 점에서도 확인할 수 있다.

『심청』과 『리나』는 각각 국경(국가)의 구심력과 원심력을 보여주는 대조적인 텍스트이다. 이들이 보여주는 '국경을 넘는 여성수난사 이야기'는 결과적으로 국경이 상징하는 국가의 존재, 혹은 국가가 표상하는 근대의 완강함을 상기하게 한다. 특히 강영숙의 『리나』는 국가 혹은 국경 바깥을 탐색하게 하는 신선한 시도인데, 국가라는 중심에서 멀어지려는 방향으로 작동한다는 점에서 '국경의 원심력'이라고 명명해 볼 수 있을 것이다. 그러나 끝없는 국경 넘기 그 자체가 국가에 붙들려 있는 또 하나의 사유라는 점을 부정하기는 어렵다. 그리고 복수성과 유희성을 특징으로 하는 '리나'가 탈근대적 형상에 다가가고 있지만 여전히 남성성과 여성성의 이분법적 대립의 흔적을 드리우고 있다는 점도 세밀히 봐야 할 점이다. 폭력적인 남자들, 국가 권력, 자본이 연대하는 남성성 앞에 선 '속화된 여신'의 형상 리나에게서 완강한 젠더 정치를 읽고 가는 것은 과연 과도한 것일까?

국경을 넘는 상상력으로 '탈—'의 사유에 다가가는가 했는데 이렇게 우리는 또 다시 강고한 근대, 완강한 젠더 정치를 만났다. "국가의 법, 젠더의 경계, 친족의 규범을 전부 위반한 안티고네도 국가법을 부정함으로써 국가의 신민이 되는 아이러니에 머물지 않았던가"[9]라는 반문은, 근대와 탈근대에 질문을 던지는 것이 얼마나 어려운 일인지

9 임옥희, 「국가 · 법 · 여성 : 『안티고네의 주장』」, 『주디스 버틀러 읽기』, 여이연, 2006, 229면.

를 떠올리게 한다. 국가 혹은 근대를 중심으로 하는 원 운동에서 그 줄을 끊는 방식은 어떻게 오는가? 그것은 달리 말하면, 기존의 근대적 가치 체계를 철저하게 비판적으로 성찰하는 것, 혹은 여성성에 관한 정체성의 서사라는 틀 자체를 지우고 미끄러질 수 있는 정치성, 혹은 우리가 여전히 붙들려 있는 완강한 근대와 고투苦鬪하는 문학적 상상력에 대해 탐문하는 일이다.

2000년대 연애서사의 문제적 지평

1. 다시 문제는 '연애서사'이다

어느 시대고 간에 사랑 이야기가 출현하지 않은 적이 없으며 오늘날에는 심지어 온라인 오프라인 할 것 없이 통속적인 로맨스소설이 넘쳐난다. 그런데 흥미로운 것은 2000년대 들어 독자 대중과 상호 작용하면서 유의미한 지점을 만들어 내는 사랑 이야기들이 등장했다는 점이다. 밀리언셀러를 돌파한 공지영의 『우리들의 행복한 시간』(푸른숲, 2005)을 비롯해 그녀가 일본 작가 츠지 히토나리와 나란히 출간한 『사랑 후에 오는 것들』(소담출판사, 2005), 사랑의 문제와 민족의 문제를 한데 얽어 놓은 신경숙의 『리진』(문학동네, 2011), 중혼重婚이라는 도발적 소재로 문학 안팎에서 이슈를 불러일으킨 박현욱의 『아내가 결혼했다』(문이당, 2006), 20～30대 여성들의 관심을 받으며 칙릿chick-lit열풍에 가세한 정이현의 『달콤한 나의 도시』(문학과지성사, 2006) 등이 그러한 사례다. 열거한 이 작품들만 해도 둘을 제외하고는 모두 영화와 TV 드라마로 제작되어 세간의 화제로 부상하였다.

『우리들의 행복한 시간』에서 죽음을 앞둔 공감共感의 사랑은, 먹고 살기 위해 지겹게 반복해야 하는 볼품없는 일상을 잠시 멈추게 하고 숭고한 사랑을 접하게 한다. 가난과 무관심으로 동생을 잃고 아내의 수술비를 위해 가담했던 사건 때문에 누명을 쓰고 사형을 당하게 된 '윤수'와, 경제적으로는 유복했지만 사촌에게 강간당한 상처를 혼자 감당해야 했던 '유정.' 그 두 사람이 함께 한 시한부의 시간은 치유의 과정이었으며, 자폐적인 개인주의에 골몰했던 우리들에게 공동체 의식을 환기하였다. 이 작품은 윤수라는 인물이 누명을 쓰고 죽게 되는 상황을 설정함으로써 잔인한 살인범이 주인공이었을 때 발생했을 법한 '인물과 독자' 간의 심리적 거리 문제를 비켜가면서 사형제 폐지라는 구체적인 이슈를 다시 부각하기도 하였다. 『우리들의 행복한 시간』은 풍요로운 외양 뒤에서 고단하고 황폐한 일상을 살아야 하는 이 시대 독자들의 거친 감성을 고양하는 역할을 했던 것이다. 한편, 지나간 사랑을 그리워하는 연인들의 이야기인 『사랑 후에 오는 것들』은 여러 번의 엇갈림 끝에 '최홍'과 '준고'가 결국 재회하게 되는 결말에 이름으로써 낭만적 사랑의 판타지를 완성한다. 무모한 열정이 눈부셨던 젊은 남녀가 성격과 성별, (한일 간의) 문화 차이, 또 늘 그렇듯 연인들을 어긋나게 하는 일상의 오해 등으로 인해 결별하게 되고 그 후 순진했던 믿음의 후유증을 겪는 과정을 이 소설은 상투적인 방식으로 그러나 세심하게 그리고 있다. 그들이 가까스로 재회하는 결말은 한순간이나마 존재의 연속성에 대한 갈망을 충족시켜 주었다.

이와 같이 숭고한 사랑과 낭만적 사랑은 서로 다른 지점에 서 있지만, 두 가지가 모두 지금 여기의 고통스런 현실을 초월하고자 한다는 점에서 포스트 IMF시대 독자들을 위무하는 문학이라고 할 수 있다. 저널리즘에서 이른바 '공지영 신드롬'이라고 부르는 이러한 담론은 문화적인 지층에서 보자면 1990년대 문학에 대한 일종의 반동적re-active 현상이라고 하겠다. 주지하다시피, 1980년대 문학이 놓쳤던 개인의 욕망을 1990년대 문학은 '내면, 냉소, 몸'의 담론 속에서 전복적으로 펼쳐 나갔다. 특히 여성작가들은 이른바 '불륜 서사'라는 코드를 통해 정신 / 육체의 이분법적 위계질서를 벗어 던지고 '차이'로서의 여성의 몸에 주목하여 소통을 욕망하는 여성들의 상처와 반란을 과감하게 형상화하였다. 그러나 주류 문학의 타자였던 여성작가들의 텍스트는 점차 폐쇄적인 자기복제를 하면서 처음의 전복성을 잃어 갔고 결국 성 정체성에 대한 근원적인 문제 제기를 하지 못한 채 타성적인 주류 문학이 되었다. 2000년대 숭고한 사랑과 낭만적 사랑은 '위무'의 한계를 분명히 지니지만, 적어도 지난 연대의 연애서사가 노정했던 성적 일탈의 매너리즘을 벗어나고자 했음은 인정할 수 있을 것이다.

한국 근대문학의 형성기에 연애서사가 근대의 표상이었던 것과 같이, 연애서사는 단순히 남녀 간의 사적 감정을 다루는 데 머물지 않고 흥미로운 관계 속에서 권력과 욕망의 문제, 주체와 타자의 관계 등을 담론화 할 수 있는 역동적인 서사이다. 연애를 모티프로 한 2000년대 문학적 탐색은 결혼과 가족의 문제를 거느리면서 한국 사회의 문화적 지층을 탐사하고자 한다. 그러한 시도의 앞뒷면을 살펴보자.

물론 이제껏 모노가미(일부일처제)에 대한 인문학적 탐색이 없었던 것은 아니다. 그러나 그것이 좀 더 본격화되고 대중적인 담론으로까지 확산된 것은 개인의 욕망을 시대적 화두에 올렸던 1990년대 이후다. 개인을 억압하는 권력으로서의 가족을 그리는 서사나 그 경계를 일탈하려는 불륜서사라는 것도 모노가미에 대한 비판적 탐색이라고 할 수 있다. 그 가운데서도 박현욱의 장편소설 『아내가 결혼했다』가 단연 주목을 끈 것은, 결혼 상태를 유지하면서 또 한 번의 연애를 결혼으로 성취하는 중혼重婚이라는 도발적 상상력을 과감하게 제출했기 때문이다. 그것도 아내가!

이 소설은 축구 이야기를 병치함으로써 중심 서사인 연애서사를 풍성하게 한다. 축구의 기원과 역사, 월드컵과 세계 각국의 프로축구 등 각종 축구 경기의 전적과 선수들의 행적은 그 세세한 정보의 기록 때문에 난삽한 듯하지만, 삶을 절묘하게 환기하는 지점이 있어 독서의 즐거움을 선사한다. "그녀와의 섹스에 대해 말하자면, 한마디로 그녀는 최고의 섀도 스트라이커였다. 그녀는 리드미컬한 움직임으로 빈 공간에 생명력을 부여하는 천재적인 플레이메이커였고 최적의 공간을 찾아 감각적인 터치를 절묘하게 패스해 주는 탁월한 어시스턴트였다(27면)"라는 서술은 섹스 묘사에 새로운 감각을 부여하고 있다. 삽입텍스트인 축구 이야기는 중심 서사의 의미를 비유적으로 수렴함으로써, 미니 시리즈 드라마 같은(이 소설에서 축구 이야기가 빠졌다고 가정해 보라!) 사건 전개에 잠깐씩 휴지休止를 두어 오히려 문학적인 기능을 한다.

낭만적 사랑과 매혹적인 섹스를 욕망하고 결혼을 통해 안정된 생활을 추구하려는 지극히 평범한 남자 '덕훈.' 폴리안드리(일처다부제)를 통해 개인의 윤리를 급진적으로 실천하려는 여자 '인아.' 그들의 연애와 결혼 그리고 그녀의 또 한 번의 결혼이 이 작품의 주된 서사이다. 직간접적으로 일부일처제를 비판적으로 탐색했던 소설들이 금기를 일탈하는 방식이었다면, 이 소설은 금기 자체를 돌파하여 제도의 경계를 넘는 해체적 전복성을 갖는다. 인아의 결정은, 많은 사람들이 당연하고도 자연스러운 것이라고 여겨 온 전통과 질서라는 것이 실은 역사적으로 형성된 국부적局部的 관습에 지나지 않는다는 것을 폭로한다. 특히 한국의 경우, 현재의 결혼제도가 근대의 사회경제적 산물이며 사실상 폴리가미(일부다처제)의 횡행을 은폐하면서 수많은 여성들을 가부장제 이데올로기의 경계 안으로 길들여온 허구의 역사라는 점을 밝히는 것, 이것이 성적性的 에너지를 정점으로 몰고 간 중혼 모티프의 정치성이다.

그러나 이는 이 소설을 해석하고 평가하는 부분적인 척도다. 면밀히 살펴야 할 것은 『아내가 결혼했다』가 이러한 문제적인 관점을 문학텍스트의 층위에서 어떻게 풀어 가고 있느냐 하는 점이다.

> "이봐, 이봐. 바람피우는 건 불륜에 지나지 않지만 중혼은 불법이야."
>
> "굳이 법적으로 인정받는 부부가 될 필요는 없어."
>
> 말문이 막혔다. 그렇겠지. 법적으로 인정받지 못하는 간통행위도 밥 먹듯 했을 테니. (…중략…)
>
> "머독이라는 인류학자가 그랬어. 전 세계에 있는 각기 다른 인간 사회 238곳 가운데 일부일처제를 유일한 결혼 제도로 채택하고 강요하는 사회는 겨우 43곳뿐이라고." (…중략…)

"무슨 소리를 하는 거야."

"일부일처제가 절대 유일의, 절대 불변의 법칙이 아니라는 거야."

"그거야 어쨌든 다른 사회의 일이잖아. 우리가 사는 곳에서는 일부일처제가 절대 유일의, 절대 불변의 법칙이야."

"그렇다고는 해도 비공식적으로 두 집 살림하는 남자들도 많잖아. 배우자 말고 몰래 다른 애인을 두고 있는 기혼자들도 많고. 근데 나는 결혼이 하고 싶어."

"그래서 남편을 둘이나 두겠다고? 그 남자도 그렇게 하는 거에 동의했어?"

"응."

"그놈이야말로 미친놈이구나. 아니, 둘 다 미쳤구나."

"아무리 생각해 봐도 다른 방법이 없어. 나는 당신도, 그 사람도 놓치고 싶지 않아. 당신이나 그 사람이 먼저 나를 버리지 않는 한 놓치지 않을 거야. 놓치지 않도록 최선을 다할 거야. 미안해. 이기적이고 무책임하게 들리겠지만 나 원래 그런 사람이야. 이런 내가 싫으면 이혼해. 당신이 하자는 대로 할게." (…중략…)

"사람이 원하는 모든 걸 다 가질 순 없어."

"난 모든 걸 다 가지려는 게 아니야. 나는 다만 남편만 하나 더 가지려는 것뿐이야."

"그건 모든 것보다 더 많은 거야."

"그렇지 않아. 당신이 조금만 생각을 바꾸면 돼. 조금만. 애정이 식지 않는 한 내가 뭘 어떻게 하든 존중해 주겠다고 했잖아. 내가 바람을 피운다 해도 애정이 식은 게 아니라면 당신은 나랑 같이 살 거잖아. 지금이 바로 그런 경우야."

"존중할 게 따로 있지. 어떻게 그런 걸 존중하라고 해?"

"난 당신이 좋아. 당신이랑 헤어지고 싶지 않아."

"그럼, 그놈과는 바람만 피워."

"그 사람을 사랑해. 같이 살고 싶어."

"그럼 경주에서 동거하면 되잖아."

"사랑하는 사람을 정부情夫로 만들고 싶지 않아. 사랑하는 사람의 정부情婦로 남고 싶지도 않아. 결혼해서 같이 살고 싶어."

"그래야만 한다면 나랑 헤어지면 되겠네."

"당신이 그걸 원한다면 그렇게 해. 하지만 당신의 나에 대한 애정이 변한 게 아니라면 당신하고 헤어지고 싶지 않아."

— 박현욱, 『아내가 결혼했다』, 135~140면

위의 인용문은 인아가 결혼생활을 유지하면서 다른 남자와 결혼을 하겠다고 선언하고 나서 '나'를 설득하는 부분이다. 성적 일탈을 일부일처제 뒤에 은폐하는 남자들을 슬쩍 비판하면서 그녀는 다양한 문화인류학적 지식을 통해 일부일처제를 상대화하여 자기 결정의 정합성을 제시하고 있다. 그러나 인아의 태도에는 몇 가지 모순이 있다. 먼저, 그녀는 덕훈에게 선택권을 주는 합리적인 동의의 방식을 취하고 있는 듯하지만 실상 그가 자신을 사랑하기 때문에 이혼할 수 없다는 것을 이미 알고 시작했다는 점에서, 그 절차는 자기를 정당화하는 요식행위일 뿐이며 근본적으로는 일방적인 강요에 지나지 않는다. 또, 결혼이라는 기존의 관습을 혁파하려는 그녀가 굳이 또 한 번의 결혼의 형태를 취하고자 한다는 점을 들 수 있다. 정부情婦로 남고 싶지 않아서 청첩장을 돌리고 교회에서 예식을 치른 후 강인하게(?) 두 집 살림을 꾸려가며 두 군데 시댁을 명절과 집안 행사 때마다 절묘하게 왔다 갔다 하는 그녀의 우스꽝스러운 모습을 보라.

무엇보다 중요하게 지적해야 할 것은 인아라는 인물이 자신의 인식과 판단에 일체의 갈등이나 회의를 품지 않는 자명한 주체의 모습을 하고 있다는 점이다. (화자가 덕훈으로 설정되어 있어 그녀의 내면이 드러나는 데 한계가 있다는 점을 감안하더라도) 인아라는 인물은 폴리아모리(다자간 연애)의 실현을 위해 외부에서 가져온 지식으로 무장한 탈근대적 진보의 이념형이지만, 자신이 공격하려는 근대적 이데올로기의 명제를 닮은 계몽적 주체라는 점에서 치명적인 모순을 안고 있다.

이러한 모순은 텍스트와 독자의 관계, 즉 독서 공간에서도 문제를 발생시킨다. 1인칭 서술상황에서 독자는 대개 '나'의 시점을 동일시하여 인아를 바라보게 된다. 웹에 올라온 수많은 감상문에서 보듯 독자들은 그녀에게 심리적 거리를 크게 두고 있다. 이는 아이와 두 명의 남편을 데리고 뉴질랜드로 떠나는 그녀가 소설 속에서만 고립되는 것이 아니라 독자와의 관계에서도 고립되고 있다는 점을 보여준다. 다원적인 사유로 근대의 경계를 돌파하려던 인물의 해방적 에너지가 내적 모순에 의해 결국 게토화되어 버린 것이다. 이는 성의 기호가 범람하는 시대에 또 하나의 포르노그라피가 되어 근대 권력의 교묘한 통제 메커니즘을 돕는 셈이다.

3. 심연 없이 납작해진 연애의 고백 : 정이현, 『달콤한 나의 도시』

정이현이 첫 창작집 『낭만적 사랑과 사회』에서 기존 질서에 편승하여 필사적으로 살아남으려는 '악녀'를 통해 도발적인 문제 제기를 감행했다면, 첫 장편소설인 『달콤한 나의 도시』에서는 그 수위를 좀 낮추었다. 이 말은 우선 작가의 관심이 이 도시 어디서나 볼 수 있는 "그럭저럭(14면)", "딱 보통(74면)"의 삶을 사는 여자로 옮겨 갔다는 것을 뜻한다. 여기서 '그럭저럭 딱 보통'의 삶이란, 특별한 꿈을 키워 왔던 것도 아니고 회사에서나 연애에서나 "비굴한 생존법(62면)"을 익히며 "지긋지긋하고 구질구질한 일상(50면)"을 살아가는 30대 미혼 직장 여성의 삶을 가리킨다. 독자들이 전작의 '악녀'들에게서 자신의 편린을 응축되고 극단화된 형태로 발견할 수 있었다면, 이번 작품에서는 거울을 비추듯 혹은 창밖을 바라보듯 익숙한 자신들의 일상을 목격한다.

이 소설에는 휴대폰 문자와 인터넷 메신저 등 변화한 매체 환경을 둘러싸고 형성되는 소통의 방식, 2000년대 풍속사적 세목들과 젊은 세대의 도시적 일상 등이 행위 유형에 적확하게 배치되어 있다. 늘 겪을 수밖에 없는 사건들과 드러내놓고 말하지 못했던 속내를 경쾌하고 재치 있는 문장으로 속도감 있게 써 놓은 그야말로 칙릿류의 '올드미스 다이어리'에 여대생을 포함한 젊은 여성 독자층은 환호했다. 화려한 색채와 몽환적인 구도, 상징적인 이미지로 구성된 일러스트가 즐거움을 배가한 것은 물론이다.

『달콤한 나의 도시』는 이 같은 2000년대 도시적 일상을 배경으로 '오은수'의 연애담을 펼치고 있다. 연애를 선택하는 이유가 직장에 다니는 이유, 즉 생존에 관련된 항목과 유비 관계를 이루는 것으로 형상화되었다는 점이 이 작품의 미덕이다. 작가는 탈脫낭만화에서 더 나아가 연애를 '생존을 위한 방편'으로 그리고 있다. '은수'가 몸과 마음이 끌리는 연하남 '태오'가 아닌 '김영수'를 선택하려 했던 것은 "그는 부유하는 먼지처럼 하찮은 나를 가장 튼튼하고 안전한 곳으로 데려가

줄 유일한 남자로 보였(417면)"기 때문이다. 또 그녀가 회사에서 살아남으려는 것은 "나를 안전하게 옭아매고 있는 울타리 밖으로 한 발자국 벗어나는 순간, 막막한 정글 한복판에 내팽겨질지 모른다는 불안감(216면)" 때문이다. 이 유비 관계에서 공통 키워드는 '안전'이다. 연애할 때 그녀는 회사에서 일을 처리할 때처럼 의식적 · 무의식적으로 '안전지대'를 향한다. 도시 울타리 안의 안전함은 지금 이 시대 자본주의가 제공하는 거부할 수 없는 '달콤한' 유혹이다. "막막한 정글 한복판에 내팽겨질지 모른다는 불안감"은 보이지 않는 자본주의 시스템이 행하는 공포의 효과이다. 그리하여 '나'는 규율discipline에 '훈육된 몸docile body'으로 능력을 향상시켜 안전한 곳에 안착하려 한다. "내 혀끝에 익숙한 맛들을 선택해야 안전하다는 사실(111면)"은 단지 아이스크림을 선택할 때만 적용되는 원칙이 아니었던 것이다.

작품의 대부분은 은수가 '태오 · 김영수 · 유준' 사이에서 좌충우돌하는 TV시트콤 같은 연애담과, 은수의 친구인 '재인'과 '유희'의 연애담으로 이루어져 있다. 작가는 그들의 세태적 삽화를 '진정한 자아 찾기'라는 문제로 수렴하고 반전을 꾀하고자 '김영수'의 비밀을 설정하였다. 은수가 결혼하려 했던 '김영수'는 '김영수'가 아니었다는 것이다. 사고로 친구를 죽게 한 그가 다른 사람의 이름을 빌려서 살고 있었다. 은수의 청혼을 받아들였지만 결혼을 앞두고 잠적해 버린 '김영수'를 찾는 과정에서 밝혀진 이 사실은 주체적인 정체성에 대한 알레고리적 설정인데, 작위적이라는 평가를 피해갈 수 없을 듯하다.

> 영수씨. (…중략…)
>
> 지금 생각하면, 참 이상해요. 내 성장을 왜, 제도에 끼워 맞추려고 했을까요? (…중략…) 내

가 진짜로 원하는 게 뭔지 아직도 잘 모르겠어요. 열심히 두리번거리다 보면 언젠가는 찾아지겠죠. 뭐, 못 찾아도 할 수 없고요. (…중략…) 솔직히 나도 가끔씩 내가 '오은수'를 흉내내며 사는 건 아닐까 궁금해요. 내 이름이 오은수가 맞는지, 내 이름과 진짜 나 사이에 뭐가 있는지…… ;-)

안녕, 이라는 작별 인사 대신 윙크를 보냈다.

그를 위한 것이 아니라, 나를 위한 것이었다. (…중략…)

다시 십 년쯤 뒤 우리는 또 어딘가에 모여 꽃이 지는 이유를 추리하고 있을지도 모른다. 그때는 우리 모두 조금, 아주 조금씩은 달라져 있겠지. 꽃이 지는 새로운 이유를 발견해 냈겠지. 그렇게 믿어보기로 한다. (…중략…)

내 곁에 다가왔다 떠난 이들이 나에게서 무엇을 읽고 갔는지 나는 알지 못한다. 내가 아는 건 단 한 가지. 그들이 기억하고 있을 그 어떤 나의 얼굴도 오롯한 오은수는 아니라는 것. 완전한 오은수는 어디에도 존재하지 않는다. 그러나 지금 여기, 맵고 달콤하고 뜨겁고 말캉한 떡을 묵묵히 씹어 삼키고 있는 나의 심장은 1초에 한 번씩 진지하게 뛰고 있다. (…중략…) 나, 다시 시작할 수 있을까, 무엇이든?

— 정이현, 『달콤한 나의 도시』, 433~440면

위 인용은 김영수가 아닌 김영수에게 보내는 은수의 편지, 그리고 과거 기억과 단절하려는 그녀의 독백 부분을 가져온 것이다. 이는 "시시하기 그지없지만 결코 빠져나갈 수도 없는 그물에 단단히 코가 꿴 느낌. 지리멸렬한 일상이 네버엔딩 스토리처럼 끝없이 반복된다는 실감에 나는 문득 진저리쳤다(54면)"는 데 내장되어 있었던 자의식의 편린이 표면화되는 결말 부분이다. 길들여진 자신을 성찰하려는 자의식은 은수라는 인물이 확보하게 된 최소한의 거리 감각이지만, 그 거리의 폭은 매우 좁다.

주지하다시피, 자기 삶의 '주인공'이 되려는 시도는 여타 성장소설에서 익히 많이 보아 오던 것이다. '내가 진짜 원하는 것'이 뭔지 잘 모르겠다는 것, 다시 또 '내 이름과 진짜 나 사이'를 구분하는 본질과 현상의 이분법적 구도! 오은수는 현실에서는 찾을 수 없는 '진짜 나' 혹은 '오롯하고 완전한 오은수' 대신 지금 이 거리에서 떡볶이를 먹고 있는 실존적 자아를 찾아 우산도 없이 빗속을 걸어간다. 그녀가 성취할 수 있는 개인의 윤리란 과연 어떠한 것일까? 작위적인 설정 속에서 뒤늦게 치러지는 이 성장통이 과연 몸의 규율로 내면화된 주도면밀한 권력 효과를 넘어설 수 있을 것인가? 물론 이 소설은 새로운 '나'를 찾아 떠나는 출발에서 마무리되고 있으며, 또 오은수가 투사鬪士가 되기를 독자들이 딱히 기대하는 것도 아니다. 그러나 앞서 언급한 작위적 설정 외에도 몇 가지 사정이 인물의 믿음('꽃이 지는 새로운 이유를 발견해 내리라고 믿어보겠다')을 신뢰하기 어렵게 만든다. 그녀가 사직서를 쓰게 된 것이나 '오은수 편집회사'의 명함을 가지게 된 계기가 모두 얼떨결에 이루어진 피동형이었다는 점, 또 작품 전편에서 우리가 매일 보는 특별할 것 없는 일상과 남녀 간의 행위가 단지 재치있는 문체를 무기로 반복적으로 그려졌다는 점 등을 거론할 수 있겠다. 앞에서 '수위를 낮추었다'고 표현했던 것은, 이 소설이 심연 없이 납작해진 연애와 삶의 세태를 날렵하게 동어반복한 점까지를 포함하는 지적이었다.

4. 말하지 못한 연애, 그 지독하게 피로한 허무

: 이해경, 『말하지 못한 내 사랑은』

이해경의 『말하지 못한 내 사랑은』(문학동네, 2006) 역시 『달콤한 나의 도시』처럼 한 여자와 세 남자의 관계를 그린 장편소설이다. 그러나 소설의 분위기는 앞의 소설들과 판이하다. 텅 빈 무게를 실은 어조의 '장연우'라는 인물이 화자를 맡고 있기 때문이다. 그녀는 마초 같은 '형'과의 "질서를 바꾸지도 않았고, 그 질서로부터 벗어나지도 못(30면)"했으며, 야구 경기장에서 낭만적인 청혼을 하는 남자(남편)를 측은해 했고, 계절이 바뀔 즈음에 한 번씩 전화 하는 '희수'를 기다리고 또 만난다. 이렇듯 '연우'는 언뜻 모순된 속성을 한아름 안고 있는 인물이지만, 상이한 표면을 다스리는 그녀의 심층에는 사랑을 믿지 않는 태도가 웅크리고 있다. "진정한 사랑이 따로 있나. 어차피 다 잘못 알고 사랑하는데. 잘못 알아야 사랑할 수 있는데(138~139면)"라고 말하는 그녀에게 열정이나 사랑에 대한 일말의 낭만적 환상이란 없다. 연우가 결혼 제도 바깥의 남자 '희수'에게 끌리고는 있지만 그들의 관계에서 1990년대 불륜 서사가 보여주었던 전복적 파토스를 발견할 수 없는 것도 그 때문이다. 그들은 "서로 치가 떨릴 기억 같은 건 없"는(208면) "소심하고 불성실한 불륜 커플(206면)"이다. 물론 사랑에 대한 냉소라면 2000년대 여타 작가들의 작품에서도 쉽게 발견할 수 있다. 오히려 이 작품의 특징은 사랑에 대한 '냉소'가 "무기력(61면)" 혹은 극도의 권태로 드러난다는 점에서 찾아야 할 것이다. 연우는 "여관에 가자고 한 것도 섹스보다는 잠의 욕구를 참기 힘들어서(87면)"였고, 불륜의 연인을 자신의 집으로 들인 후 설거지할 그릇이 쌓여 있는 부엌에서 그의 고백을 들으며 "훗! 눈부시게 노란 옷이라고? 아예 개나리꽃처럼 화사한 여인이라고 하지 그래? 희수야, 폼 그만 잡고 빨리 끝내주지 않으련(127면)" 이라고 속으로 중얼거린다. 그녀가 원하는 것은 "생각 없는 삶(90면)", "아무 것도 하지 않는 것(143면)"이다. 배려라곤 알지 못하던 옛 남자인 '형'의 위계적인 질서에 순응했던 것도, '형'과 '나' 사이를 의심하며 열등감으로 차가워지는 남편의 변화에 적응했던 것도, 희수와의 지리멸렬한 불륜을 지속했던 것도 모두 지극한 권태 때문에 가능했던 것이다.

지독한 권태는 불온하다. 삶의 목표가 "남들처럼" 사는 것이었지만 "남들은 다 남들처럼 살지 않기 위해 산다는 것을, 남들처럼 살기 위해서는 나도 그들처럼 남다르게 살려고 기를 써야 한다는 것"이었다는 점을 알려고도 하지 않았다는 연우의 독백은, 그녀가 꿈꾸는 상태, 즉 '아무 것도 하지 않는 것'이라는 지극한 권태의 불온성을 증명한다. "일에 정신이 팔린 이들 (…중략…) 미친 듯이, 안간힘을 다해, 누가누가 잘 노나 경쟁도 해가며……. 때로는 목숨 걸고 놀다 그만 죽기도 한다. 그렇게 노는 것도 일이 되어 버린, 사람이 죽고 사는 일이 되어 버린 무시무시한 세상 구경(137면)"을 하는 그녀의 권태로운 태도는 세계에 대한 이단적異端的인 부정이라고 할 수 있다. 이는 허무의 한 방식으로, 일종의 '탈가치화'를 통해 지금의 현실을 비판하게 되는 의외의 결과를 획득한다.

최근 소설들에는 다종다양한 허무가 나타나는데, 허무주의를 무조건 경계해야 할 어떤 것으로 보는 것은 적절치 않다. 그런데 문제는 이해경 소설에 나타나는 허무가 궁극적으로는 생성의 기회를 포착하지 못하는 소모적이고 피로한 허무라는 점이다. 이는 먼저 화자가 드러내는 상념의 방식에서 발견할 수 있다. '나'의 상념은 주로 가정假定과 상상의 형태로 나타난다. '-했다면(아니었다면, 없었다면)'이라는 가정의 방식은 이어서 상상들을 낳지만, 결국 이것들은 변경할 수 없는 현실의 상황을 더 고통스럽게 부각하는 기능을 할 뿐이었다. 한 예로 세 남자를 차례대로 모두 만나게 된 하루를 들 수 있다. 기다리던 만남이었지만 연우와 희수는 서로 생각이 어긋나 버렸고, 현관을 나서는 그를 그녀가 등 뒤에서 안으려 하던 찰나, 갑자기 앞집 여자가 반상회 때문에 벨을 누른다. 어색하게 희수가 떠난 후 연우가 이제까지의 규칙을 어기고 그를 다시 만나려고 서두르던 때, 남편은 술에 취한 채 그녀의 옛 남자인 '형'을 데리고 집에 들어섰다. "그날의 반상회 장소가 앞집이 아니었다면. 그래서 앞집 여자가 그 시간에 초인종을 누를 까닭이 없었다면. 또 그래서 내가 아무 방해 없이 희수의 등을 껴안을 수 있었다면(161면)"이라는 가정은 희수와 격렬하게 애무하는 상상으로 이어졌고, 그 상상 속에 다시 한 번 "내가 몸의 욕망을 좇아 그를 따라 나선다면?(162면)"이라는 가정이 끼어들자, 그랬다면 '다시 집으로 돌아올 수 있었을까'라는 질문으로 상상은 마감되었다. 일련의 "부질없는 가정이고 소용없는 상상(184면)"은 매번 어느 순간에는 멈출 수밖에 없었다. 이 에피소드의 경우에도 결과적으로는 '형'의 어이없는 고백과 극에 다다른 남편의 의심을 고스란히 받아내야 했던 상황을 곤혹스럽게 재확인하는 것으로 끝났다.

화자인 연우는 "차라리 여러 개의 가면을 장만해서 그때그때 골라 쓰는 지혜가 필요하다. (…중략…) 세상살이는 밤낮없이 연중무휴로 벌어지는 가면무도회와 같은 것(104면)"이라고 생각한다. 가면이 곧 그녀의 얼굴이며, 여러 개의 가면을 상습적으로 골라 쓰는 그녀는 지극한 권태의 허무를 상징한다. 그런데, 이러한 인물이 타자들을 바라보는 태도는 지독하게 무표정하고 섬뜩한 어떤 것이다.

> 그것이 사랑이라 한들 역시 한순간일 뿐이라는 말을 구태여 하고 싶지는 않았다. (…중략…) 그가 계속 사랑할 수 있다면 그 대상은, 사랑을 알았다고 믿는 자기 자신이 아닐는지. 어쩌면 형은 그저 '사랑'을 사랑하게 된 것인지도 모를 일이었다."
>
> — 이해경, 『말하지 못한 내 사랑은』, 189면

> "그(남편—인용자 주)는 영원할 수밖에 없는 실망감을 내색하지 않으려 애쓰며 무슨 은밀한 상처라도 되는 양 혼자 가슴속에 묻어두었다는 것을, 나는 모르는 척하고 지내왔을 뿐이었다"
>
> — 위의 책, 183면

> 세상에는 보호자 노릇 해 줄 사람 하나 곁에 없이, 실패할 게 뻔한 일을 찾아 헤매야 하는 딱한 인생도 있다. 일도 잘 못하면서 사랑에도 만만치 않게 게으른 사람(희수—인용자 주). 사랑하면 다치게 되어 있다는 걸 모르는 사람이 누가 있다고. 가까이 다가오기 너무 힘들다는 둥 엄살만 떨고 앉아 있다 가버린 겁 많은 사람.
>
> — 위의 책, 178면

여러 개의 가면이 상징하듯, 대체로 화자는 '—했을지(—이 아닐지)'와 같은 추측을 나타내는 종결형을 자주 쓰면서 불투명한 모호함 속에 자신을 감추어 왔다. 그러나 형 · 남편 · 희수에 대한 이해를 드러내는 위의 인용문들을 보면, 타자를 바라보는 시선이 일관되게 위에서 군림하며 어리석은 그들을 자신의 구도 속에 가두고 있다는 점을 알 수 있다. 세 남자와의 관계에서 그녀는 수동적인 위치에 있는 것 같지만, 실상은 진리의 파지자把持者가 취할 수 있는 초월적인 위치에 있는 것이다. 세 남자를 바라보는 지독하게 무표정한 시선은 소모적이고 피로한 허무가 낳은 것이며 이것은 화자 자신마저도 완강한 자폐自閉의 성城에 유폐시킨다. 편도 1차선 국도에서의 운전 경험은 "피할 수 없는 외길의 숨막히는(77면)" 기억으로 서술되는데, 이것은 화자가 선험적으로 받아들인 운명의 에피그램이다. 기존의 가치에 대한 탈가치가 피로한 허무로 이어지고 그것이 초월적인 시선을 낳는다면 그것은 허무의 불온성을 잠식하는 것일 수밖에 없다. 장례식장에서 만난 '나'와 희수가 육개장 국물을 마시는 남편 옆에서 상 밑으로 발을 맞대고 있어도 그것이 무의미한 하나의 포즈에 지나지 않는 것은 이 때문이다.

5. 연애서사의 힘과 괴로움

앞서 살펴본 박현욱의 『아내가 결혼했다』, 정이현의 『달콤한 나의 도시』, 이해경의 『말하지 못한 내 사랑은』은 도발적인 상상력과 감각적인 문체를 구사하면서 최근 연애서사의 특징적인 면모를 잘 보여준다. 다원적인 사유로 '다른' 연애를 탄생시켜 근대적 제도의 경계 넘기를 시도하는 박현욱, 심연 없이 납작해진 도시적 연애와 자본주의적 규율이 새겨진 몸을 벗어나려는 정이현, 여러 개 가면의 형상으로 지독하게 피로한 허무를 연애관계 위에 그려낸 이해경, 이들의 문학적 탐색은 이른바 근대적 주체를 벗어나려는 시도라고 할 만하다. 한국 근대문학 형성기에 근대의 표상이었던 연애서사가 2000년대 들어 이제 탈脫근대의 움직임을 시도해 보고 있는 것이다.

그런데 과연 그들의 탐색이 근대의 경계를 넘어서는 가능성을 보여주는가? 문제는 앞에서 살펴본 소설들이 표면은 탈근대적 모양을 띠고 있지만 그 심층은 자신이 벗어나려고 하는 근대적 주체의 허구성을 그대로 쥐고 있는 모순을 드러낸다는 점이다. 박현욱의 인물은 탈근대를 선언하는 이념형이지만 자신의 인식과 판단에 일체의 회의를 품지 않는 자명한 주체의 모습을 하고 있었다. 정이현의 인물은 자본주의적 훈육, 즉 내면화된 신체 관리의 규율을 지워 내려고 했지만 그 출발이 구태의연한 이분법적 구도 안에 머물고 있었으며 작품 전체에 걸친 동어반복적 세태 묘사가 새로운 시작을 요원하게 하였다. 이해경의 인물은 여러 개 가면의 형상으로 지극한 권태의 불온성을 드러내려 했지만 가치 전환의 계기를 포착하지 못하는 소모적이고 피로한 허무로 그치고 말았다.

탈근대적 혹은 탈주체적 외양을 띠고 있지만 실제로는 자신이 넘어서려는 근대적 주체의 허구성을 벗어나지 못하는 모순된 경향은 비단 연애서사에만 한정되지 않는다. 근대적 경계라는 것이 '돌파'되기만을 선선히 기다리는 존재라고 인식하거나, 경계를 넘어 저쪽으로 가버림으로써 '저쪽'을 '또 하나의 이쪽'으로 만든다거나, 걸려 넘어진 경계를 앞에 두고도 경계를 지웠다고 자족하는 경향들이 모두 여기에 해당된다. 내부에서 촉발된 '발견'이 아닌, 외부에서 주어진 사유의 선언과 추종으로는 결코 새로운 상상력의 장場을 열 수 없다. 더 치열하게 경계 자체를 사유하거나 근대적 주체의 주도면밀한 작동 방식을 생생한 문학적 긴장으로 통찰하지 않는다면, '탈脫－'이 시도하는 그 모든 전복성은 신뢰하기 어려운 것이 되고 말 것이다. 해체적 사유는 주체에 대한 비판적 성찰이지 주체 자체를 쉽게 부정해 버리는 것이 아니지 않은가. "그 유명한 '타자'란 오직 그가 좋은 타자일 때에만 제시될 수 있는 것(알랭 바디우, 『윤리학』, 동문선, 33면)"이 아니냐는 바디우의 지적은 '속류 탈근대'의 경향을 목격하면서부터 시작된 것인지도 모른다.

연애서사는 문제적 시각의 집결지이다. 기든스가 "개인의 삶은 새로운 욕구와 새로운 불안들을 만들어내는, 하나의 개방된 기획a open project(『현대사회의 성, 사랑, 에로티시즘 : 친밀성의 구조 변동』, 새물결, 2003, 37면)"이라고 한 것처럼, 연애서사야말로 그 긴장된 현장을 실현할 수 있는 개방된 기획이다. 연애서사는 개인의 실존적 탐색과 사회 구조의 변화를 첨예하게 드러낼 수 있는 민감한 영역인 것이다. 욕망의 미학이 가지는 정치적 의미와, 인식의 지각 변동을 주시하려는 새로운 연애서사는 우리를 충분히 흥분시킬 것이다.

백수들의 위험한 수다

박민규 · 정이현 · 이기호의 소설을 중심으로

1. 2000년대 소설의 '백수', 그들이 온다

젊은 작가들의 소설에 '백수'들이 숨 쉬고 있다. 1980년대 소설에 '투사鬪士'가, 1990년대 소설에 '댄디'가 있었다면, 최근 소설에는 단연 '백수'가 있다. 내면세계를 탐색함으로써 타락한 현실에서 자신을 구별distinction하고자 했던 1990년대 댄디의 존재가 이제는 백수들에 의해 부정되기에 이르렀다. 이들은 윤대녕 소설 속 주인공들을 따라한 번도 마셔보지 않은 블루마운틴 원두커피와 여과지를 사기도 했고 ("아아, 하지만 당신은 끝내 그것을 마셔보지 못했죠. 홀어머니와 단둘이 사는 당신의 반지하 월세방엔 원두커피 내리는 기계가 없었습니다. 어쩌다 한번 인스턴트커피를 마시려 해도 커다란 양은 주전자를 가스레인지에 올려놔야 했지요"),[1] 소설 속 주인공

1 이기호, 「나쁜 소설—누군가 누군가에게 소리 내어 읽어 주는 이야기」, 『갈팡질팡하다

이 간 길을 따라 춘천행 기차를 타고는 맞은편 여자에게 의미심장하게 말을 건넸다가 봉변을 당하기도 했으며, 자신이 만나는 여자가 '무언가 알 수 없는 아픔과 상처'를 지니지 않은 밋밋한 여자라는 데 실망하여 헤어지더니, 결국 댄디의 벽 앞에서 서성이다 "남들이 그랬던 것처럼 똑같이 등을 돌려버"[2]렸다. 이와 같이 2000년대 들어 댄디의 아우라에 대한 일종의 탈脫신화화가 진행된 것이다.

물론 이전 소설에 백수가 등장하지 않았던 것은 아니다. 멀게는 식민지 시대 이상李箱이나 박태원 소설만 해도 아내나 어머니에게 기생寄生하며 직업도 없이 돌아다니는 백수들이 등장했다. 그러나 정작 그들은 '박제가 된 천재'였으며 식민지 일상을 관찰하는 '산책자'였다. 가깝게는, 스스로를 쓰레기라 불렀던 장정일 소설의 인물도 사실은 진리의 전복顚覆을 기획하는 '지식인 룸펜'이었다는 점에서 댄디의 자력에 이끌렸던 존재이다. 또 성석제 소설에 등장하는 술꾼, 노름꾼 등 뭐든 끝까지 가 보는 각종 중독자들의 경우, 2000년대 소설의 백수들에 비하면 형이상학적인 사유를 부정하는 전위前衛 역할의 예외적인 존재였다고 할 수 있다. 그러나 2000년대 소설에 나타나는 '백수'는 대체로 배운 것도 변변치 않고 무언가에 몰두할 만한 위인도 못되며 도시의 하루를 근근이 살아가는 그야말로 일상적인 인물들이다. 이름하여 '코리언 스텐더즈'![3]

여러 차례 낙방한 9급 공무원 시험을 준비하기 위해 또다시 평일 시립도서관의 자리를 메우는 사람들, 언제든 취직하기를 기다리며

가 내 이럴 줄 알았지』, 문학동네, 2006, 25~26면.

2 위의 책, 49면.

3 박민규, 「코리언 스텐더즈」, 『카스테라』, 문학동네, 2005.

각종 '알바'를 전전하는 이들, 어쩌다 회사에 들어갔더라도 언제 잘릴지 모르는 인턴사원이거나 구조 조정되어 퇴직 당한 자들, 이제나저제나 결혼 시장에 내다 팔리기만을 기다리는 신부 후보감들, 이들이 모두 2000년대 소설을 평정하고 있는 백수들이다. 도시에서 어렵사리 살아가는 이들은 자본의 논리에 철두철미 포섭되는 막막한 현실에 둘러싸여 있어 애초에 무언가를 꿈꾸려 하지도 않으며 속물 근성도 마다하지 않는다. 이들의 정황은 어쩌면 한국 현대소설사에서 가장 곤혹스러운 경우가 될지도 모른다. 거칠게 말하더라도, 식민지 시대 소설에는 민족해방의 의지라는 정당한 목적지향성이 있었고, 해방 후 독재정권의 산업화 시대 소설에는 아무리 처참하고 궁핍한 자들의 이야기가 펼쳐졌어도 거기에는 공동체 의식을 기반으로 하는 아름다운 가상假象이 존재했으며, 세계사적인 전환 이후 1990년대 소설에서는 내면세계에 가능성을 걸어 보기라도 하지 않았던가.

최근 소설에 등장하는 '2000년대적 백수'라는 신인류의 존재 방식은 "실질 실업자 200만 명 선, 200만 명 정도의 준 실업자(실망 실업자, 무급 휴직자 등)와 600만 명 정도의 비정규직 노동자(일용직, 임시직, 파견, 용역, 촉탁, 파트타이머 등)를 포함하면 약 1천 200만 명의 노동자 중에서 약 1천만 명에 가까운 사람들이 삶의 불안정성 속에 놓여"[4] 있는 현재 한국 사회의 참혹한 현실을 반영한다. 백수(실질 실업자, 준실업자, 비정규직 노동자 등을 모두 포함하는)는 수적으로 다수지만 그 사회의 척도에서 배제된 존재라는 점에서 결코 '다수자'가 아니다. 매체 환경의 급격한 변화에

---

4 강수돌, 〈특집 : 대한민국, 시민 없는 공화국〉, 「두 개의 진실 : 삶의 논리, 돈의 논리」, 『당대비평』 11호, 삼인, 2000, 195~196면. 이와 관련된 논의에는 〈특집 : 무능력-'가능성의 재앙'에 대한 보고서〉(『당대비평』 23호, 삼인, 2003)와 〈특집 : 한국 문학 속의 타자들 1 : 백수〉(『문학과 사회』 65호, 문학과지성사, 2004) 등이 있다.

노련하게 적응할 수 있는 프로를 권하는, 아니 은밀하게 강요하는 자본주의의 주류 사회에서 그들은 탈락한 자들이다. 그러나 그들을 단순히 척도에서 '탈락한' 낙오자라 보지 않고 다수자의 척도를 '벗어나는' 존재라고 볼 때 그 지점에서부터 문학적 성찰이 시작된다. 우리가 주목할 것은 작가들이 백수의 존재를 어떻게 재구성하고 있으며 그들을 통해 어떤 '다른' 틈을 만들어 내고 또 독자에게 어떤 태도를 촉발시키는가 하는 점이다. 작가들이 인물형은 물론이고 화법 혹은 언술discourse의 문제를 탐색하는 것은, "소수적인 문학이란 소수적인 언어로 된 문학이라기보다는 다수적인 언어 안에서 만들어진 소수자의 문학"[5]이라는 언급이 시사하는 것처럼, 지배적인 언어의 변형을 시도함으로써 '다른' 문학적 대응의 가능성을 모색하는 것이라 볼 수 있다.

2. 무표정한 백수들의 2000년대 버전 '문 밖 의식'

최근 소설에 나타나는 백수들의 얼굴을 캐리커쳐caricature 해 보면, 기본 바탕은 냉소이며 대체로는 무표정하다. 일하는 사회에서 '왕따' 당한 이들이지만, 그들은 결코 분노하지 않으며 고통스러워하거나 슬퍼하지도 않는다. 이것은 그들이 자제력을 가지고 있어서도 아니

5 들뢰즈 · 가타리, 이진경 역, 『카프카—소수적인 문학을 위하여』, 동문선, 2001, 43면.

고, 상처받을 것이 두려워 냉정을 가장했기 때문도 아니다. 살아갈 궁리를 해야 하니 감정의 잉여를 붙들고 있을 새도 없는데다, 압도적인 현실이 그들의 꿈을 거세해 버렸기 때문이다. 그들 역시 이제는 더 이상 소용없는 열정을 원하지 않는다. 왜? "세상이 좆같다는 걸"[6], "좆나게 백 미터 달리기를 해도, 십 초 벽을 깰 수 없다는 걸"[7] 그들은 이미 알고 있으며, "어떤 미래도 결국 무심히 지나가 버리고 만다"[8]는 것을 알게 된 소년은 이제 백수가 되어 더 이상 '꿈꾸지 않'[9]기 때문이다. "누구나 아는 단어지만, 누구도 모르는 단어"인 운동권이란 단어가 "〈PD 수첩〉 같은 거"[10]가 되고 "동지가 간 데를 알아도, 깃발은 나부끼지 않"[11]는 시대에, 그들은 "국민 대다수가 선택하는 일종의 정신적 생활권"[12] 즉 볼품없이 매일 '비실비실' 살아가는 '배삼룡 독트린'을 선택한 '코리언 스텐더즈'가 된다. 한 마디로 "이미 세계는—어떤 거짓말을 해도 그렇고 그렇게 들릴 만큼, 그렇고 그런 곳이 되었다고"[13], 그들은 생각한다. 이는 세상에 대한 최후 진술처럼 들리지 않는가.

그러기에 그들이 부딪힌 평범한 불행은 "슬픈 일도 기쁜 일도 아니었으며, 누구를 원망할 성질의 것은 더더욱 아니었다. 그저, 말 그대로 수數였던 것이다."[14] 그저 그렇게 가볍게 냉소하며 현실을 수락하는 태도는 1990년대 은희경의 냉소와도 다르다. 은희경의 인물이 "셋부

---

6 이기호, 「버니」, 『최순덕 성령충만기』, 문학과지성사, 2004, 9면.
7 위의 책, 12면.
8 정이현, 「타인의 고독」, 『오늘의 거짓말』, 문학과지성사, 2007, 11면.
9 정이현, 「소년은 꿈꾸지 않는다」, 『현대문학』, 현대문학, 2004.8.
10 박민규, 「코리언 스텐더즈」, 『카스테라』, 문학동네, 2005, 182면.
11 위의 책, 184면.
12 박민규, 「배삼룡 독트린」, 『동서문학』 여름, 동서문학사, 2004, 186면.
13 박민규, 「몰라 몰라, 개복치라니」, 『카스테라』, 100면.
14 박민규, 「그렇습니까? 기린입니다」, 위의 책, 72면.

터는 다 똑같다(「그녀의 세 번째 남자」)"는 결론을 얻기 위해 도시의 조건을 모두 버리고 이제는 사라진 영추사 곁으로 가서 영가천도제를 지내야 했던 지난한 과정을 떠올려 보라. 그때의 냉소는 오히려 깊은 욕망을 드러내는 것이었다. 그런데 "높은 가지의 잎을 따먹듯—균등하고 소소한 돈을 가까스로 더하고 빼다 보면, 어느새 삶은 저물게 마련이다, 디 엔드다"[15]라고 말하는 2000년대 백수들은 마치 선험적인 것처럼 냉소를 체득하고 있어서 그들은 대개 무표정하다.

『삼미 슈퍼스타즈의 마지막 팬클럽』을 제외하고는 박민규 소설에 남녀 관계가 거의 등장하지 않는다든지, 정이현 소설에서 사랑 때문에 눈물 흘리는 남자(「어두워지기 전에」)나 다시 사랑을 시작해 보려는 여자(「타인의 고독」)가 매우 유치하게 그려진다든지 하는 점 등은 더 이상 꿈꿀 수 없는 현실에서 비롯된 것들이다. 사랑의 문제는 열정과 관계된 것인데 신념의 경우도 마찬가지다. 이기호의 「최순덕 성령충만기」에서 '최순덕'이 오직 신실한 믿음으로 성경만을 베껴 쓰고, 술래잡기를 할 때에도 숨은 아이들을 기도의 힘으로 찾겠다며 오로지 두 손을 모았던 유년기를 지나, 하느님이 자신을 세상에 보낸 이유를 찾기 위해 나름대로 처절하게(!) '바바리맨'을 전도하려는 과정은 하나같이 열정을 희화화 하는 장면들이다.

노동의 권리에서 탈락된 백수는 사회의 중심에 자리 잡지 못하고 주변에 서 있는 존재이므로 일종의 '문 밖 의식'을 가지게 된다. '문 밖 의식' 하면 1980년대 박완서의 「엄마의 말뚝」을 떠올릴 수 있는데, 박완서의 '영원한 문 밖 의식'이란 결핍과 소외에서 비판적인 관찰로 전

15 위의 책, 73면.

환되는 것이었다. 그런데 2000년대 소설의 '문 밖 의식'은 편입의 욕망이나 능동적 관조로 변환된다.

『삼미 슈퍼스타즈의 마지막 팬클럽』은 능동적으로 백수를 자처하는 인물의 발생학을 보여준다. 이는 프로야구에 열광하며 성장기를 보낸 '나'가 삼미 슈퍼스타즈의 전대미문의 패전율을 보면서 세상에 입문하게 되는 일종의 통과제의적 소설이다. '나'는 사회의 속도전을 직접 겪으면서 삼미 슈퍼스타즈의 기이한 행적이 실은 프로를 강요하는 자본주의 사회에 저항하는 행위였다고 생각하게 된다. "모두가 땀 흘리며 일하고 있을 그 시간에 공터에 나와 놀고"[16] 있는 이방인의 시선으로 세상을 새롭게 '재구성'해 보았을 때, 늘 쫓기듯 바빴던 날들은 "알고 보면, 인생의 모든 날은 휴일"[17]이라는 자각에 의해 뒤집히면서 '나'는 "치기 힘든 공은 치지 않고, 잡기 힘든 공은 잡지 않는"[18] 무의미한 그러나 아름다운 백수를 자처하게 된다. 이 소설이 문제 삼는 것은 자본주의 시스템이 만들어내는 '무능력 담론'이다. 세련되게 포장되어 있는 '프로'의 담론은 생산에 참여하지 못하는 자, 특히 소비의 민주화 시대에 소비 능력을 가지지 못한 무능력자들을 폭력적으로 배제하는 자본의 논리를 은폐한다. 자본주의 '프로 담론'은 체제 내 개별자들을 속도전에 집단적으로 동참하도록 호명하는데, 이와 반대로 '나'는 '삼천포'에 있는 진실 즉, 능동적 백수로 대항담론counter-narrative을 만들어 내는 것이다.

한편 정이현의 '백수'는 정당성이나 진정성 같은 것은 아예 거들떠

16 박민규, 『삼미 슈퍼스타즈의 마지막 팬클럽』, 한겨레신문사, 2003, 237면.
17 위의 책, 265면.
18 위의 책, 251면.

보지도 않으면서 노골적으로 주류 사회에 편입하려는 욕망을 드러낸다. 「낭만적 사랑과 사회」에서 '나'는 병아리 색 뉴비틀의 시동을 걸 수 있는 '혜미'와는 출발선이 다른 게임을 해야 하는 인물이다. "군더더기라고는 없는 세련미 그 자체"[19]로 남산 한가운데 우뚝 솟은 '유리의 성' 하얏트 호텔은 나로 하여금 '오럴'은 할망정 끝끝내 처녀성은 지킬 수 있도록 낡은 팬티를 사수하게끔 한다. 그런 '유리의 성'에 입성하기 위해 그녀가 할 수 있는 일이란 부와 능력을 갖춘 남자와 연애하는 방법뿐이다. '사랑밖엔 난 몰라'가 아닌 '사랑 따윈 난 몰라'의 방식인 것이다. 그 외에도 성공적인 커리어우먼이 되기 위해 성적性的인 유인도 결행하는 여자(「트렁크」), 영악하게 살아남기 위해 부모의 권력관계를 이용하는 소녀(「소녀시대」), 세 번의 결혼을 통해 변신을 시도하는 여자(「순수」) 등도 모두 현실이라는 게임에 참여하여 그 게임의 규칙을 요령껏 습득하고 최대한 활용한다. 정이현의 '백수'가 대체로 넓은 의미의 중산층에 속한다면, 이기호의 '백수'는 학교를 중퇴했거나 고아로 자란 인물들이어서 프롤레타리아적 환경에 처해 있다. 그러나 그들은 계급적 한계에 분노하지 않으며 오히려 조악한 돈의 논리를 이용(보도방, 앵벌이, 자해공갈 등)해 떠돌아다니는, 말하자면 룸펜 프롤레타리아트이다. 정이현과 이기호의 인물들은 상황은 달라도 사회에 편승하려는 노골적인 욕망은 유사하다. 그런데 이렇듯 욕망을 노출하는 경우는 인물의 행위와 소설의 서술 행위를 구분해서 보아야 하며, 발화utterance의 결을 좀 더 주의 깊게 살펴야 한다.

19 정이현, 「낭만적 사랑과 사회」, 『낭만적 사랑과 사회』, 문학과지성사, 2003, 14면.

3. 수다의 발견, 그 가벼운 화법의 정치성

요즘 소설의 화법은 '수다'와 같다. 쉴 새 없이 지껄이는 수다는 가볍고 유희적이다. 많은 사람들이 새로운 매체로 달려가느라 지독하게도 소설을 안 읽는 오늘날의 독서 시장에서 가볍고 즐겁게 잘 읽히는 특성은 독자를 확보하기 위한 기술적 전략이 될 수 있다. 그러나 최근 소설의 '수다' 화법은 그보다는 태도의 문제에서 비롯되었다고 할 수 있을 것이다.

우리에게 익숙한 무겁고 진지한 화법은 타락한 현실을 부정하고 잃어버린 진실을 회복하려는 이원론적인 사유 방식을 의미한다. 그러나 진정성을 털어놓은 고백이 돈벌이를 위한 전단지로 쓰이는 시대, 모든 것이 교환가치로 환산되는 자본주의의 가치 파괴적 현실 앞에서 본래적인 것을 회복하기 위해 떠나는 형이상학적 여행은 무력하다. 아무리 착해도, 아무리 노력해도, 자본의 논리 앞에서는 철저히 무기력해질 수 있는 것이다. 게다가 이런 의문까지 든다. 혹여 잃어버린 본질이라고 생각했던 것이 현실의 실상을 가리거나 포장하는 허구적 이데올로기였던 것은 아닐까? 그리하여 우리가 안고 뒹굴어야 할 것은 '인정하지 않을 수 없는 현실 그 자체' 뿐일지도 모른다. 박민규의 인물이 우주에서 목격한 '아주 납작한 지구(「몰라 몰라, 개복치라니」)'란 것은, 이원론의 한 쪽을 지운 홑겹의 세계를 상징한다고도 볼 수 있다. 또한 거기에서 우리는 작품 뒷면에 관념의 세계를 상정하지 않는 소설의 형상을 목격한다.

최근 소설의 화법을 주목하는 것은, 이 소설들이 새로운 무엇에 대해 직접 말하려고 하기보다는 '다르게 말하는 방식'을 통해 새로운 어떤 것을 열어 보이려고 하기 때문이다.

> 프로야구 원년. 우리의 슈퍼스타즈는 마치 지기 위해 이 땅에 내려온 패배의 화신과도 같았다. 어느 정도인가 하면—오늘도 지고, 내일도 지고, 2연전을 했으니 하루를 푹 쉬고, 그 다음날도 지는 것이다. 또 다르게는 일관되게 진다고도 말할 수 있고, 어떤 의미에서는 용의주도하게 진다고도 말할 수 있겠으나, 더 정확한 표현을 빌리자면 주도면밀하게 진다고도 말할 수 있고, 쉽게 말하자면 거의 진다고 할 수 있겠다.
>
> — 박민규, 『삼미 슈퍼스타즈의 마지막 팬클럽』, 61면

> 보도방도 웃겨, 가끔 TV에 나오지, 불량 청소년들이 보도방 차리고 영계 사업한다고, 신문도 보도, TV도 보도, 라디오도 보도, 웃겨 웃겨, 정말 웃겨, 웃겨서 미치겠어. 니네들 보도방이 무슨 뜻인 줄이나 알아, (…중략…) 보도는 말이야, 보도는 말이야, 우리가 퍼뜨린 말, 보지 도매의 줄인 말, 그거 알아, 보지 도매, 보지 도매, 줄여서 보도, (…중략…) 줄이면 괜찮아, 좆나게 공부만 한 기자 새끼도 보도, 좆나리 이쁜 척하는 앵커도 보도, 줄이면 괜찮아, 줄이면 괜찮아, 말하면 괜찮고, 쓰면은 안 된다, 우리를 욕하면서, 우리 말 따라 쓰는, 바구니 같은 새끼들, 좆나게 폼 잡고 있지만, 내 폼이나 네 폼이나, 엎어치나 메치나, 바구니나 빠구리나,
>
> — 이기호, 「버니」, 13면

이 소설들의 화자가 들려주는 수다는 계속 무언가를 길게 지껄여 대는 '장광설'이다. 박민규가 구사하는 방식은 '개그적 장광설'[20]이라

할 수 있다. 어이없는 플레이로 삼미 슈퍼스타즈가 연패를 기록했다는 간단한 사실을 말장난과 같은 개그의 방식으로 길게 늘여 말하는가 하면, 일반적인 피수식어와 수식어의 관계에서는 호응되지 않는(예를 들어, 용의주도하게 / 진다) 단어들을 결합시켜 웃음을 유발한다. 언어의 비경제성을 극대화하는 개그적 장광설은 시간과 노력의 경제성을 최고의 원칙으로 하는 자본주의적 '프로'의 속도 중심 세계에 태클을 건다. 한편, 이기호의 「버니」는 반복되는 일정한 비트 속에 라임rhyme 가진 말을 넣어 메시지를 직설적으로 지껄이는 랩rap으로 이루어진다. 「버니」의 서술 방식을 '갱스터gangster 장광설'이라 해 보면 어떨까? "보도방, 좆나게(좆나리), 새끼, 빠구리" 등과 같은 은어와 속어들이 등장하여 지배 문화를 조롱하고, 고상한 척 하는 자들을 비웃는 반말투와 파편화된 문장이 표준 문법을 공격한다. 위 인용문에서 보는 바와 같이, 화자의 랩은 끝나지 않는 문장, 언어 효율성을 무시하는 동어반복, 서술어나 접속사를 생략하여 문장 간의 결속력을 떨어뜨리는 화법 등을 구사하고 있다. 이 같은 발화의 파괴적인 화법 자체가 이미 폭로적[21]인 메시지를 드러낸다.

박민규와 이기호 소설의 화자가 들려주는 수다는 구술성[22]의 특징

---

20 『삼미 슈퍼스타즈의 마지막 팬클럽』에 나타나는 '개그적 장광설'에 관해서는 졸고, 「가벼움의 미학」(『매혹과 곤혹』, 열림원, 2004)에서 논하였다.

21 "나는 다짐해, 나는 버니를 몰라, 버니라는 랩퍼를 몰라, 버니의 본명이 순희라는 것도 몰라, 순희가 내 밑에서 일했다는 것도 몰라, 순희가 밤마다 여관으로, 여관으로 출장 간 걸 몰라, 몰라 몰라, 아무것도 몰라, 랄랄랄랄랄랄랄 랄라라라(8면)"에서도 말하지 말아야 할 것을, 말하지 않겠다는 말을 통해 실상 슬며시 폭로하고 있다.

22 월터 · 옹은 구술성이 종속적이라기보다는 첨가적이고, 분석적이기보다는 집합적이며, 장황하거나 다변적인데다 객관적 거리 유지보다는 감정이입적 혹은 참여적이고, 추상적이라기보다는 상황의존적이라고 논한 바 있다. 『구술문화와 문자문화』, 문예출판사, 1995, 60~92면.

을 갖는다. 그들의 화법은 효율적이거나 분석적인 문장을 추구하지 않는다. 오히려 고정적인 중심에서 자꾸만 탈주하려는 잉여적인 요소들로 이루어지며, 변죽을 울리는 무용한 언어나 깨진 언어로 자신의 가치를 드러내면서 독자들의 적극적인 개입을 요청한다.

특히 박민규 소설의 유희적 상상력과 화법은 매우 흥미로운데, 그는 장르적 관습을 무시하는 '비문非文적 기표 놀이'를 구사한다. 단적인 예로, '아버지 맞죠?'라는 질문에 '그렇습니까? 기린입니다(「그렇습니까? 기린입니다」)'라고 대답하는 방식을 들 수 있다. 이 말은 통사론적으로 비문이 아니지만, 의미론적으로는 비문이다. 이는 대화의 관습을 무시하는 동문서답 식 화법으로, '말'하고는 있지만 의미를 바꾸거나 지우는 기표의 놀이이며, 결국 이런 대답은 질문 자체를 무화시킨다. 이름 붙인다면, '딴청부리기 놀이!' 딴청부리기의 핵심 기술은 인과성과 개연성 다 버리고 생뚱맞게 상상하기이다. 시 외곽 볼품없는 유원지의 일명 '오리배' — "끊임없이 발로 페달을 밟아서 퐁당퐁당 퐁당 물위를 떠다니는(「아, 하세요 펠리컨」)" 오리 모양을 한 배 — 에서 사이먼과 가펑클의 노래 '철새는 날아가고 El condor pasa'로, 또 추우면 따뜻한 곳으로 '날아가는 철새'로, 이제는 '오리배가 날다'로, 나중에는 오리배가 모습을 바꾸어 펠리컨으로! 새를 중심으로 말하고 있다고 하기도 곤란할 만큼 비非유기적인 것들은 불연속적으로 배치되어 자꾸만 탈선하는 방식으로 과감하게 세계를 재구성한다. 이는 과정의 자체 목적적인 즐거움을 만들어내면서 동시에 시스템에서 추방되어 부랑하는 '보트 피플'이라는 날카로운 현실 통찰적 이미지를 구성해 낸다.

한편, 정이현의 주된 화법은 '적나라한' 고백체이다. 인물은 현실이라는 서바이벌 게임에 접속하여 그 게임의 규칙을 습득하고 활용하면서 한 판 인생에서 살아남는 게 목표이다. "그애의 손은 어느새 내 슬리브리스 원피스의 맨어깨를 쓰다듬더니 가슴을 만지기 시작했다. 창의력도 없는 놈, 늘 똑같은 코스였다"[23]고 가차 없이 말할 만큼 그녀들의 사전에 내숭이란 단어는 없다. 그녀들은 "열라 쪽팔리고 졸라 짱나는 일"[24]을 까발리는 것은 물론이고 "나 용감히 늘 승리하리라"[25]를 다짐하는 속물적인 고백의 목소리를 가지고 있다. 그들의 필살기는 냉소이며 "그런대로 평온한 일상"[26]을 유지할 수 있는 방법이라면 그 어떤 것도 냉큼 소화해 낸다.

일반적으로 고백체는 자의식적 소설을 형성한다. 1990년대 소설의 고백체가 자의식 과잉이었다면, 정이현 소설의 고백체의 경우, 생각하는 주체는 명백히 있지만 자아에 대한 거리를 외면하고 있다는 점에서 자의식 결여의 방식[27]이라고 할 수 있다. 여기서 우리는 웅숭깊은 내면이 없는 '납작한' 육성과 그 목소리의 '적나라함'을 주목해야 한다. 신경숙의 「풍금이 있던 자리」가 진지하고도 낭만적인 고백체를 통해 주류 질서의 도덕에 순응하는 과정을 자연스럽게 감싸 안음으로써 순응의 행위를 은폐하는 방향으로 갔던 데 반해, 정이현 소설의 '되바라진' 고백체는 '과잉 순응'의 방식으로 오히려 행위의 이데올로기성을 드러내고 있다.

---

23 정이현, 「낭만적 사랑과 사회」, 앞의 책, 15면.
24 「소녀 시대」, 위의 책, 68면.
25 「트렁크」, 위의 책, 60면.
26 정이현, 「타인의 고독」, 『오늘의 거짓말』, 문학과지성사, 2007, 9면.
27 이광호는 「굿바이! 휴먼—탈내향적 일인칭 화자의 정치성」(『문학과 사회』 가을, 문학과지성사, 2002)에서 김영하, 이만교, 정이현 등의 소설에 나타나는 '내면성의 요소를 삭감하는' (내면을 가지고 있지 않은 '생각 없는')화자를 '탈내향적 일인칭 화자'라고 지적한 바 있다.

「낭만적 사랑과 사회」에서는 이러한 소설적 전략을 다중 화자를 설정하는 방식으로 구체화하였다. "1) 같은 이름의 책 살스비 J. Sarsby, 박찬길 역, 『낭만적 사랑과 사회』(민음사, 1989)가 있지만, 우리의 그녀가 그것을 읽었는지는 알 수 없다"[28]에서와 같이 각주에서 서술 층위narrative level가 다른 화자가 독자와 공모("우리의 그녀")하는 방식으로 본문의 화자인 '나'를 '그녀'라고 지칭하며 다른 각도에서 접근을 시도한다. 또 텍스트 안에는 화자가 하나 더 있는데 "-해라"와 "-지 마라"의 형태로 명령하는 '십계명'의 화자가 그것이다. 순결이라는 마지막 카드를 성공적으로 제출하도록 하는 십계명은 "一. 샤워는 혼자서, 남자보다 먼저 해라"에서 시작하여 "五. 은은한 화장을 해라", "八. 엉덩이를 들지 마라" 등을 거쳐 "十. 혈흔은 함께 확인해라"에 이른다. 이는 가부장제 이데올로기를 교묘하게 이용하여 강제와 금계禁戒를 행사하는 자본주의 시스템이라는 숨은 화자가 아니겠는가. 정이현의 이 같은 다중적인 화법은 '나'가 자발적으로 욕망하는 것(낭만적 사랑)이 실은 이 사회가 나에게 강요한 것(가짜 욕망)임을 드러내는 정치적인 화법이다.

사실 박민규 · 이기호 · 정이현의 소설들이 보여주는 가벼운 수다의 화법은 더 이상 꿈꾸지 않게 된 존재가 구사하는 '견딤의 언어'이다. 그러나 그것은 엄숙하거나 고통스러운 신음 소리를 내지 않는다. 그들의 소설은 정면 대항이 어려운 힘없는 화자가 이성적인 지배 언어를 비트는 황당한 언어 구사를 통해 강고한 세계에 균열을 내는 전략, 바로 그 '비껴-가기'가 실현되는 현장이다. 가볍고 유희적인 언어가 기존의 주류적 가치들을 잡담으로 만들고 고정된 것들을 유동적

28 정이현, 「낭만적 사랑과 사회」, 앞의 책, 9면.

으로 만들어 버린다는 점에서 그들의 소설 화법은 정치적이며 위험한 존재이다. 새로운 무엇에 대해 말하기보다는 '다르게 말하는 방식'을 통해 새로운 어떤 것을 열어 보이려고 한다는 점에서 그들의 화법은 문학적 대응의 정치성을 온몸으로 보여준다.

4. 균열, 혹은 텍스트 공간에서 발생하는 아이러니

최근 소설들은 예리한 비판적 통찰을 보여주고 있지만 대개 풍자의 형식을 활용하지는 않는다. 전통적으로 풍자란, 정당성을 가지는 주체가 대상을 비판하는 방식으로 조직되었다. 그러나 이른바 자본주의의 바깥이란 없는 지금, 과연 어떤 이가 자본주의 시스템에서 예외적 존재가 될 수 있을까? 최근 작가들의 사유 속에는 그 누구도 자본주의적 네트워크에서 자유롭지 않다는 깊은 허무주의가 깔려 있다. 이 같은 허무주의는 현실 도피의 결과가 아니라 철저하게 현실을 직시함으로써 생겨났다는 점 때문에 오히려 공감할 수 있다.

이러한 인식은 화자의 설정에서도 드러난다. 오리배를 타고 날아올라 먹고살 곳을 찾아다니는 '오리배 세계시민연합'에 대해 이야기하거나(「아, 하세요 펠리컨」) 인류의 걸작들을 비롯해 아버지와 학교와 국회의원과 대통령을, 심지어는 미국과 중국 등을 통째로 냉장고 속에 집어넣는다는(「카스테라」) 박민규의 엉뚱한 인물들, 또 신분 상승을 위해 순결을 사수하거나(「낭만적 사랑과 사회」) 범죄 혐의를 받는(「순수」) 정이현의 여자들, 미성년자를 고용해 윤락행위를 시키는 비행 청소년(「버니」)이나 '앵벌이(「옆에서 본 저 고백은」)' 등과 같은 이기호의 인물들은, 모두 '신뢰할 수 없는 화자unreliable narrator'이다. 물론 신뢰할 수 없는 화자를 내세웠어도 풍자가 가능하다는 것을 1930년대 작가 채만식은 이미 「태평천하」나 「치숙」이라는 작품에서 보여준 바 있다. 일제 강점기 체제에 빌붙어 부를 축적한 '윤직원'이 "오죽이나 좋은 세상이여? 오죽이나……. 화적떼가 있더냐아? 부랑당 같은 수령들이 있더냐? 이걸 태평천하라구 하는 것이여, 태평천하! 어째서 세상 망쳐 놀 사회주의의 부랑대에 끼인단 말여!"라고 외칠 때(「태평천하」), 또 사람 노릇을 하려면 착실히 돈을 모아 '내지(일본)' 여자와 결혼하고 일본인 이웃들과 사귀어야 한다는 일본인 상점 주인의 눈으로 세상을 바라보는 '나'가 당대 지식인을 조롱할 때(「치숙」), 표면적인 풍자의 주체와 대상은 전복되어 대상이 긍정되고 주체인 화자가 부정됨으로써 풍자에 이른다. 그러나 위의 작가들 소설에서는 화자와 대상이 전복되어 대상이 긍정되는 일은 없다. 실업자를 양산하는 사회, 교양 속물인 중산층 부모, 얼치기 열정에 들떠 있는 연인들, 소녀의 꿈을 문화 상품으로 만드는 자들, 점잖은 척하지만 '영계'를 찾아 변태 짓을 일삼는 지식인들, 허울 좋은 명예를 좇는 자들은 여전히 부정적 존재로 나타난다. 그러니 대상이나 화자나 모두 부정적 존재인 셈인데, 여기서 세밀히 살펴야 할 것이 화자의 속성이다. 이 화자들은 신뢰할 수 없는 화자이지만 그러나 동시에 선뜻 전적으로 부정할 수는 없는 존재이다. 그들은 모두 자본주의 사회의 척도가 배제해 온 '타자', 곧 생산과 소비 능력 면에서 대체로 무력한 자들이 아니던가. 그들의 속물적인 행위 저 밑바닥에는 살아남기 위한 욕망이 작동하고 있다. 작가가 선악이나 호오好惡의 판단을 유보하면서 제시한 이러한 존재들에게 독자 역시 동의할 수도, 동의하지 않을 수도 없는 것이다. 긍정할 수도, 부정할 수도 없는 이들에게 독자는 미묘한 '거리distance'를 가질 수밖에 없는데, 이 지점에서 풍자가 아닌 아이러니가 발생한다.

이기호의 「옆에서 본 저 고백은—고백시대」에서 '나'와 '시봉'은 '앵벌이' 조직의 '양아치'들이다. 그들은 '쌈마이 형님'들의 합법적인 회사에 취직해서 이 사회에 편입해 보려고 생전 처음 자기소개서를 쓴다. 생떼거리를 써서라도 돈을 받아내고, 여자애들을 "따먹는" 건 일쑤인데다 "쪼개는" 인간들을 보면 망치보다 더 큰 호치키스로 머리를 찍어 버리는 폭력배이지만, 동시에 그들은 사회적 폭력의 희생양이기도 하다. 고아로 태어나 먹고 사는 게 급했던 그들의 불행은 "미처 생각해내지 못한 불행, 좀 더 불행한 불행에 약해지는" 사람들에게는 너무 "뻔한 불행"[29]이었다. 결국 그들의 고백이 구걸을 위한 전단지가 되어 버리는 결말에서는 파렴치한 그들을 부정할 수만은 없게 된다.

한편, 정이현의 인물은 또 어떠한가?

> 이젠 돌아가도 되나요? (…중략…) 어디에 있든 나는 점점 더 강해지고 아름다워질 겁니다. 운명이 주는 어떤 시련에도 굴복하지 않겠어요. 그러니 내 두서없는 진술을 듣고 있는 당신. 당신도 부디, 어디서든 살아남으시고, 언제나 행복하세요. 진정한 행복이란 결국 마음먹기 나름이랍니다. 마음의 순수한 소리에 귀 기울이다 보면 언젠가는 당신만의 파랑새를 발견할 수 있

29 이기호, 「옆에서 본 저 고백은—고백시대」, 『최순덕 성령충만기』, 문학과지성사, 2004, 90면.

을지도 모르잖아요. 어느새 밖이 많이 어두워졌네요. 이제 정말 가 봐도 되겠지요? 한밤중에 여자 혼자 빈집의 문을 따고 들어가는 건 퍽 위험하고 또 쓸쓸한 일이니까, 그러니까, 말이에요.

20th, Jan.20. 참고인 : 이경옥, Kyung-ok, Lee

— 정이현, 「순수」, 119~120면

위 인용문 「순수」에서는 화자의 목소리가 '갈라지는' 화법을 구사한다. '나'는 세 번의 결혼과 세 명의 남편이 죽게 된 과정을 참고인 자격으로 진술하고 있다. 순수를 '열연熱演'하는 그녀의 진술은 이중적이다. 「어두워지기 전에」의 '나'도 결말에서 착한 아내, 순종적인 며느리를 '열연'한다. "노인들의 충고는 대체로 옳았다. 지난한 희생의 과정을 거쳐야만 사람은 비로소 어른이 된다. 완전한 가정을 이루려면 반드시 대가가 필요했다. 가임기도 얼마 남지 않았는데 이제야 그걸 알게 되다니. 최근에 나는 어떻게 해서든 임신을 해야겠다는 긍정적인 사고방식을 가지게 되었다"[30]는 말 역시 「순수」에서처럼 이중적인 목소리, 혹은 '겹의 목소리'이다. 유치한 열정을 잠깐 질투할망정 그것을 취하기에는 이미 너무 냉소적인 '나'가 긍정적 사고방식을 가지게 되었다며 감격적으로 고백하는 말 사이사이에는 그것 아닌 다른 무언가가 '함께' 있다. 연약하고 애틋한 목소리와 위협적이고 불온한 목소리는, 어디서든 살아남기 위해 순간순간 꺼내들어야 할 생존의 카드이다. 이 같은 겹의 목소리는 독자와 인물 사이에 성찰의 거리를 만들어 낸다.

박민규의 「고마워, 과연 너구리야」에는 경쟁 시대를 살아가야 하

30 정이현, 「어두워지기 전에」, 『오늘의 거짓말』, 문학과지성사, 2007, 285면.

는 인물의 흥미로운 상징이 등장한다. 화자인 '나'는 대학 때 로커를 했던 적도 있지만 군대를 다녀오고는 "뭐야, 음악 같은 거 하고 앉아 있을 때가 아니잖아" 하며 벌떡 일어나 취업 준비를 하여 (언제 잘릴지 모르는) 인턴사원이 된다. 혹독하게 부림을 당해도, 심지어는 남색가인 인사부장에게 성性적 유린을 당해도 "잠깐이다. 후회는 없다. 돌이켜보면 딱히 하고 싶은 일도 없었던 청춘이다. 경쟁자는 많고 취업은 힘들고, 세상은 엉망이었다. 잠깐이다. 잠깐이다. 잠깐이다. 이제 잠깐 후면 나는 저 허공 너머—점 한 칸 크기의 착지점 위에 무사히 착지해 있을 것이다"[31]를 되뇌며 순응한다. 그의 굴욕적인 모습은 생존의 몸짓이다. 그런데 여기에 UFO를 타고 거대한 너구리 한 마리가 나타난다. 너구리에 대한 설명은 다음과 같다. 사교적인 너구리는 "재주가 많고 즐거움을 추구하는 원숭이"와 잘 어울리는 반면 "약속을 철저히 지키는 도덕주의자 양"과 "순진하고 요령 없는 아기 사슴"과는 잘 맞지 않는다. 경험과 실적을 중요하게 여기며 변화에 잘 대처하는가 하면, 특유의 건망증 때문에 무책임한 사람으로 여겨지기도 한다. "근거 없는 자신감의 소유자"[32]로 큰 목소리로 대답하기 때문에 언제나 믿음직스럽지만 사실 그 대답은 대답만으로 끝나버리는 경우가 많으며, 무책임해 보이거나 아첨을 잘하는 것처럼 보여도 끝끝내 미워할 수는 없는 묘한 매력을 지니고 있다는 것이다. 여기서 너구리는 일반적인 이분법 구도에 잘 포섭되지 않는 존재이다. 속도와 경쟁을 부추기는 세상으로부터 미끄러지는 듯한, 그러나 그 너머로 넘어 가버리지는 않는 너구리, 그가 바로 경직된 경계境界를 슬그머니 지우는

31 박민규, 「고마워, 과연 너구리야」, 『카스테라』, 문학동네, 2005, 63면.
32 위의 책, 58면.

자가 아닐까?

이기호의 「나쁜 소설—누군가 누군가에게 소리내어 읽어주는 이야기」는 화자가 여러 겹의 '당신'을 주인공으로 놓는 소설이다. 독자에게 직접 말을 건네는 방식이 진행될수록 '실제 독자—내포독자—인물—화자—내포작가—실제작가'의 경계가 흔들리면서 '당신'의 자리에 여러 명이 동시에 서게 된다. "좋습니다. 그 상태에서 이제 제 이야기에 집중하면 당신은 당신의 몸이 묵직해지는 경험을 하게 될 것입니다"[33]에서 '당신'은 현재 이기호 소설책을 들고 읽는 독자이기도 하고, 소설의 화자가 설정한 것처럼 그 어떤 독자가 소설을 읽어주는 대상이기도 하다. 또 빛을 통과하여 "본래의 당신과 전혀 다른 당신이 되는 거지요. 이 소설의 주인공, 그렇죠"[34]라고 하여 '당신'이란 존재가 소설 속 도서관에서 이 소설을 읽는 주인공이 되는 데 이르면 '당신'의 수는 더 늘어난다. '당신'은 각 층위에 따라 그때그때 다르며 동시에 그 여러 겹의 '나' 모두가 되기도 한다. 또 '당신' 혹은 '나'는 듣는 사람이기도 하고 읽어주는 사람이기도 하다. 존재의 고정성을 흩뜨려 놓는 화법, 혹은 독자를 적극적으로 텍스트에 불러들이는 이 화법은 구획된 경계를 넘나드는 불확정적인 방식이라 할 수 있다.

화자가 자명하게 말하는 것 같지만 텍스트는 점점 더 자명하지 않게 되는 아이러니의 힘! 작가는 텍스트 공간에 독자를 불러들여 독자가 몰입도 방관도 할 수 없도록 촉발한다. 독자는 겹의 목소리나 경계에 선 자 혹은 경계를 넘나드는 자에게 동일시도 부정도 할 수 없는

---

33 이기호, 「나쁜 소설—누군가 누군가에게 소리내어 읽어주는 이야기」, 『갈팡질팡하다가 내 이럴 줄 알았지』, 문학동네, 2006, 12면.

34 위의 책, 15면.

거리를 취하게 된다. 텍스트 공간에서 생성되는 이러한 아이러니는 끊임없이 문득문득 자본주의적 주술에서 깨어나게 하는 균열의 행위라고 할 만하다.

5. '위험한' 수다의 이중성

합리적이고 정교한 언어를 비틀어 가볍고 유희적으로 사용함으로써 기존의 주류적 가치들을 잡담으로 만들고 고정적인 것들을 불확정적으로 만들어 버린다는 점에서, 그리고 선악의 평가나 호오의 판단을 흩뜨려 놓으며 성찰적 거리를 만드는 아이러니를 통해 끊임없이 자본주의적 주술呪術에 균열을 낸다는 점에서, 2000년대 소설의 '수다'는 기존의 삶과 부재하는 삶 사이에서 종횡무진 질주하는 불온한 존재 방식이다. 박민규 · 정이현 · 이기호의 소설적 화법은 정면 대항이 어려운 힘없는 화자가 강고한 세계에 미세한 균열을 내는 전략이며, 중심 척도를 벗어나는 바로 그 '비껴−가기'의 정치성이 실현되는 현장이다. 이러한 측면에서 그들은 '백수'의 텍스트를 그저 주변적이 아닌, '소수적'인 문학으로 창안해 낼 수 있는 가능성을 타진하고 있다.

그러나 그것은 아슬아슬한 긴장을 놓칠 때 매우 허약한 것일 수 있다. 작가들이 소설에서 보여준 균열의 방식은 낯선 만큼 개인적인 것이었다. 이는 '자기 관점의 수인囚人'이 될 가능성을 안고 있으며, 수다가 소비적으로 자가발전하는 경우 유희의 나르시시즘에 빠질 수도 있다. 최근 매체 환경이 이미 놀이 공간을 현실 세계에 구축하는 쪽으로 가고 있다는 점을 상기하면 그 함정의 유혹은 위력적이다. 위 작가들의 작품이 아이러니의 긴장을 잃을 때 삶의 복잡성은 단순화되며 스스로 자명해짐으로써 위험에 빠질 우려가 있다.

『삼미 슈퍼스타즈의 마지막 팬클럽』의 능동적 백수는 자의식적 내면을 통해 주체를 구축하고 억압적인 현실로부터 자신을 보존했다는 점에서 21세기 버전 '문제적 개인'이라고 할 만하다. 그러나 한쪽 대립항을 선택함으로써 동일성을 획득했을 때 인물은 안정감을 얻는 대신 소설적 긴장은 풀어질 수밖에 없었다. 능동적 백수 혹은 아마추어라는 대항담론은 이분법적 대립 구도의 폐쇄성을 수락한 것이며 일종의 '계몽에 대한 계몽'이라고 할 수 있다. 이는 욕망의 흐름을 반대 방향의 틀 안에 가두고 통합하는 행위이다. 미국의 제국주의적인 속성을 드러내는 메시지가 너무 단순하고 선명했던 『지구영웅전설』은 소비적인 수다로 흘러가는 경향을 띠었고, 박민규의 단편 가운데 「배삼룡 독트린」이나 「코리언 스텐더즈」 등은 페이소스가 짙게 깔림으로써 유희적 에너지가 희미해졌다. 정이현의 경우도 현대의 결혼 풍속을 풍자한 「홈드라마」(『낭만적 사랑과 사회』)나 부조리한 현실에서 미치광이를 선택하는 「위험한 독신녀」(『오늘의 거짓말』)같은 작품은 두 겹의 목소리를 버림으로써 선명해지기는 했지만 아이러니의 긴장을 놓치고 있다. 이기호의 「백미러 사나이―사물이 눈에 보이는 것보다 가까이 있음」, 「발밑으로 사라진 사람들」(이상 『최순덕 성령충만기』), 「누구나 손쉽게 만들어 먹을 수 있는 가정식 야채볶음흙」(『갈팡질팡하다가 내 이럴 줄 알았지』)은 파격적 상상력으로 인상적인 장면을 창조하지만 그

분명한 알레고리적 메시지가 작품을 경직되게 만들곤 한다.

스스로 자명해지지 않는 방식, 이 쉽지 않은 방법은 기존의 근대적 가치와 자본주의적 체계가 약속하는 '더 나은 미래'가 아닌, '다른 미래'를 생성할 수 있는 문학적 가능성이 아닐까?

2부

소설 형식의 시국선언과 기억의 윤리
공지영의 『도가니』

기록하는 세헤라자드와의 비극적 연애
심윤경의 『이현의 연애』

그들의 애도mourning, 웃음의 윤리
윤성희의 「웃는 동안」

달콤한 게릴라의 '다시 쓰기re-writing'
정이현론

미궁 속으로 곤두박질치는 질주
박성원의 「우리는 달려간다」

서울, 2007년, 당신들의 천국
천운영의 「후에」

비루먹은 신화, 되살아나려는 신화
손홍규의 「이무기 사냥꾼」

'비틀'거리면서 '꿈틀'거리는, 여기
한창훈의 『나는 여기가 좋다』

쓰면서 지워지거나 혹은 죽거나
김태용의 「포주 이야기」

'목요일'로 가는 우회로迂廻路
조해진의 「목요일에 만나요」

Quick, Quack, Quixotism, Question?
윤고은의 「Q」

소설 형식의 시국선언과 기억의 윤리

공지영의 『도가니』론

1. 들을 수 없고 말할 수 없는 시대의 알레고리

국가인권위원회조차 독립성이 흔들리고 기구가 강제적으로 축소되는 곳에서 힘없는 사람들의 인권이란 상상하기 어렵다. 하루아침에 내쳐진 비정규직 노동자들이 거리에서 절규하고, 억울하게 불타버린 가족의 장례를 1년 여 투쟁 끝에 치르고도 옥고까지 감당해야 했던 용산참사의 기억은 무관심 속에 고립되어 가고 있다. 시장경제를 최고의 가치로 받드는 이명박 정권에 의해 이렇게 양극화 현상은 심화되어 가고 생명과 인권이 내몰리는 경우는 허다하다. 게다가 민주주의를 무시한 채 강행 처리된 미디어법은 앞으로 우리의 귀와 입을 막아버리려고 할 것이니, 들을 수 없고 말할 수 없는 농아聾啞들의 고통을 소재로 한 공지영孔枝泳 장편소설 『도가니』(창비, 2009)는 이 시대의 초상을 상징적으로 보여준다고 하겠다.

인터넷 포털에서 연재를 마치고 출간된 뒤 영화화 되어 또 다시 사회적 이슈가 된 『도가니』는 광주 인화학교에서 교장과 행정실장, 보육교사가 청각장애아들을 성적으로 유린한 실제 사건을 토대로 했다. 인화학교 성폭력대책위가 3년여 동안 사건의 진실을 밝히는 데 온 힘을 쏟은 결과 이 사건은 1심에서 실형이 선고되었으나, 정권이 바뀐 후 2008년 7월 항소심에서 가해자들이 모두 집행유예로 풀려나게 되었다. "집행유예로 석방되는 그들의 가벼운 형량이 수화로 통역되는 순간 법정은 청각장애인들이 내는 알 수 없는 울부짖음으로 가득 찼다"는 기사를 읽는 순간, 작가는 그들의 비명 소리를 듣는 듯했고 이 소설을 구상하기 시작('작가의 말') 했다고 한다.

'작품'이 작가의 손을 떠나 독서 공간에서 '텍스트'로 존재 전이를 한다는 점에서 모든 문학은 텍스트 발생론적 측면에서 사회문화적인 의미를 갖는다. 더구나 밀리언셀러를 여러 차례 기록한 바 있는 작가 공지영의 경우는 이런 측면에서 중요한 의미가 있다. 주지하다시피 1988년 등단 이후 『무소의 뿔처럼 혼자서 가라』(1993)를 시작으로 그녀의 많은 작품은 독자들에게 큰 반향을 일으켰다. 특히 2000년대에 쓴 장편소설 가운데 『우리들의 행복한 시간』(2005)은 사형제 폐지론에 대한 사회적 공감대를 형성했고, 『즐거운 나의 집』(2007)은 현실적으로 증가하고 있는 다양한 가족형태를 수용하고 다문화 사회로 향하는 데 필요한 담론을 제공하면서 2008년 호주제 폐지를 알리는 서막이 되기도 했다. 공지영의 최근작들이 우리 사회의 변화를 포착하고 담론 생산의 계기를 마련하는 데 일정한 역할을 한 것은, 이른바 '386세대' 자의식의 흔적을 작가가 소명의식 혹은 작가의 윤리로 발전시킨 결과라고 할 수 있을 것이다.

『도가니』 역시 '작가의 말'과 각종 인터뷰를 살펴보면 "상상을 벗어나는 이 현실(『도가니』, 294면)"을 폭로하여 부조리한 사회에 문제를 제기하려는 작가의 분명한 계몽적 의지를 짐작할 수 있다. "이 소설을 처음 구상했을 때는 낙후된 지역의 야만적 폭력과 그것에 눈감은 지방 토호들을 고발하려는 의도였는데, 소설을 쓰는 동안 나라 전체가 소설 무대인 '무진'으로 변한 것 같아서 스스로도 놀랐어요. 감시 없는 권력은 필히 폭력화하고 부패한다는 점을 새삼 느끼고 있습니다"[1]라는 작가의 진술은 당면한 현실에 대한 위기의식을 표명한다. 이러한 취지에 독자들은 이미 이 소설이 인터넷에 연재될 때부터 열렬한 반응을 보여주었다. 누적 조회수 1,100만을 넘는 가운데 연재물에 달린 댓글에서부터 단행본 출간 후에 올라온 온라인서점 독자평이나 블로그 서평, 그리고 영화(〈도가니〉, 황동혁 감독) 개봉 이후 사건 재조사를 촉구하는 서명운동 등에 이르기까지 가장 공통된 감상은 바로 부조리한 현실에 대한 '분노'다. 분노의 감정은 1980년대 이후 오랜만에 느껴보는 '공감共感'의 형식이며, 이 공감은 공지영의 글쓰기가 실천하고자 하는 '소통'의 다른 이름이라고 할 수 있다.

---

1 최재봉, 「'기득권의 승리' 너무나 불편했던 결말」, 『한겨레신문』, 2009.6.30.
『도가니』 출간 기념 기자 인터뷰를 각 신문사가 어떻게 다루었는지 그 타이틀을 비교해 보면 무척 흥미롭다. 『경향신문』의 경우 "나라 전체가 안개도시가 되는 느낌", 『한겨레신문』은 "'기득권의 승리' 너무나 불편했던 결말", 『한국일보』는 "견제 없는 권력은 폭력으로 이어져, 거대한 침묵의 카르텔 주시"를 각각 타이틀로 삼아 소설의 당대성을 부각한 반면, 『중앙일보』는 "포털에 연재한 『도가니』를 책으로 출간한 소설가 공지영"이라고 객관적 사실만을 뽑았고, 『조선일보』는 "그늘에 가려졌던 성폭력, 맞설 것인가"라고 하여 성폭력의 문제로 제한했으며, 『동아일보』의 경우 "알 수 없는 울부짖음이 날 움직였다"고 추상화 했고, 『문화일보』는 "독자들은 또 '신드롬'에 빠진다 : 베스트셀러 소설가 3인 신작 잇따라"로 타이틀을 뽑아 베스트셀러에 초점을 맞춘 저널적 관심사만을 드러냈다.

최근 정국과 관련하여 '미학(문학)과 정치'라는 화두가 다시 생성되고 있다. '촛불'과 '시국선언' 등에 나타난 민주주의의 위기의식에서 배태된 것은 물론이다. 각종 문학잡지의 기획에서부터 대중과 함께하는 인문학적 실천(지행네트워크, 연구공간 수유+너머, 철학아카데미 등의 활동), 다양한 작가들의 느슨한 연대인 '6·9작가선언' 참여 작가들의 용산참사 항의 릴레이 1인 시위 등에 이르기까지 문학의 사회적 역할 혹은 문학의 정치성에 대한 관심은 '시대와의 소통'이라는 맥락을 갖는다. 이 지점에서 "미학적 가치와 정치적 가치 사이의 일치를 정립하기 위한 기준은 없다. 선택들만이 있을 뿐이다"[2]라는 말은 귀기울일 만하다. 문학과 정치의 관계에 대한 보편적인 논의가 자칫 텅 빈 논의의 반복이 될 수 있다는 점을 상기할 때, 실제 텍스트들에서 그 화두를 구체화해 보는 편이 좀 더 생산적인 논의가 될 수 있을지 모른다. 과연 공지영의 '선택'은 『도가니』에서 당대성의 문제를 어떻게 형상화하고 있는가? 이 소설이 장애인의 인권이라는 '정치적 올바름political correctness'의 소재에서 출발한다면 정치적 올바름은 문학과 어떻게 만나는가? 이러한 질문들은 앞서 말한 문학적 소통이라는 측면에서 공지영의 글쓰기 행위를 좀 더 천착해 보는 일이 될 것이다. 물론 '정치적으로 올바른 문학 앞에 미학적 잣대는 무력한 것인가?' 혹은 '윤리적 명분 속에 또 다른 이데올로기가 잠복해 있는 것은 아닌가?' 하는 비판적 질문과의 동행 역시 중요한 항목이다. 김승옥의 1960년대 단편소설 "「무진기행」에 대한 오마주hommage"[3]이자 2000년대적 패러디인 『도가니』의 내부를 들여다보자.

---

2 자끄 랑씨에르, 오윤성 역, 『감성의 분할 : 미학과 정치』, b, 2008, 86면.

3 이왕구, 「견제 없는 권력은 폭력으로 이어져, 거대한 침묵의 카르텔 주시」, 『한국일보』, 2009.7.1.

2. 광란의 도가니 : 농아들의 비명과 말할 수 있는 자들의 침묵

『도가니』는 공지영 전작들의 연장선상에 있으면서 동시에 다른 면모를 보여준다. 특히 작가가 2000년대에 쓴 소설들이 대부분 긍정과 위로의 문학이었다면, 이번 작품은 부정否定과 분노의 성격을 띠고 있다. 이런 점은 등단작 「동트는 새벽」을 비롯해 『인간에 대한 예의』에 실린 단편들과 『무소의 뿔처럼 혼자서 가라』 등에 나타났던 '대결 의지'라는 공지영의 초심을 상기하게 한다. 『도가니』는 위안의 수사를 절제하는 만큼 폭력적이고 부조리한 이 시대 사회 현실, 즉 '광란의 도가니'를 부각하는 데 비중을 두고 있다.

"깊은 물속 같(『도가니』, 9면)"은 고요와 소음(종소리, 기차소리, 비명)을 대비시키고, 안개가 짙게 깔리는 무진의 일상과 선로 위 한 남자아이의 죽음을 병치시킨 도입부는 마치 공포영화의 인트로처럼 긴장감 있는 장면을 선보인다. 이 "붉은빛(9면)" 죽음이 응축하고 있는 거대한 폭력을 주인공 '강인호'는 무진의 자욱한 안개 속에서 징후적으로 감지한다. 김승옥의 「무진기행」에서 반半수면 상태로 무진에 진입하면서 두려움과 욕망 등의 다중적인 감정과 태도를 취하고 있었던 윤희중과 달리, 『도가니』의 강인호는 무진으로 가는 길 내내 음험한 안개 터널에 싸여 "터무니없는 공포(14면)"에 사로잡혀 있다. 혁명이 좌절된 불우한 1960년대 현실을 '분열된 내면' 속에 음영陰影으로 그려 넣은 김승옥 소설과 다른 길을 가는 지점이 바로 여기다. 다중적인 측면들을 지우고 공포를 전면화함으로써 작가는 이 공포를 발생시키는 근원, 그 폭력의 근원을 파헤치는 데 전력투구한다. 이 작품이 매우 속도감 있게 진행되는 것은 긴박한 사건 자체의 속성 때문이기도 하지만, 바로 이 같은 서사적 목표에 의해 추동되었기 때문이다.

청각장애아 두 명의 의문사疑問死와 '유리, 연두, 민수' 등에게 가해진 성폭력의 진실을 밝히는 과정은 "침묵의 카르텔(196면)", 혹은 은폐된 권력의 잔인한 네트워크를 확인하는 과정이다. 청각장애아들을 위한 교육 사업이라는 명목으로 40억 이상을 수령하고도 아이들의 복지사업은커녕 그들을 성적으로 학대해온 자애학원 교장과 행정실장, 생활지도사의 만행은 장애와 가난을 볼모로 한 착취 행위이다. 작가는 이것이 개인적 차원의 폭력이 아니라는 사실을 분명히 드러내기 위해 학교, 경찰, 검찰, 교육청, 시청, 병원, 변호사, 판사, 교회 등에 이르는 기득권층의 거대한 권력 담합 현장을 세세히 그려내고 있다. 작가의 입담과 에피소드 배치의 묘미가 결합해 속도감을 내면서 기득권층의 위선이 폭로된다. 자기 자리를 고수하기 위해 거짓 증언하는 동료 교사, 좀처럼 수사를 시작하지 않는 담당 형사, 서로 자기 관할이 아니라며 책임을 떠넘기는 교육청과 시청, 지연地緣으로 유착된 관계를 유지하기 위해 이중 진술서를 쓴 산부인과 의사, 전관예우를 통해 공소 사건을 해결하려는 변호사, 성폭행 사실이 입증됐는데도 교장 형제의 과거 공적이라는 것에 손을 들어줌으로써 집행유예 판결을 내리는 판사 등 그들의 위선은 공판을 전후로 하여 파노라마처럼 펼쳐진다. 특히 교장과 행정실장이 집사로 있는 교회 목사의 설교는 이익집단으로 전락해 버린 교회가 타락한 윤리를 어떻게 재생산해 내는지 잘 보여준다.

공지영은 『도가니』에서 크게 두 가지를 폭력의 근원으로 보고 있다. 하나는 앞서 살펴본 바와 같이, "침묵의 카르텔"이라고 표현한 기득권층의 교묘하고 잔인한 네트워크이다. '농아들의 비명'은 '말할 수 있는 자들의 침묵' 위에서 터져 나온 것이었다. 다른 하나는 1980년대 민주화운동의 역사를 훼손하는 기만적인 정치권력이다. 이는 결말에서 자애학원 대책위의 농성 천막이 뜯겨져나간 이유와 관계가 있다. 인권을 외면하는 불합리한 판결에 항의하기 위해 교육청 앞에 마련한 대책위의 천막은 무진 민주화운동 28주년 기념식을 위해 철거되었다. "우리나라 민주주의의 메카이며 인권신장의 발상지, 무진에 오게 된 것을 영광스럽게 생각하는 바입니다(286면)"로 시작하는 국무총리의 기념사는 청각장애아 시위대에게 물대포를 쏘는 장면과 마주치면서 그 허구성을 드러낸다. 이와 같이 기득권 세력들의 권력적 유착과 기만적인 정치권력을 폭로함으로써 『도가니』는 현現정국에 마주 선 '소설 형식의 시국선언'이 된다. 그토록 수많은 독자들이 아프게 공감했던 핵심이 바로 여기에 있다.

『도가니』의 비판의식이 잘 드러날 수 있었던 것은 비가시적인 것을 가시화하고 불투명한 것을 선명하게 그려 내려는 작가적 노력 덕분이다. 경계를 지워 모든 것을 불투명하게 만듦으로써 인식을 무기력하게 하는 무진의 안개가 시사하듯이, 공지영이 무엇보다 부각하고 싶었던 것은 선명한 현실 인식이었을 것이다. 이를 위해 선택된 것이 이분법적 대립 구도이다. 이슈가 되었던 그녀의 여타 작품들 역시 개별적 특징을 감안하더라도 대체로 대립 구도를 적절히 활용하고 있다.[4] 『도가니』에도 여러 개의 대립 구도(성폭행 당한 청각장애아 / 가해자인 교육자, 무진인권센터에 모인 시민들 / 무진의 기득권층, 인권센터 일을 돕는 최목사

4 『즐거운 나의 집』을 예로 들어보면, '엄마'의 세계에 대한 딸의 동일시는 '규범적 질서와 경직된 이성'을 뜻하는 '아빠'의 세계를 거부함으로써 가능했다.

/ 무진영광제일교회의 젊은 목사 등)가 가로놓여 있다. 물론 이것은 2000년대 이후 더욱 복잡하고 불투명해진 현실을 가시화하는 데 유효한 인식 방법이다. 그러나 대신에 이분법이 놓칠 수밖에 없는 것들을 근본적으로 구제하기는 어렵다.

이와 관련하여 좀 더 문제적인 것은 『도가니』의 이분법이 한쪽의 자명한 폭력성을 부각하기 위해 다른 한쪽을 희생양으로 설정하고 있다는 점이다. 이는 청각장애아가 권력자들의 희생양이라는 스토리 층위를 가리키는 것이 아니다. 여기서 지적하고자 하는 것은 "텍스트'의' 희생양(감추어진 구조 원칙)"이다. 이때 희생양은 "하나의 테마가 아니라 하나의 '구조화하는structurant' 메커니즘"이며 그러한 텍스트는 "희생양 효과에 의해 지배받"[5]는다. 장편소설 『도가니』는 사건 발생과 공판 과정을 서사의 뼈대로 하여 가해자들과 '침묵의 카르텔'을 폭로하는 데 비중을 두고 있다. 독자들의 분노 지수를 상승시키는 요소는 권력의 네트워크가 보여주는 위선의 농밀함이다. 그리하여 소설 속 청각장애아들의 형상은 작가의 비판의식이 가지고 있는 서사적 목표에 복무한다. 예컨대 사건의 핵심인 장애아 유리는 처참한 공포에 떨거나 무연한 얼굴로 과자를 먹거나 혹은 '천사'로 그려지면서 권력의 폭력성을 상대적으로 부각한다. 자욱한 안개 속에서 처음 만났을 때부터 강인호에게 유리는 "파사삭, 파사삭거리며" 부서지는 과자 소리와 "자음과 모음으로 표기되지 않는 그 비명소리(15면)"로 기억된다. 청각장애 2급, 지적장애 3급의 중복장애를 가진 유리가 형상화되는 방식은 "이상한 비명(104면)", "그 애의 입에 남은 마지막 과자가 파삭, 하고 부서졌다

5 르네 지라르, 김진석 역, 『희생양』, 민음사, 1998, 194~196면.

(42면)", "연두의 수화를 빤히 바라보며 과자를 파삭파삭 먹고 있었다(114면)" 등에서 보는 바와 같이 동어반복이 극대화되는 것이다. 또한 유리는 "발걸음은 놀랍게도 별 소리가 나지 않았다. 유리는 작은 천사처럼 가벼이 복도 위로 날아가는 것 같았다(55면)"와 같이 천사의 이미지로 등장한다. 유리뿐 아니라 연두나 민수 등도 지속적으로 '맑은 눈빛'이나 '천사' 등으로 묘사되며, 그들은 특별한 갈등이나 의문 없이 강인호 선생의 과거사에 쏟아지는 악플을 댓글로 물리치는 '착한' 청소년들로 줄곧 그려진다. 이 소설에서 청각장애아들의 형상은 대체로 기능적 역할에 제한되는 텍스트의 희생양이라고 할 만하다. 처참함과 잔인함은 결국 한쌍이 돼 이 작품에서는 전자가 후자를 떠받침으로써 우리들의 공분公憤을 지속시키는 효과를 가져온다.

3. 시련의 도가니 : 초월의 욕망과 소시민적 절망

"미친…… 광란의 도가니(225면)"에서 보는 바와 같이 이번 소설에 등장하는 '도가니'라는 어휘는 일차적으로는 부정적인 의미로 쓰이고 있다. 그러나 반드시 그렇게만 볼 필요는 없다. 받아들이는 입장에서 놓고 보면 '광란'은 곧 '시련'이기 때문이다. 시련이란, 부정적인 것을 부정하는 길로 나아가기 위한 단련이 아닌가? 도가니에 해당하는 영어 'crucible'이 십자가나 시련을 뜻하는 라틴어 'crux'에서 유래했다는 점도 이러한 해석을 뒷받침한다. 특히 강인호와 서유진에게 무진은 '광란의 도가니'이자 '시련의 도가니'인 것이다. 이 두 축이 『도가니』를 떠받치고 있다.

작가는 성폭력 사건의 진실을 밝히는 데 소설의 많은 부분을 할애하고 있지만, 서울에서 내려간 기간제 교사 강인호를 주목함으로써 '개인의 윤리'에 대한 궁극적인 관심을 보여준다. 고등학교 제자와 관련된 과거사를 문제 삼는 가해자 측 변호사로 인해 강인호가 돌연 절망에 빠져 갈등하다가 결국 인권운동을 포기하고 서울로 돌아가게 되는 결말이 이를 증명한다. 그런 의미에서 강인호와 서유진이라는 인물의 내적 갈등을 중심으로 하는 '시련의 도가니' 축을 면밀히 살펴볼 필요가 있다.

> 가난한 것도 두렵지 않고 고통도 그리 무섭지 않아. 내게 가해진 모든 평판들 소문들도 자기네들끼리 실컷 지껄이라지. 하지만 의미가 사라지는 것, 뭐랄까, 우리의 삶이 그냥 먹고 싸는 것, 돈을 모으고 옷을 사고 하는 그 너머의 무엇도 가지고 있다는 것을 말이야, 나는 확인하고 싶어. 그렇지 않다면 살아가는 걸 견딜 수 없을 거 같아, 강선생.
>
> — 공지영, 『도가니』, 227면

> 서선배, 나 우리 아버지가 그렇게 나름대로 비겁했기에 별탈없이 대학 마쳤고 별탈없이 살아왔어. 서선배, 그 청렴하고 올바르시기로 유명하던 서목사님 돌아가시고 가난 때문에 힘겨웠다고 했지? 난 모르겠어. 나 하나라면 싸울 수도 있겠지. 그러나 우리 새미……. 내 알량한 정의 지키자고 우리 새미 불쌍하고 불행하게 만들 용기가 내겐 없어.
>
> — 위의 책, 262면

첫 번째 인용문은 서유진이 강인호에게, 두 번째 인용문은 강인호가 서유진에게 자신의 내면을 토로하는 부분이다. 이 둘은 마치 거울의 이쪽과 저쪽 같아 보인다. 무진 인권운동센터에서 일하는 대학선배 서유진[6]은 실상 강인호와 짝패로, 그의 한쪽 내면 혹은 거울 저쪽을 형상화한 인물이라고 할 수 있다. 그녀의 존재는 강인호의 편지에서 "정의正義 혹은 신성神性 혹은 좀 더 존귀한 것에 대한 갈망(280~281면)"이라고 표현되고, 서유진의 말에서는 "그 너머의 무엇"이라고 언급되는 '초월의 욕망'을 내포한다. 이것은 속물적인 일상을 뛰어넘는, 생존 이상의 것, 이른바 눈에 보이지 않는 근원적인 것에 대한 욕망이며 신 없는 신학이라 불리는 '숭고'와 관련된 것이다. 광란의 도가니를 보면서 독자들이 느꼈던 분노의 감정 역시 평소에는 발현될 수 없었던 그 무언가, 다시 말해 일종의 숭고 체험으로 끌어당겨진 것일 수 있다. 학교에 취직하기 위해 '기부금'을 내는 모욕적인 것까지도 참은 강인호가 청각장애아의 비명소리에 연루되면서 "존엄한 생명들을 짓밟는 자들과 싸우고 싶어졌(281면)"던 것도 같은 맥락이다.

한편, 거울 이편에 있는 강인호는 그간의 희망적인 변화에도 불구하고 근본적으로는 일상적 생존과 타협의 원리에 강하게 사로잡혀 있는 인물이다. 특히 제대로 결별하지 못한 과거사가 자신을 공격하자 금방 허물어져 버리며, 이제 그만 생활인으로 돌아오라는 아내의 경고 속에서 서유진의 긴급한 문자메시지를 외면하고 소시민의 생존 논리에 무릎 꿇는다. 빗속에서 서유진들이 북소리를 울리며 무진 민

---

6 강인호의 한해 선배인 서유진은 서른다섯 살로 '386세대'와는 거리가 멀지만 마치 1980년대 소설 속에서 자주 마주치던 인물을 떠올리게 한다. 물론 작가는 그녀를 과거와는 다른 인물로 그리기 위해 선천성 심장기형으로 태어난 아이를 중심으로 일상성을 강화했다. 그러나 이미 그녀는 어떤 사태에도 뜻을 굽히지 않는 평면적 인물로 형상화되어 있다.

주화운동 기념식장으로 시위 행진을 하는 장면과 강인호가 도망치듯 서울로 돌아가는 장면의 병치는 뚜렷한 대비를 보여준다.

그러나 작가는 이 지점에서 「무진기행」의 편지 모티프를 변형시켜 희망의 가능성을 탐색하고자 하였다. 하나는 아내에게 쓴 것인데, 거기서 그는 자신의 마지막 자존심을 지켜 달라고 고백하지만 결국 이를 찢어버린다. 「무진기행」에서는 윤희중이 하인숙에게 썼던 편지를 찢어 버림으로써 무진과 결별하지만, 『도가니』에서는 강인호가 아내에게 썼던 편지를 찢어버린다. 자기가 쓴 편지를 찢는 행위는 자기를 부정하는 것이지만, '소통'이라는 편지의 장르적 속성을 생각하면 이 행위는 다르게 해석될 수도 있다. 아내에게 보내는 편지를 찢는 행위는 한편으로 아내와의 진심 어린 소통을 거부하는 것이므로 사실상 강인호의 내면을 무진과 연결시킨다. 서울로 가면서도 연두의 편지를 끝내 버리지 않는 행동 역시 이를 뒷받침한다. 다른 한 통은 무진에서 온 편지이다. 「무진기행」에서는 무진이 침묵하지만, 공지영 소설에서는 무진이 '말'을 한다. 서유진의 편지는 청각장애아들이 자기존중을 배우게 되었고 힘겹지만 운동은 계속되고 있으며 '홀더(홀로 또 더불어)'라는 공동체를 통해 서서히 희망을 실현하고 있음을 전한다. 여기서 빠뜨릴 수 없는 것은, "우리의 귀도 네 소식을 그리워하고 있어. 혹시라도 우리에게 미안하다는 생각을 하는 것은 아니겠지? 우리는 짧은 기간이었지만 네가 보여준 헌신과 사랑을 기억하고 있어. 네가 우리를 잊었다 해도 우리는 네가 늘 그리울 거야(290~291면)"라는 포용과 사랑의 '말'이다. 공지영은 지식인의 두 가지 유형 혹은 한 개인의 두 가지 내면의 배치를 통해 이 시대를 살아가는 개인의 윤리에 대해 말하고자 한다. 『도가니』는 '지향해야 할 윤리'를 원경遠景에 놓는 것을 잊지 않음으로써 희망의 가능성을 탐색하는 동시에 '지양해야 할 현재'를 전경화하여 현실을 직시하고 부끄러움이라는 윤리를 보여준다.

사실 이런 측면에서 보면 이 작품에 위로의 수사가 전혀 없다고 할 수 없다. 서유진의 편지가 그를 감싸 안고 있지 않은가? '위로'는 투사鬪士일 수 없는 대다수의 사람들을 향하고 있는데 이 '위로'가 서술 층위에서도 진행됨으로써 강인호에 대한 연민이 두드러진다.

> 재수생인 명희가 이 주말 부대 앞으로 와서 그를 기다리고 있을 것을 알았지만 그는 당시 자신을 괴롭히던 상사와의 불화 때문에 거의 날마다 살인자가 되지 않기 위해 자신을 억제하는 데 온 힘을 쓰고 있었다. (…중략…) 스물다섯 살의 대한민국 육군 보병인 그는 미래를 전혀 예상할 수 없었고, 더구나 그 미래 속에 명희까지 넣어 생각하는 것은 너무 힘겨운 일이었다. (…중략…) 또 대학을 떨어졌다는 이야기였는데 말투는 의외로 담담했다. 그래서 그 담담함을 핑계로 그는 이제 그녀를 잊어도 괜찮겠다고 생각했고 죄책감을 덜었다. 가끔은 그녀가 행복해지기를 빌기도 했다. 그랬다. 그런데 그가 제대한 뒤, 학교에 같이 근무하던 선생이 소식을 전해주었다. 그녀가 그 겨울의 초입에 스스로 목숨을 끊었다고 말이다.
>
> — 공지영, 『도가니』, 259～260면

위 인용문은 강인호가 간과하고 망각했던 사실들 때문에 괴로워하면서 고등학교 제자였던 명희와 자신의 과거사를 회상하는 대목이다. 이 소설의 서술자는 스토리 바깥의 존재로 전통적 용어로는 이른바 전지적 작가시점을 보여준다. 『도가니』의 서술자는 (진실을 밝히는 과정은 인물들의 진술을 직접 보여주거나 행동을 객관적으로 묘사하였으나) 대체로 강인호의 시선을 통해 세상을 바라보는 초점화focalization 방식을 선택하였다. 특히 갈등하는 그의 내면을 서술할 때는 위 인용문에서 보는 바와 같이 거리distance 감각을 살리지 않고 그에게 밀착하여 서술하고 있다. 단적으로 "이 주말"이라는 것도 강인호의 입장에서 서술된 지칭이고, 대부분의 내용 역시 당시 행위를 변호하는 어조로 구성되고 있으며, 명희의 자살도 간접화법의 대상이었다는 사실을 분명히 한다. 그래서 위의 진술은 비망록 혹은 과거에 대한 알리바이는 될 수 있을지라도 '참회록'이라고 보기는 어렵다. 이는 강인호의 성찰이 자기 존재를 뒤흔들어 윤리를 확보하기보다는 흔들리는 자신을 추스르고 싶은 자기연민으로 흘러가고 있음을 드러낸다. 자기연민은 강인호에 대한 서술자의 연민 혹은 위로와 직결되어 있다.

4. '도가니-되기'를 향하여 : '당신을 잊지 않겠습니다'의 윤리

서울로 돌아간 강인호에게 '광란의 도가니'와 '시련의 도가니'는 결과적으로 도가니 바깥에서 바라본 인식론적 도가니였다. 과연 쇠붙이를 녹이는 '존재론적 도가니'는 가능하지 않은 것일까? 사실 이 작품 곳곳에는 이러한 '도가니-되기'가 실현될 것 같은 순간들이 있었다. "강인호는 순간 어떤 뜨거운 것이 끝없이 자신의 내부로부터 올라오는 것을 느꼈다. (…중략…) 그는 자신이 이 아이들과 이미 하나가 되었으며 이들과 운명을 같이하는 일이 하찮은 일이 아니라는 것을 깨닫게 되었다(210면)"라든가 "서유진의 얼굴에서는 그녀가 등지고 선 하늘처럼 푸른빛 같은 것이 뿜어져 나오고 있었다(155면)" 등에서 보는 바와 같이, 내부로부터 올라오는 '어떤 뜨거운 것'이나 뿜어져 나오는 '푸른빛' 같은 것은 쇠붙이를 녹이는 도가니의 이미지를 표상한다. 부패한 권력의 네트워크를 부정하면서 작가 공지영이 궁극적으로 지향하고 있는 것은 바로 이 '도가니-되기'라는 존재론적 전환이다.

그러나 작가는 무진에서 온 서유진의 편지를 "먼 등대 불빛처럼 깜빡거(278면)"리게 원경으로 놓아두되 대다수의 사람들이 처해 있는 지금의 현실을 직시한다. 생존 논리에 투항할 수밖에 없는 사람들에 대한 인식은 이미 이 소설의 도입부에 이렇게 암시되어 있었다. "안개의 품에 빨려 들어간 사물들은 이미 패색을 감지한 병사들처럼 미세한 수증기 알갱이에 윤곽을 내어주며 스스로를 흐리멍덩하게 만들어 버렸다(7면)." 이 문장은 사물들을 병사로 의인화하여 주어로 등장시키고 자기 파괴라는 형식으로 안개에 싸인 풍경을 묘사하고 있다. 이는 『도가니』의 결말과 호응을 이룬다. 공감적 윤리를 확보하지 못하는 한, 그 어떤 곳도 안개 자욱한 무진일 수밖에 없을 것이다. 부끄러움과 죄책감은 이에 따른 당연한 결과이다. 부끄러움과 죄책감이라면 「무진기행」에서 이미 보았던 것인데, 공지영은 여기서 한 걸음만 더 떼고 있다. 무진기행에는 없었던 장면, 즉 서울로 돌아온 인물의 내면을 그리고 있는 것이다.

> 서유진의 목소리가 그의 귓가에 들려왔다. 우리의 귀도 네 소식을 그리워하고 있어. 창밖을 응시하는 강인호의 눈이 어룽지면서 잔디밭에 앉은 흰

와이셔츠들이 그의 시야에서 뿌옇게 번져갔다.

그것은 안개 같았다.

— 공지영, 『도가니』, 291면

위 인용문은 결말의 마지막 부분이다. 눈물로 흰 와이셔츠들의 풍경이 뭉개져 무진의 안개 같아졌다는 강인호의 진술은 한편으로는 부끄러움과 죄책감의 표현이지만, 또 한편으로는 무진을 '잊지 않고 있다'는 의미이다. 게다가 바로 앞에 서유진의 목소리가, 그녀의 '말'이 들리지 않던가. 타자의 얼굴을 통해 타자의 윤리학을 주장한 레비나스의 언급은 여기에서 참조할 만하다. "얼굴은 붙잡을 수 없는 것이며 당신을 저 너머로 인도한다. (…중략…) 얼굴과의 관계는 곧바로 윤리다. 얼굴과 말은 서로 연결되어 있다. 얼굴은 말한다. (…중략…) 말을 하는 것은 일종의 인사요 다른 사람에게 인사한다는 것은 이미 그를 책임지는 것이다. (…중략…) 말을 하는 것은 응답하는 것이요 그를 책임지는 것이다."[7] 서유진의 목소리, 그녀의 말은 레비나스가 언급한 '말하기'의 윤리가 되어 타자에게 응답한다. 무진을 떠나간 강인호에게 서유진은 '그리워하고 있다'고 말을 건네고, 강인호는 '잊지 않겠다'는 것으로 응답한다. 자애학원 청각장애아들과의 첫 대면에서 강인호가 들려주었던 자끄 프레베르의 시 「밤의 빠리」 역시 "너를 내 품에 안고 그 모두를 기억하기 위해서"라는 '기억'의 키워드를 내장하고 있었다. 이렇게 부끄러움의 윤리는 '기억의 윤리'로 변환되면서 희망의 가능성을 탐색한다. 고故 노무현 전前 대통령의 노제에서 터져

7 엠마누엘 레비나스, 양명수 역, 『윤리와 무한』, 다산글방, 2000, 111~114면.

나왔던 "당신을 잊지 않겠습니다"라는 '응답'을 떠올려 보면, 그 대상이 '기억해야 할' 존재인 한, 무진의 서유진과 청각장애아들 역시 '당신'의 자리에 놓일 수 있을 것이다.

공지영은 『도가니』에서 문학의 정치성을 '윤리'의 문제로 구체화하고 있다. 작가가 추구하는 윤리는 시뮬라크르 너머에 존재하는 근원적인 가치를 지향한다. 이는 무엇이든 개인이 선택하면 곧 가치가 된다는 개인적 상대주의를 부정하며, 어떤 것이든 취향의 문제로 상대화하여 공준公準을 찾기 어렵게 만드는 이 시대를 비판하고 있다. 개인의 이익을 우선하는 것이 곧 모두의 이익을 추구하는 것이 된다는 논리가 사실 힘의 논리이며, 최대 다수의 최대 행복을 얻으려는 공리주의가 사회적 약자를 배제하고서야 가능한 것이라는 점을 『도가니』의 형상적 사유가 분명히 보여주고 있는 것이다. 작가는 글로벌 자본주의의 문화 정치가 구닥다리로 만들어 놓은 것들을 지금 다시 불러오고 있는 중이다.

물론 그 과정에서 공지영이 빠지곤 하는 함정이 있다. 윤리 그 자체가 문학이 될 수 없는 것은 당연한 이치인 바, 윤리가 서사를 압박하거나 서사적 목표가 인물들의 살아있는 면면을 놓쳐 버려 동시대를 사는 시민으로서의 새로운 진실을 끊임없이 발견해 나가지 못한다면 그것은 결국 문학의 존재 의의에서 멀어질 것이며 심지어는 과거를 되풀이할지도 모른다. 그리고 또 하나, 그녀가 가지고 있는 인간에 대한 신뢰가 자신의 산문집 제목처럼 '괜찮다, 다 괜찮다'라는 무조건적인 연민의 그물에 포획되는 것도 경계해야 할 것이다.

1980년대 문학을 겪은 바 있는 공지영은 일단 신중한 태도를 취하고자 한다. 당시 문학이 놓쳤던 것, 즉 개인을 억압하는 공동체주의를 지양하고자 하는 것이다. 이번 작품이 한국 사회의 기만적인 권력의 자기 보존 이데올로기를 고발하는 동시에 개인의 윤리 문제를 점검하는 것은 바로 그 때문이다. 기억한다는 것은 당장의 실천력에서 보면 매우 미약하거나 무력한 것일 수 있다. 그러나 촛불을 경험한 우리에게, 또 기본적으로 인간에 대한 신뢰를 가지고 있는 작가 공지영에게 '잊지 않겠다'는 강한 부정은 윤리를 구성하면서 하나의 실천적 행위가 된다. 그리하여 공지영의 『도가니』는 이 쿨한 척하는 사회를 가로지르며 뜨거워지고 싶어하는 텍스트라고 말할 수 있다.

기록하는 세헤라자드와의 비극적 연애

심윤경의 『이현의 연애』

1. 기록과 연애가 만들어내는 비극의 코드

작가 심윤경을 2000년대 문학의 '비주류'라고 한다면, 그것은 기왕에 지적된 것처럼 그녀가 문예창작과는 거리가 있어 보이는 분자생물학을 전공했고 문단에 익숙하지 않다거나 처음부터 장편소설에 주력했다는 점 그 이상을 말해야 할 것이다. 무엇보다 그녀의 인물은 최근 소설에서 익숙하게 마주칠 수 있는 인물군으로부터 멀리 서 있다. 주지하다시피 2000년대 소설은 나르시즘적 세계를 뚫고 들어오는 타자들을 의식하되 압도적인 자본주의 시스템에 태생적으로 무기력한 인물들의 실존을 보여주고 있다. 특히 무력한 백수의 형상으로 등장하곤 하는 이 '빈곤하고 왜소한 주체'는 2000년대 문학의 가능성과 한계를 동시에 발견할 수 있는 유력한 거점이다. 그들은 엉뚱한 상상력과 경쾌한 웃음, 위악적인 냉소 또는 무표정한 우울, 간혹 공감의 연대를 통해 이 시대 삶을 증명하고 현실의 표면을 탈주해 간다. 그런데 심윤경의 인물들은 무언가 좀 다르다.

물론 『나의 아름다운 정원』(2002)의 어린 '동구'와 『달의 제단』(2004)의 불우한 서자 출신 종손인 '상룡'도 역시 현실의 권력과는 거리가 먼 무력한 존재들이다. 그러나 그들에게는 특별한 '집요함'이 있다. 그 집요함이란 어떤 것에 자신을 '올인'하는 진지한 열정이다. 1970년대 말에서 1980년대 초 정치적으로 혼란스러웠던 시절, 가족의 불화 속에서 난독증을 앓던 '동구'는 글과 세상을 읽을 수 있도록 이끌어 주었던 '박영은 선생님'과 가족의 유일한 희망이었던 동생 '영주'를 기릴 수 있는 자신만의 아름다운 정원에 유년이라는 한 시기를 온통 헌사하였다. 한편, 가문의 광영을 위해 은폐되었던 추악한 진실 속에서 자신의 의지와는 상관없이 종손의 자리를 이어가야 했던 '상룡'은 집안의 허드렛일을 하는 흉한 몰골의 '정실'과 위험한 사랑에 골몰했고 그녀에게 자신의 모든 것을 던지게 된다.

심윤경이 주목하는 이들은 바로 이처럼 무력한 자신을 고스란히 던짐으로써 운명과 대면하고 세상과 만나려는 자들이다. 이는 작가의 문학적 태도에서 비롯된다. 여기저기 '쿨cool'이 넘치는 세상에서 심윤경은 "뜨겁게. 여한 없이 뜨겁게. (…중략…) 맹렬히 불타오르고 재조차 남지 않도록 사그라짐을 영광으로 여기는 옛날식의 정열을 다시 만나고 싶다. 그것이 요즘 유행하고는 한참 동떨어진 것이라 해도('작가의 말', 『달의 제단』)"라고 선언한 바 있다. 작가가 보기에, 모습을 달리하여 더 혹독해진 현실 한가운데에서 우리가 해야 할 일은 표면을 가볍게 미끄러지는 것이 아니라 그 속에 깊숙이 몸을 담그는 것이다.

이를 통해 무력한 존재는 역설적으로 세상에 대적한다. 그러므로 그녀가 말하는 "옛날식의 정열"이라는 것은 특정한 이념에 기댄 것도 아니고, 상투적이거나 보수적 성향을 띠지도 않는다.

"맹렬히 불타오르고 재조차 남지 않도록 사그라짐을 영광으로 여기는 열정"은 심윤경 식으로 말하는 '비극'의 정의라고 할 수 있다. 여기서 우리는 두 가지 요소를 발견한다. 하나는 온몸을 던져 자기를 극한으로까지 추동하는 것이고, 다른 하나는 종말 혹은 파국을 일종의 희생제의sacrifice로 변환하는 것이다. 이는 물론 서로 유기적으로 연관되어 있다. 『나의 아름다운 정원』의 결말에서 할머니를 만나러 그해 5월 광주로 간 박영은 선생님은 행방불명이 되고 불의의 사고로 동생 영주가 죽은 뒤 가족의 불화가 최고조에 이르자 열 살 동구는 엄마에 대한 그리움을 희생시키고 자신이 할머니와 고향 노루너미로 가서 살기로 결심한다. 한편 『달의 제단』에서는 할아버지가 상룡의 아이를 가진 정실을 무자비하게 내쫓고 가문을 위해 영아살해를 저질렀던 증거를 불태우자 상룡은 불붙은 효계당 지붕으로 올라가 가부장제의 존속을 위해 죽음으로 내몰렸던 여인들의 넋 앞에 자신의 몸을 던진다. 이는 누대에 걸친 종가의 횡포를 대속代贖하는 번제燔祭였다고 할 만하다.

심윤경이 보여주는 비극의 코드는 이와 같이 진지하고 열정적으로 운명에 대처하는 자세에 초점이 맞춰져 있다. 장편소설 『이현의 연애』(문학동네, 2006)는 평범하지 않은 연애라는 외관을 가지고 이 문제에 좀 더 적극적으로 육박해 들어간다. '영혼을 기록하는 여자, 이진'과 '영혼을 기록하는 여자를 사랑하는 남자, 이현'의 관계가 중심 서사를 이루고 그 사이사이에 '이진의 기록'이라고 명기된 단편이 삽입되어 있다. 생령生靈들의 이야기를 기록하는 데 모든 것을 바치는 이진이나, "운명적인 신비로움(19면)"에 이끌려 그녀를 격렬하게 사랑하게 되는 이현이 앞서 말한 것 같은 집요한 열정을 가진 것은 물론이다. 그들의 결혼 생활이 3년이라는 한시적인 시간으로 계약된 것이었다는 점, 이진의 아버지 '이세 공'이 예언하듯 경고하고 결혼을 만류했음에도 불구하고 이현이 받아들이지 않았다는 점, 또 영혼의 이야기를 기록한 이진의 노트를 들춰 봐선 안 된다는 금기가 결혼과 동시에 작동했다는 점에서 '이현의 연애'는 비극의 요건을 두루 갖추고 있다. 이 작품의 추동력인 '기록하고', '사랑하는' 두 사람의 행위는 과연 어떤 방식으로 비극을 완성하는가?

2. 영혼을 기록하는 여자, 혹은 2000년대 특별한 세헤라자드

'프롤로그'로 이 소설을 여는 여자, '이현'이 사랑하는 여자 '이진'은 매우 독특하다. 그녀는 자신을 "영혼을 기록하는 여자"라고 소개한다. 21세기 최첨단 과학기술이 열어 주는 이 화려하고 가벼운 시대에 영혼을 기록하다니? 그녀는 어렸을 때부터 외딴 집에 격리되고 정신병원을 들락거리며 아버지에게조차 증오의 대상이 되었다. 인정認定은 커녕 사람들에게 환영받지 못하는 작업을 고독과 적막 속에 이어가면서 스스로도 '왜'라는 질문에 답할 수 없었으므로 그녀는 이 일을 운명으로 받아들인다.

이진은 온 생애를 걸고 영혼들의 이야기를 기록한다. 목숨을 걸고 이야기해야 했던 존재, 이야기를 계속하는 한에서만 삶이 계속될 수 있었던 인물은 『천일야화』의 '세헤라자드'가 아니던가. 이런 점에서 이진은 2000년대의 특별한 세헤라자드라고 할 만하다. 그런데 심윤경의 세헤라자드는 이야기를 '말'하지 않고, '기록'한다. 기록할 수만 있다면 그 외의 것들은 어떠해도 상관없는, 그래서 그것은 이현의 헌신적인 사랑으로도 변화시킬 수 없는 절대적인 것이었다. 최소한의 일상생활 위에서 매일 11시간에 걸쳐 이루어지는 기록 작업은 때론 광란과 고사枯死 지경에 이르기도 하지만, 그녀는 그만둘 수 없다. 기록 행위는 2000년대 특별한 세헤라자드의 존재 근거이다. '나는 기록한다. 고로 나는 존재한다.'

> 기록이란 중요한 거예요. 원초적으로 그래요. 기록이 남지 않은 것은 어쩌면 존재하지 않았던 것이라고 볼 수 있지요. 아니라고요? 실존이란 엄연하고도 무거운 거라서, 지켜보는 눈길이나 기록하는 손가락 따위의 존재 부재로 달라지지 않는다고요? 당신은 그렇게 생각하나요. 나하고는 생각이 다르군요.
>
> 존재했던 엄연하고 무거운 현실도, 기록되지 않으면 사라져버립니다. (…중략…) 우리는 기억을 믿듯이 기록을 믿어요. 결국 기록은 존재를 대신해요.
>
> — 심윤경, 『이현의 연애』, 7~8면

'구술'하지 않고 '기록'하는 행위에는 간단치 않은 의미가 있다. 일회적이거나 유동적이지 않은 문자언어로 된 기록은 현란한 영상과 거대한 자본의 소용돌이 속에서 점점 더 희미해져가는 개인의 '존재 증명'이라고 할 수 있다. 위의 인용문에서 "존재했던 엄연하고 무거운 현실도, 기록되지 않으면 사라져버립니다"라는 진술은, 시간이 존재를 소멸시킨다는 사실을 거스르면서 실존적 개인이 자신을 증명할 수 있는 방법을 시사한다. 또한 이것은 소멸의 운명을 앞둔 유한한 존재가 불멸이라는 구원의 문제에 접근하는 일이다.

이진은 "오늘을 살아가는 평범한 사람들(8면)"의 생령을 불러들여 그들의 이야기를 기록한다. 이는 그 자체로도 낯설고 특이하지만, 좀 더 주목해야 할 것은 바로 기록의 방식이다. 이것이 사실과 행위가 초 단위로까지 기재되는 영수증 형태의 기록이 아닌 것은 물론이다. "나 자신이 그 영혼이 되어버리"는 방식, "옷을 입듯이 그의 육신을 입고 그가 살았던 시대, 그가 살아온 인생 속으로 들어가 그가 겪는 일들을 함께 경험하고 나의 일을 기록하듯이 그 영혼의 삶을 기록(8면)"하는 방식이 이진의 독특한 능력에 힘입어 가능해진다. 작가는 이진의 예외적인 능력을 통해, 타자를 주체의 원근법으로 전유하는 것이 아니라, 타자를 타자 그 자체로 만나는 어려운 길을 트고 있는 것이다.

이때 이진이 기록하는 타자들의 진실이란, 그들이 인식하고 있는 것은 물론이고 "밝히기 원치 않는 내밀한 감정과 사건(34면)", 의식하지 못했던 "영혼의 가장 어두운 밑바닥(285면)", "인류의 보이지 않는 이면들(269면)"까지 포괄한다. 그럼으로써 "절대적인 진실, 절대적인 감정, 절대적인 사건들(8면)"에 이르려는 진지하고도 야심 찬 기획은, 불안하게 흔들리는 이 시대에 구원의 문제를 제출하고자 한다. "사람들은 그녀의 향기를 맡으며 자신들에게 그런 때가 있었는지조차 잊고 있었던, 황금빛 시절, 그들이 완벽했던 시절로 돌아간 듯이 정화되고 들떴다(200면)"는 것도 이진의 마술적인 특별한 능력에서 구체화되는 구원의 가능성이다.

이 소설에서 이진은 "프롤로그 : 나는 이진입니다"에서만 직접 모습을 드러내고 대개는 이현의 시선을 통해 그려진다. 뛰어난 미모를 가진 이진은 이현에게 "피부에서 살구즙의 향기를 풍기고, 빙하에서 방금 피어올린 다갈색 구슬 같은 눈으로 바라보는 여인(21면)"이다. 그녀의 외양 묘사는 좀 더 다양한 형태로 나타나지 않고 이 같은 형태로 여러 차례 반복되는데, 이는 이진이라는 인물을 구체적이고 현실적인 모습으로 드러내기보다는 많은 것을 생략함으로써 신비로운 여인의 이미지로 드러내는 데 기여한다. "빙하의 음영과 오로라의 광채마저 무색하게 만들어 버릴(88면)", "인간의 체취로는 어울리지 않(89면)"는 그녀의 아름다움은 그 비현실적인 아우라 때문에 오히려 현실적으로는 철저하게 무력한 존재이다. 이는 역설적으로 어린 동구의 난독증難讀症(『나의 아름다운 정원』)이나 상룡의 태생적 비밀과 정실의 흉측한 외양(『달의 제단』)과 같은 차원이라고 말할 수 있을 것이다.

3. 이진의 기록, 혹은 임계점critical point에 이른 삶의 예증들

이진은 낡은 자주빛 카우치에 앉은 영혼 안으로 스며들어 그들의 내부를 기록함으로써 그들을 파악하고 위로한다. 그녀는 어떤 이야기를 가진 존재들을 불러들이는가? 중심 서사 사이에 삽입된 네 편의 "이진의 기록"에는 각기 성별, 나이, 성격, 직업 등이 상이한 사람들의 이야기가 기록되어 있지만 그럼에도 불구하고 거기에는 일종의 공통점이 있다. 그들의 이야기는 대체로 비가 내리는 우울한 배경 위로 삶의 임계점에 이른 사람들의 '어두운 밑바닥'을 드러낸다.

「토토로의 집」에서 '나'는 비 내리는 초겨울, 남편과 아이들이 이사한 외딴 시골집으로 간다. 파산한 남편은 자동차까지 팔아 대학기부금으로 내놓고 교수가 될 날을 기약 없이 기다리고, '나'는 가족의 생계를 위해 지방 군무원으로 재취업하였다. 버스 끝에 매달려 간신히 도착한 집은 어린 두 딸의 상상처럼 미야자키 하야오의 애니메이션 〈이웃집 토토로〉에 나오는 것 같은 거목 곁에 납작하게 엎드려 있다. 그녀는 극심한 피로로 인한 현기증과 구토감을 겨우겨우 견뎌가면서 아이들의 그리움을 만나고, 젊은 남편의 욕망을 만난다. 그리고 그녀의 독백. "치밀어오르는 눈물만은 참으려고 이를 악물어보는데, 발가벗고 돌아누워 부끄러움을 삼키는 이 밤은 언제 끝날까? 토토로라면 혹시 알까?(69면)" 이는 더 이상 어찌해볼 수 없는 막다른 현실에서 "대책 없는 무력감(68면)"과 극심한 육체적 고통, 그에 못지않은 모멸감과 죄책감과 부끄러움이 한데 엉킨 삶의 임계점에서 새어나온 신음이다.

「라 캄파넬라」에서 '나'와 작은 오빠는 서쪽으로 몰려가는 먹장구름을 뒤쫓듯 빨간색 스포츠카를 타고 질주한다. 오빠는 수십 억의 빚을 지고 가족들의 증오를 사고 있지만 본인은 아랑곳하지 않고 늘 그렇듯 스피드를 쫓는다. 결혼 10년째 불임으로 아이를 포기한 '나'는 무심한 척하지만 실은 세상의 관습적인 눈총에 시달리고 있다. 월광 3악장을 틀어놓고 폭우 속을 달리던 '나'는 예기치 못한 이상한 기운에 휩싸여 차의 지붕을 열고 쏟아지는 비를 맞으며 다음번엔 바이올린을 가져오겠다고 소리 지른다. "방향을 알지 못하고 달리는(117면)" 차의 운명과 같이 그녀는 자신의 광기狂氣에 전율한다. "빗방울의 소멸은 참 쿨하기도 하지. 사람의 목숨도 투명한 셀로판테이프처럼 원하는 길이로 착착 끊어져주면 얼마나 좋을까. 사라질 때 집착이나 슬픔 따위 구질구질한 찌꺼기는 남기지 않고 물방울처럼 투명하게. 빗방울처럼 유쾌하게(114면)." '폭주영혼(잡지에 게재할 당시 이 작품의 제목)'의 광기는 죽음의 유혹에 휩싸여있다.

「창세기」는 불의의 사고로 가족을 모두 잃은 젊은 부목사의 종교적 탐문을 통해 좀 더 관념적으로 고통을 해석하고 초월의 길을 모색한다. 개인의 복을 빌고 맹목적인 믿음을 요구하는 기존의 대중적 신앙을 수용할 수 없었던 젊은 부목사는 자신의 의도와는 상관없이 신자들에게 성인 혹은 위선자로 불리면서 더욱 더 자신의 질문(신이 전지전능하다면 왜 세상에 악이 존재하는지, 왜 신은 고통과 재난에서 사람들을 구원하지 않는지, 또 왜 불운은 거듭 닥쳐오는 것인지 등)에 골몰한다. 마치 '사탄이 번개처럼 떨어지듯' 폭우와 우뢰가 내리꽂히던 날, 그는 "인간을 신에게 닿게 할 신앙의 빠진 고리(185면)"에 대한 실마리를 더듬는다. 인간이 낙원을 떠난 것은 악의 유혹에 빠진 것이 아니라 신의 형상을 닮은 자답게 다른 삶을 살아야 한다는 의지에서 출발한 것이며, 그들이 뜻을 이룰 때까지 고귀한 선택을 훼손시키지 않고 존중해 줄 것을 약속한 신의 뜻이 바로 지금의 "무력無力한 신의 영원한 침묵(192면)"을 낳았다는 결론을 통해 그는 인간적 고통의 임계점에서 초월의 문을 더듬어 찾고 있다.

「외알 안경을 낀 사나이」에서 재정경제부 장관이자 부총리인 '나'

는 국정감사 기간에 형의 갑작스런 방문을 받고 자기 안에 오래도록 감추어 왔던 부끄러운 욕망의 기억을 떠올린다. 그의 내부에 감춰져 있던 것은 바로 형의 장난스런 음모에 휘말려 수음을 하게 되었던 성장통의 현장이었다. 그런데 거기에는 단순한 성장통이 아닌 흔적이 있었다. 그가 성욕의 정점으로 치달았던 것이 여자의 나신에서 유발된 것이 아니라 형의 탄탄한 근육과 튼실한 남성男性을 목격하면서부터였기 때문이다. 그 순간은 자신에 대한 수치심과 형에 대한 증오로 바뀌어 깊숙한 기억의 창고에 묻히게 된다. 그런데 정치적 성공의 정점에 오른 자리에서 이 욕망이 불안한 형태로 서서히 드러나기 시작한 것이다. "우리 사이에는 전생 이전부터 연결되어온 보이지 않는 가느다란 끈이 이어져 있는 것일지도 모른다(243면)"는 고백적 진술은 이현에 대한 정치적 관심으로 포장되어 있어 선명하게 의식되지 않지만, 그 속에는 그를 파멸로 이끌지도 모를 불합리한 욕망이 자리를 잡아가고 있었다.

혹독한 무력감, 예상하지 못한 광기, 고통과 구원의 매개를 찾으려는 절박한 물음, 무의식에 잠겨있는 불합리한 욕망은 모두 파국이 눈앞에 닥쳐와 있는 임계점의 증상들이다. 그들은 윤리적 정당성을 치죄할 수 없는 인물들이다. 설령 '미쳤다'고 할 수 있을지는 몰라도 '나쁘다'고 하기는 어려운 존재들인 것이다. 「라 캄파넬라」에서 수십 억의 빚을 지고도 아랑곳없이 속도에 집착하는 작은 오빠의 경우가 그러하다. '나'는 그가 가족 안에서 고립되어 있는 이유를 생각해 보지만 딱히 집어낼 수가 없다. 오히려 "우리 가족들은 우리에게 찾아오는 불명예와 위기가 모두 작은오빠 때문이라고 생각하기를 좋아하고, 나름대로 영특한 작은오빠는 어찌 된 일인지 이런 말도 안 되는 편견을 모두 합리화시킬 만큼 덜떨어진 짓을 하면서 살아갈 따름이다(105면).” 오히려 그는 불안한 영혼들의 도피처 역할을 감당하고 있는 것이다. 이렇게 이진의 노트에는 합리적으로 설명할 수 없는 불가해한 운명과 한 개인으로서는 어찌해볼 도리가 없는 참혹한 고통에 절여진 존재들의 이야기가 기록되어 있다. 네 편의 기록은 이현과 이진의 관계를 풀어내는 중심 서사에 삽입되면서 포섭되는 거울 텍스트로서, 임계점에 이른 삶의 예증으로 기능한다.

4. 타자의 윤리와 치명적 연애

이진의 기록이 극한에 내몰린 삶을 예증한다면, 이를 감싸고 있는 중심 서사는 치명적인 사랑의 과정을 통해 임계점에 처한 자의 자세를 보여준다. 이는 주로 이진을 사랑하는 이현의 내면과 행동을 통해 나타난다. 개체의 경계가 지워지는 국면을 맞이한다는 점에서 모든 사랑은 치명적인 것인지도 모른다. 이현의 경우는 이 치명성을 운명적으로 극화劇化, 極化한 예라고 할 수 있다. 아름다운 여인을 향한 첫사랑이 그녀의 결혼식에서부터 시작되었다는 유년의 기억은 '존재가 곧 상처'라는 점을 암시한다. 그 기억이 이진을 통해 되살아나면서 이현의 삶은 임계점을 향해 가기 시작했다.

어린 시절 보았던 바로 그 여인이라고 착각할 만큼 흡사한 여자를 구내매점에서 본 후 이현은 "신비롭고 운명적인 무언가가 닥쳤다는 사실을 본능적으로 직관(16면)"하면서 그녀에게 매혹되었다. 빛바랜 결혼사진 속의 신랑 신부가 이진의 부모였다는 사실을 알게 되고 기록을 둘러싼 이진의 내밀한 사정을 들은 그는 3년간의 계약결혼을 제안한다. 아침과 저녁으로는 이현의 평범한 아내로, 낮 동안은 영혼과 마주앉아 그들의 이야기를 기록하는 이진과의 기이한 결혼생활이 시작된 것이다.

이현의 결혼이 문제적인 것은, 영혼의 이야기를 기록하는 특별한 여인과 3년이라는 시한부로 인연을 맺었다는 점, 그리고 예언의 성격을 띠는 이세 공의 위협적 경고를 그가 외면했다는 점 때문이다. 방계 왕족의 아들로 태어나 약 십여 년에 걸친 활발한 시작詩作 활동으로 주목받았던 이세 공이 돌연 절필하고 은둔을 고집한 저간의 사정은 밝혀져 있지 않다. 이진의 진술로 미루어 보면, 언제나 먼 곳을 바라보는 무심한 시선에 이 세상 사람이 아닌 듯한 아름다움을 지닌 신부와 연관된 것이라는 점을 어렵지 않게 짐작할 수 있다. 문학사적 업적으로 칭송되던 시인이 더 이상 서정시를 노래할 수 없었던 정황은 이제 이현 앞에 나타난 이세 공의 끔찍한 몰골이 대신 설명해 주고 있다. "섬세하게 근육을 발라낸 골격 표본처럼 극도로 야윈 몸으로, 이세 공은 느리고 부자연스럽게 움직였다(70면)." 우람한 뼈대의 젊은 비서가 떠먹여주는 묽은 죽을 간신히 받아먹으며 아주 작은 움직임만으로도 "매순간 고통에 갉아먹히는 이세 공(206면)"은 그 존재 자체가 이현에게 경고의 메시지이다. 그러나 이현은 경고를 거절할 의지를 스스로 다지기 위해 이세 공의 경련성 기침으로 오물이 튄 음식을 남김없이 다 먹어치운다.

이현의 결혼생활은 이세 공의 예언, 즉 "오랫동안 의문과 싸워야 하고 모욕을 참아내야 하는 일(74면)"을 하나씩 실천하는 과정이었다고 할 수 있다. "이세가 조언하지 않는 이상 답을 얻기 어려운 모호한 수수께끼가 온전히 제 몫으로 남겨진 것(81면)"을 알면서도 가는 어리석은 의지, 그리고 그 모호한 수수께끼. "우주에서 떨어진 한줄기 광채처럼 희귀하고 아름다웠던(293면)" 아내의 천진한 미소와 살구즙 향기 속에 깊이 파묻힐 수 있는 대신 이현은 보답 없는 헌신과 의문과 모욕을 지불해야 했다. 극도의 채식주의자인 이진의 식탁을 감수해야 했고, 이진에게 다양한 세상을 경험시켜 주려는 노력들이 수포로 돌아가는 무력감에 전율하면서도 견뎌야 했다.

이 소설의 중심 서사인 '연애'의 외관을 걷어보면 거기에는 타자를 만나는 두 가지 방식의 대결 구도를 찾아볼 수 있다. 이 문제를 살펴보기 위해 여기서 잠시 이 소설의 구조를 눈여겨봐야 한다. 이 소설은 크게 두 가지 층위를 가지고 있는데, 하나는 '이진의 기록'이라고 명기된 다양한 사람들의 이야기 층위이고, 또 하나는 이진의 기록을 감싸면서 주로 이현의 시선으로 바라본 이진에 대한 이야기 층위이다. 그런데 「프롤로그 : 나는 이진입니다」에서는 이진이, 「에필로그 : 나는 이현입니다」에서는 이현이 직접 서술한다. 그러면 이 둘 사이에 있는 「이현, 이진을 만나다」, 「영혼을 기록하는 여자」, 「늪지의 고양이」, 「은둔자」, 「나는 그를 사랑했다」의 서술자는 누구인가? 여기서 좀 모호하고 복잡해지는데, 「이현, 이진을 만나다」 등 앞의 네 개 장章에서는 스토리 외부의 서술자가 주로 이현의 시선을 통해 이진과의 관계를 서술하는 데 반해, 「나는 그를 사랑했다」에서 서술자 '나'란 바로 '그(이현)'를 사랑하는 늙은 부총리이다. 게다가 이진의 네 번째 기록인

「외알 안경을 낀 사나이」가 부총리의 이야기였는데 곧 이어 상위 층위인 「나는 그를 사랑했다」가 부총리의 1인칭 서술로 진행되면서 그가 이현과 이진을 옆에서 관찰하는 이야기(심지어 그들의 정사를 지켜보며 이현의 흐트러진 머리칼을 쓰다듬는 불온한 욕망까지)를 하고 있는 것이다. 이와 같이 이야기 층위narrative level를 넘나들거나 서술상황을 불규칙하게 배열하는 장치가 혼란을 주면서도 묘하게 반전과 위기를 꾀하면서 주제를 조성하는 것은 이진의 기록 방식 덕분이다. 스토리 외부의 서술자로서 이현을 초점화focalization하거나 부총리를 1인칭 서술자로 하거나 간에 이는 모두 "나 자신이 그 영혼이 되어 버리"는 기록 방식의 서술적 변종인 것이다. 마치 빙의되듯 타자를 타자 그 자체로 만나는 이진의 기록 방식은 주체가 타자를 전유하지 않는 태도를 상징한다.

이제 타자를 만나는 두 가지 방식의 문제로 돌아가자. 이 소설에서 이현과 이진의 관계는 인간 소통의 상징적 형상이다. 이현에 대한 이진의 태도가 '기록'의 방식이었다면, 이진에 대한 이현의 태도는 '연애'의 방식이었다고 할 수 있다. 다시 말해 이진의 '기록'이 주체의 바깥에 있는 타자를 타자 그 자체로서 만나는 방식이었다면, 이현의 '연애'는 주체가 타자를 자신의 영역 안으로 동화시키는 방식이라고 할 것이다. 이현은 이진에게 다음과 같은 것을 바란다. "이진이 이현에게 집착하고 그가 다른 여인에게 마음을 빼앗길까봐 불안해하는 것. (…중략…) 이진이 질투하고 울고 화내며 그의 해명과 맹세를 요구(149면)"하기를, 그리고 약속을 깨고 "불현듯, 이진이 동의하기만 한다면 어쩌면 아이를 낳아도 좋지 않을까(201면)" 하는 것을. 이러한 과정은 이현이 살구즙 향기를 전신에 휘감은 신비로운 이진을 자신의 일상으로 끌어내리고 전유하려는 것이다. 이현은 에필로그에서 "나는 그녀에게 헌신했노라고 믿었지만 기실 그것은 얄팍한 자아도취에 불과했습니다(297면)"라고 고백하고 있지 않은가. 타자를 만나는 방식의 대결 구도에서 이현의 방식이 결국 이진의 기록을 찢어버리는 "배신"을 행함으로써 그는 파국의 운명을 고스란히 지고 가야 했다.

5. 불합리한 삶 앞에 선 인간의 비극적 정신을 위하여

'이현의 연애'는 예고된 비극을 실천하는 과정이었다고 할 수 있다. "지옥의 고통이 어떤 것인지 남김없이 보여주는(78면)" 이세 공의 경고를 거절하고 답을 얻기 어려운 모호한 수수께끼를 자신의 몫으로 하여 이진과 결혼한 이현은 의문과 싸우고 모욕을 견디다 결국 스스로 금기를 깨고 파국을 맞는다. 그러나 비극이란 단순히 슬프고 비참한 고통만을 가리키지 않는다. 이진이 미처 완성하지 못한 기록을 이어 쓰는 행위를 통해 이현은 비극의 운명을 당당히 맞이한다. "내 이름은 이현"으로 시작하는 '에필로그'는 비극적 정신에 거는 작가의 기대와 신뢰를 생생하게 보여주고 있다. 이 결말은 자신의 두 눈을 찌르고 장님이 되어 길을 떠나는 오이디푸스의 절규를 떠올리게 한다.

> 아이를 잉태시킨 것이 나의 정액이 아니라 나의 배신이었음을 깨달았을 때 나에게 휘몰아친 격렬한 통증을 어떻게 설명할 수 있을까요. 골격과 관

절들이 한꺼번에 맷돌로 으깨어지는 듯이 고통스러웠습니다. (…중략…) 이미 죽어버린 장인을 제외하고 아무도 나를 이해할 수 없다는 사실을 나는 깨달았습니다. (…중략…) 말로 형언할 수 없이 보람되고 기쁘던 그 사랑은 지금 어디로 간 것일까요? (…중략…) 부총리에 대해 얼토당토않은 이야기를 적어놓았던 노트의 그 마지막 부분을 찢어버린 것은 물론 그녀와의 약속을 저버린 것이긴 합니다만, 지극히 인간적이고 악의적이지 않은 일에 불과했습니다. (…중략…) 그것 때문에 이렇듯 갑작스럽게 파국이 찾아오리라는 것을 아무도 나에게 귀띔하지 않았습니다. 누구든 붙잡고 나의 억울함을 호소하고 싶었습니다. 내가 저지른 단 한 가지의 감정적인 실수 때문에 오랜 시간에 걸친 선의와 헌신들이 한꺼번에 무위로 돌아가고 이렇듯 잔인한 방식의 징벌을 감수해야 한다는 것은 말도 되지 않는 일이었습니다. 누가 이따위로 엉터리없이 부당한 계획을 세운 것입니까? 신입니까? 운명입니까? 그것이 무엇이든 나는 따지고 싶었습니다. 항의하고 싶었습니다. (…중략…)

모든 것을 뒤늦게 깨달은 자의 견디기 힘든 회한으로, 나는 이 노트의 마지막을 기록합니다. (…중략…) 이 세상에는 어린 아기가 되어 다시 태어난 이진과 나, 둘만이 남았습니다. (…중략…) 이진이 죽은 뒤로, 그녀는 자주 꿈자리에 나타납니다. (…중략…) 나는 그게 사랑이었노라고 지금도 믿고 싶습니다. 우리가 서로 사랑했노라고. 하지만 이진이 죽은 뒤에야 새롭게 명료해진 나의 두뇌는, 그것이 사랑이 아니었노라고 스스로에게 속삭입니다. (…중략…) 나는 그녀에게 헌신했노라고 믿었지만 기실 그것은 얄팍한 자아도취에 불과했습니다. (…중략…) 이진을 향한 사랑이 보답없는 영원한 헌신만을 의미하는 것을 알았더라도 그녀를 사랑했을지, 그것은 애초 의문입니다. (…중략…) 영혼을 기록하는 여자와 결혼한 남자의 당연한 몫인 듯, 고통에 기대어 살아가야 하는 것이 나의 남은 운명입니다. (…중략…) 중요한 것은 내가 공포와 분노를 감추고 이진의 딸을 성의껏 키우려 노력하고 있다는 점입니다. (…중략…) 성공의 여부를 모르는 대로, 희망에 들떠 일단 걸어가는 것이 인생이 아니던가요? 그러므로 육신과 정신의 고통을 이기고 이세 공의 전철을 밟지 않고자 결심한 나의 이름은 기록될 가치가 있습니다. 나의 이름은 이현. 영혼을 기록하는 여자를 사랑했던 남자.

— 심윤경, 『이현의 연애』, 290~301면

이현이 이진의 기록을 찢어버린 아침, 존재의 근거를 빼앗긴 이진은 두꺼운 이불 속에서 죽음을 맞는다. 병원에서 말한 이진의 사망 원인은 임신중독증이었고 6개월 된 태아는 인큐베이터에 들어간다. 불임수술을 받았던 이현은 그 아기가 '기록'의 지속을 위해 "이진의 뱃속에서 홀로 잉태되어 태어난 작은 이진(290면)"이라는 것을 알아본다. 이진의 죽음은, 손상된 기록에 대해 속죄하고 공정하고 온전한 기록의 재생을 불러오는 일종의 희생제의와 같다.

위에 길게 인용한 '에필로그' 부분은 파국을 맞은 이현의 동요하는 내면, 고통스러우면서도 당당한 정신의 기록이다. "내가 기록하지 않으면 사람들은 이진이라는 여자가 이 세상에 살았던 것조차 쉽사리 잊어버릴 테니까.(287면)" 이진의 존재 증명을 위해 기록을 계속하겠다는 이현, 그에게는 여전히 이진에 대한 사랑이 남아 있다. 그는 예고된 비극이 실현되는 것을 격렬한 통증으로 느끼면서 깊이 신음하기도 하고, 자신의 행위가 부도덕한 것이기보다는 인간적인 것이었다고 항변하기도 하며, 자신의 헌신적 노력이 무위로 돌아가고 오히려 징벌을 감수해야 한다는 사실을 부정하기도 한다. 이현은 이진의 노트를 마저 채우면서 이진을 사랑하고 이진에게 분노하는, 혹은 자기 자신을 증오하고 스스로를 항변하는, 혹은 좌절하면서 의지를 가다듬는 양가적 심리를 생생하게 드러내고 있다. 에필로그는 사랑과 증오, 좌절과 재생의 의지가 뒤섞이는 이현 자신의 존재 증명이다. 그리하여 결국 그는 공포와 분노를 감추고 이진의 딸을 키우겠다는 결심을 하는데, 이는 기록의 지속을 위해 자신의 고통을 감내하는 희생제의적 성격을 갖는다. 이렇듯 기록과 연애의 극한으로 자신을 몰아간 이진과 이현은 각자의 자리에서 희생제의를 수행하고 있다. 그리하여 "성공의 여부를 모르는 대로, 희망에 들떠 일단 걸어가는 것이 인생이 아니던가요? 그러므로 (…중략…) 나의 이름은 기록될 가치가 있습니다"라는 데 오면 불합리한 운명, 스스로 실천한 파국을 정면으로 대면하는 당당한 비극적 정신을 보게 된다.

작가 심윤경은 이번 소설에서 육신과 정신의 분리라는 이분법을 감수하면서도 자신 있게 자신의 인간관과 문학적 태도를 드러낸다. 진지한 열정과 진리 탐색이 마치 지난 연대의 후일담처럼 여겨지는 이 시대에 그녀는 비극의 정신을 당당하게 들고 나와 가벼운 현실을 암묵적으로 비판하고 있다. 예고된 경고들이 하나 둘씩 실현될 때 갈등과 치부를 감추지 않고 그 앞으로 나아가 당당하게 자신을 바치는 정신, 성공을 장담할 수 없지만 끝까지 고통과 함께 가겠다는 존재의 모습을 작가는 유려한 언어를 통해 과감하게 제출하고 있는 것이다. 이 소설은 단순히 고통과 슬픔이라는 감정이 아니라 이것이 있어야 드러날 수 있는 비극적 정신에 초점을 맞추고 있다는 점에서 중요한 의미를 지닌다. 그것은 비극적 정신을 원천적으로 방해하거나 해체시키려는 이른바 후기 자본주의 시대의 교묘하고도 참혹한 무대 위에 과감하게 서려는 것이기 때문이다.

그러면 타자를 타자 자체로 만날 수 있는 가능성은 정녕 불가능한 것인가? 이진이 과장된 수사로 신비하게 묘사되어 있다든지, 영혼을 기록하는 방식이 그녀가 옷을 입듯이 타자의 육신을 입고 그 인생 속으로 들어가는 마술적 방법으로 이루어진다든지 하는 점들을 보면 작가는 그 현실적인 불가능성을 전제한 듯하다. 제목도 '이현의 연애'인 바, 궁극적으로 이 작품은 이현의 태도와 방식에 관심이 집중되어 있다. 그렇다면 과연 오늘날의 세헤라자드는 비현실 속에서만 존재할 수 있는 것인지 질문을 던지고 싶다. 이는 소설의 시대적 배경에 대한 독자의 적극적인 요구와도 맞닿아 있다. 『나의 아름다운 정원』이 1970년대 말에서 1980년대 초에 이르는 과거의 시간을, 『달의 제단』이 '효계당'이라는 과거의 공간을 가져왔다면, 『이현의 연애』는 현재의 시공간을 배경으로 하고 있다. 이현이 재정경제부에 다니고 있다는 설정도 정치와 자본이 상호 개입되는 현재를 불러오는 것이며, 재정경제부 장관 겸 부총리가 등장하고 국민연금기금과 관련한 국정감사 관련 장면이 연출되는 것도 그러한 연장선에 있다. 그러나 비극적 정신의 보편적 가치에 초점이 맞춰짐으로써 이 같은 현실성은 뒤로 물러나 있다. 작가의 열정과 관심이 '옛날식 정열'을 넘어 보편성을 띠면서도 '2000년대 식 정열'이 되기 위해서는 동시대에 대한 개성적인 탐색이 필요하다. 그리하여 비주류의 가능성을 적극적으로 보여주고 있는 작가 심윤경의 문학적 기록은 계속될 것이다.

그들의 애도mourning, 웃음의 윤리

윤성희의 「웃는 동안」

1. 왜소한 인간의 극단極端 혹은 작은 유령

죽은 자는 말이 없다? 아니다. 작가 윤성희의 소설에서는 '죽은 자'가 자꾸 말을 한다. 가족들의 여행에 동행한 죽은 딸(「하다 만 말」), 수학여행 중 죠스바를 먹다 버스 사고를 당해 죽은 네 명의 친구들(「어쩌면」)이 스스럼없이 작품 전면에 등장해 이야기를 한다. 「웃는 동안」(『웃는 동안』, 문학과지성사, 2011)에서도 6개월 시한부 선고조차 채우지 못한 채 죽은 서른 살의 '나'가 화자로 나온다. 죽은 자가 말한다고 해서 이 소설들이 그로테스크한 분위기를 자아내지는 않는다. 윤성희가 그리는 '죽은 자'는 소름끼치는 귀신이 결코 아니며, 민중과 함께 울고 웃는 도깨비도 아니고, 설명할 수 없는 기괴한 미스터리도 아니다. 굳이 말해 본다면, '아주 작은 유령'이랄까?

물론, 죽은 자가 화자인 소설이 이제껏 없었던 것은 아니다. 또 유령이라는 관념 자체가 인간이 삶의 연장선에서 상상해낸 것이므로 대개의 경우 인간의 희로애락을 체현하고 있다. 그러나 윤성희가 그리는 유령은 우리가 익히 봐왔던 위협적인 영적 존재와는 사뭇 다르다. 생전 모습 그대로이되, 위협적이기는커녕 온몸의 기운을 모아야 겨우 탁구공을 흔들(「하다 만 말」) 정도이며, 산生 자들 옆에서 그저 일방적으로 혼자 중얼거리거나 표정을 지을 뿐("십 분이면 갈 수 있는 거리인데 택시를 타다니. 나는 좀 고마웠다", "성민 말에 나는 실망스러운 표정을 지었다", 「웃는 동안」)인 무력한 존재이다. 또한 마치 자신이 죽은 것을 모르는 것처럼, 미처 다 하지 못한 삶과 두고 떠난 자들에 대한 미련이나 안타까움, 원한이나 통곡이 그들에게는 없다. 오히려 담담하다 못해 경쾌하다. 다음과 같이 표현되는 죽음의 순간을 보라. "누군가 돋보기로 나를 내려다보았다. 나는 아주 작아졌다. 개미처럼. 누군가 후우 하고 입바람을 불자 내가 날아갔다. 날아가면서 나는 생각했다. 다시는 눈을 뜨지 못할 거라고(「웃는 동안」, 69~70면)." 순식간에 입바람에 날아간 개미처럼, 인물은 현실을 거역할 수도 없고 슬퍼할 새도 없어서 그냥 가볍게 날려가는 아주 작은 존재이다.

이렇게 동화적인 상상력을 동반하면서 한 존재의 소멸이라는 비극적 사건은 그 심각한 우울을 떼어내고 가볍게 경계를 넘어 날아오른다. '나'의 장례식장에 갈 복장을 마련하는 친구들에게 생전의 약속처럼 선글라스를 사라고 옆에서 중얼거리다 "치사하게, 녀석들은, 선글라스는 생략하기로 했다"고 말하는 어리석은 듯 유쾌한 존재가 바로 윤성희 식式 유령이다. 그러므로 그녀가 그리는 '작은 유령'은, 작가 이름을 가리고도 금방 알 수 있는 윤성희의 독특한 세계에 사는 '왜소한 개인'을 끝까지 밀고 나간 형상이라 말할 수 있다. 그래서 독자는 "(나의) 발인을 마치고 집으로 돌아가는 길에 녀석들은 소나기를 만났다(74면)"라고 말하는 화자가 낯설면서도 친근하며, 화자의 시선을 통해 삶 바깥에서 일상을 바라볼 수 있는 관찰과 성찰의 거리를 확보하게 된다. 애도mourning의 대상이 애도하는 주체를 바라보는 이 뒤집힌 세계에서 애도의 질적 전환이 일어나는 것이다.

2. 낡은 소파를 옮기는 길, 혹은 슬픔을 유희화하는 애도

최근 젊은 작가들의 작품에 나타나는 '길 모티프'는 기존의 방식과 다른 점이 있어서 흥미롭다. 그들의 '길'은 뚜렷한 목적지를 알 수 없거나 기약할 수 없고 반복적이거나 소모적이다. 취직에 거듭 실패하는 두 청년이 지하철 순환선을 타거나(김중혁, 「유리방패」), 줄 끊어진 애드벌룬을 잡으러 쫓아가고(박민규, 「굿바이, 제플린」), 성탄절을 맞아 가난한 연인이 모텔을 찾아 전전하는(김애란, 「성탄특선」) 길은 시작도 끝도 없는, 마치 출발과 목적의 두 지점이 잘려나간 듯한 '떠도는 길' 혹은 '돌고도는 길'을 보여준다. 이는 목적지향성이 소거된 길이라고 할 만한데, 이러한 특성은 「웃는 동안」에 나타나는 '낡은 소파를 옮기는 길'에서도 발견할 수 있다. 단, 그녀의 소설은 길 위에서 동행자들의 커뮤니케이션을 부각하고 있다는 점이 좀 다르다.

그간 보여줬던 소설들에서 늘 윤성희의 시선이 가 닿은 곳은 고립된 삶을 안고 사는 사람들이었으며, 그 원인은 대개 가족의 문제와 연관되어 있었다. 「웃는 동안」의 '나' 역시 의지가지라고는 큰형밖에 없었던 외로운 청년이다. 그러나 그나마도 다단계 판매 때문에 돈을 날려 큰형의 차를 몰래 판 후 연이 끊어지고 말았다. 아버지의 소식이 끊기고('나'가 죽고 나서야 아버지가 캐나다에 살아있다는 것을 알게 된다) 어머니가 죽은 후, 되는 일 하나 없이 혼자 살아가야 했던 인물은 서른이라는 젊은 나이에 큰 병에 걸려 죽고 만다. 이렇게 그의 생애는 비극적으로 요약된다. 그러나 이 작품에서 정작 중요한 것은 그의 죽음 자체보다는 그의 죽음을 받아들이는 친구들과 자기 자신의 태도이다.

이는 세계를 인식하고 현실에 대처하는 방식의 문제인데, 대개 윤성희의 인물은 개인으로서는 어찌해볼 도리가 없는 위압적인 환경에 처해 있다. 아이를 낳다 엄마가 죽고 아버지가 심장마비로 객사하며(「유턴지점에 보물지도를 묻다」), 어머니가 멀리 떠나 행방불명이 되고(「감기」), 어렸을 때 낯선 여자를 따라온 뒤 부모를 영영 놓쳐 버렸거나(「만년 소년」) 집안 경제를 책임질 사람이 아무도 없다(「그 남자의 책 198쪽」). 또 교통사고를 당하거나(「어쩌면」) 본의 아니게 자기 대신 다른 누군가가 죽곤 한다(「무릎」). 그곳에서는 생래적인 것, 혹은 자신의 의지와는 관계없는 우연한 것들이 치명적인 길을 내고 있다. 도무지 변경할 수 없는 것들로 첩첩이 둘러싸여 있는 그들은, 대결 의지를 보이는 근대소설의 문제적 개인이 되기보다는 일단 자신의 환경을 현실로 받아들이는 순응적 인물이 된다.

그런데 그런 인물이 자신과 비슷한 사람들을 만나면 묘한 질적 변화가 일어난다. 그 기미는 이미 「유턴지점에 보물지도를 묻다」의 '나,

Q, W, 고등학생'의 유대紐帶에 나타난 바 있는데, 「웃는 동안」에서도 네 명의 친구들이 모여 이루는 그들만의 커뮤니케이션이 작품의 주제와 정조를 만들어낸다. 이 소설에는 '나'를 비롯하여 친구 '성민, 영재, 민기' 이렇게 네 사람이 등장하는데, 그들은 재수생활을 같이 하면서부터 좌충우돌 여러 일들을 함께 겪어온 사이다. 그 일들은 대개 아주 엉뚱한 우연으로 빚어졌고 처음 예상과는 점점 멀어지곤 했다. 예를 들면 이렇다. 그들은 재수 시절에 한 여학생을 동시에 좋아하게 되었고, 남자들끼리 싸우는 모습은 보이지 말자며 체력장 같은 시합을 한 후 영재에게 기회를 주었으나 그 동안에 여학생이 쌍꺼풀 수술을 하는 바람에 영재의 사랑은 대상을 잃는다. 그를 위로하기 위한 술자리에서 취한 영재가 옆 테이블의 남자에게 (여학생에게 주려 했던) 꽃다발을 주었고, 황당해서 화가 난 남자가 영재 멱살을 잡고 싸웠다. 그러다 상대방의 이가 부러졌고 합의금 때문에 다단계회사에 들어갔지만 빚더미에 앉는 꼴이 되었으며 또 그것을 해결하려다 많은 것을 잃는다. 이제 영재는 한 몸을 눕힐 만큼만 허락되는 좁은 자취방에서 라면을 주식으로 살아간다. 한편, 민기는 부유한 편인 부모의 집에서 살지만 한 번씩 침낭을 들고 화장실에 들어가서 나오지 않는다. 성민은 부모의 집 옥탑방에 살면서 월세를 내는, 그러니까 잔소리 대신 부분적인 독립(물론 잘 지키기 어려운)을 선택하였다. 이 엉뚱하고도 가난한 백수들이 '모이면' 얘기가 좀 달라진다.

이 소설에서 빛나는 부분은, 세 명의 친구들이 '나'가 쓰던 낡은 소파를 함께 옮기는 과정이다. 그들은 '나'의 발인을 마친 후 주인 잃은 방을 보살피러 간다. '나'가 열쇠를 넣어놓는 습관을 알고 있었던 그들은 외롭고 가난했던 '나'의 방에 들어가 보일러 필터 청소를 하고, 밀린 설거지를 하고 친구가 소중히 여겼던 낡은 소파에 길게 누워본다. 얼핏 특별한 의미 없어 보이는 이러한 행위는 '내기'에서 그 무의미성이 심화되면서 질적 전환을 한다. 누가 먼저 군대를 갈 것인지 결정하기 위해 나무를 길러 꽃을 피우자는 내기, 누가 귓밥이 가장 클까를 가늠해 보자는 '내기'는 이성적 관점에서 보면 전혀 의미 없는 일이며 우스꽝스러울 뿐이다. 그런데 그들은 친구 장례를 치른 후 그 친구 집에 가서 청소를 하고, 청소를 하다 자기들이 옛날에 같이 훔쳤던 낡은 소파를 보더니 내기를 하는 것이다. 그들은 "우리다운" 방법 즉, '가장 바보 같은 사람'이 소파를 가지기로 한다. 결국 넷이서 함께 찍은 사진을 보면서 "뭐가 좋은지 웃고 있다"라고 말한 민기가 이긴다. 같이 차렸다가 망한 조개구이집 앞에서 찍은 사진이었기 때문이다.

그러나 이 바보 같아 보이는 짓들은 그들만이 할 수 있는 '애도'의 한 방법이다. 발인을 마치고 돌아오는 버스 안에서 잠시 눈을 붙이고 일어나 꿈 이야기를 하다가 꿈에서 나온 것이 어째서 호루라기일까, 또는 문어다리처럼 철봉에 매달려 있는 자기들의 다리를 떠올리다 문어다리는 몇 개인가를 궁금해 한다. 중요한 것은 이런 인과성 없는 엉뚱한 생각이나 무의미해 보이는 내기를 통해 그들이 슬픔을 유희화한다는 사실이다. 소설 중간 중간에 그들은 문득문득 서로 묻는다. "너 우냐?"라고. 서로 연관성이 없어 보이는 산발적인 행위들은 그들의 내면 깊숙한 곳에서 모두 죽은 친구를 향하고 있는 것이다. 슬픔을 놀이처럼 대해서 그 리비도를 산포시키는 방법은 궁극적으로는 자신들을 추스르고 친구를 애도하는 행위이다. "가서 보일러라도 돌려야 하지 않을까"라는 말에서부터 이미 그들만의 의식儀式은 시작되었다. 이로 인해 윤성희 소설에는 분노와 슬픔의 파토스가 흘러넘치거나 냉소적 허무가 무겁게 깔리지 않는다. 오히려 경쾌한 무심함이나 어리석은 듯해 보이기도 하는 활기가 있다. 작가 윤성희의 독특한 개성이 펼쳐지는 것이 바로 이 지점이다.

3. 그들의 책 다시 1장 1쪽, 웃음

이제 그들의 의식儀式은 주인 잃은 낡은 소파를 옮기는 길에서 본격화된다. "팔걸이에 담뱃불 구멍이 난 흔적"이 있는 낡은 소파를 서로 가지겠다고 하는 것은 자본주의 사회의 소유욕과는 분명히 다르다. 낡아빠진 초록색 소파를 들고 가는 세 청년의 행렬은 가로수와 슈퍼마켓과 플라타너스 나무와 세차장 등 특별할 것 없는 평범한 일상을 배경으로 펼쳐진다. 길 위에서 그들은 노란색 가방을 메고 풍선을 들고 가는 아이들, 삼대 째 소파를 만들고 있는 집 장남이라는 초등학생, 리어카에 폐지를 싣고 가는 할아버지, 간판 청소를 하는 아주머니, 급기야는 골목길에서 손녀와 함께 가다 쓰러진 할머니를 만난다. 세 친구는 소파가 '움직이는 자동차'라며 아이들과 장난하기도 하고, 초등학생을 가마 태우듯 소파에 태워 학교까지 데려다주기도 하며, 소파를 할아버지 리어카에 싣고 뒤에서 밀거나, 간판 청소하는 아주머니에게 빌려주기도 한다. 그러다 '도와주세요' 하는 어린아이의 소리를 듣고 골목으로 달려가 쓰러진 할머니를 소파에 눕히고 양복 윗도리로 할머니 머리를 괴어준다. 실로 '다용도 소파'라 할 만하다. '죽은 나'의 소파를 매개로 하여 이 소설에서는 사소하지만 소중한 커뮤니케이션이 일어나는 것이다. 길 위에서의 이 사소한 커뮤니케이션을 통해 그들은 슬픔을 슬프지 않은 형태로 유출하고, 그것은 따뜻한 기류를 형성한다. 겨우 정신을 차린 후 병원에 가지 않겠다고 고집 피우는 할머니가 구급차에 오르게 된 건 "손녀가 구급차를 타보고 싶대요"라는 민기의 말 때문이었다.

'나'의 소파를 서로 가지겠다는 세 친구의 여로旅路는 이런 이유로 경쾌하지만, 사실 그 행위는 추모追慕 의식이라고 할 수 있다. 소파가 민기와 영재 집을 들러 성민의 옥탑방 옥상까지 가는 길은 마치 죽은 자를 싣고 그가 가장 사랑했던 장소를 돌아보는 장례 절차와 유사하다. 유령 화자인 '나'가 이렇게 중얼거리지 않는가. "사실 나는 계속 소파에 앉아 있었다. 가끔 뛰기도 했고"라고. 그러나 여기서 더 중요한 것은 외롭고 보잘것없는 개인들이 모여 '죽은 자'와 작별하는 과정이 독자로 하여금 미소를 짓게 할 만큼의 작은 활력을 생성한다는 점이다. 그리하여 이 활력은 성민의 옥탑방 옥상에 도착한 소파가 그럴 듯한 쉼터로 변모하는 결말에 이르러 결국 '웃음'으로 질적 변화를 일으킨다.

> 녀석들은 잡채와 동태전과 고추전과 고사리무침을 먹었다. "우리 다시 식당 차려볼까" 젓가락을 두고 손으로 동태전을 집어먹던 민기가 말했다. 영재가 당면 한 가닥을 들어서 민기의 얼굴로 던졌다. "같이 망하기 싫어." 당면이 민기의 얼굴에 붙어 버렸다. 성민이 낄낄대며 웃었다. 영재가 성민의 얼굴로도 당면을 던졌다. 성민은 당면을 피했다. (당면은 성민의 옆에 서 있던 내 몸을 통과한 뒤에 옥상 바닥으로 떨어졌다) 성민도 당면 한 가닥을 집

어 영재에게 던졌다. 민기가 두 친구의 얼굴로 동태전을 던졌다. 영재와 성민이 동시에 민기에게 고사리무침을 던졌다. 음식들이 소파 위로 떨어졌다. 성민이 던진 시금치가 민기의 인중에 붙었다. "수염 같다." 민기가 시금치를 떼어 입에 넣었다. "수염 맛이 시금치 맛하고 똑같아." 민기의 말에 녀석들이 웃기 시작했다. 녀석들은 두 손을 배꼽에 대고 허리를 굽혔다 폈다 하면서 마치 처음 웃어보는 사람처럼 웃었다. 웃는 동안 녀석들은 아주 먼 곳으로 여행을 갔다.

— 윤성희, 「웃는 동안」, 90면

화분 위에 심하게 뒤틀린 널빤지를 올려놓아 번듯한 식탁을 만들고, 영재가 살짝 훔쳐온 파라솔을 화분에 심고 좌우에 두어 시원한 그늘을 만든 후, 다들 소파에 앉아 음식을 먹는다. 이미 윤성희 소설의 여러 편에 음식 먹는 장면이 등장한 바 있는데, 이번에는 성민이 집에서 들고 온 '잡채와 동태전과 고추전과 고사리무침'이 주 메뉴다. 잡채의 당면부터 시작해서 이 음식들을 던지며 "허리를 굽혔다 폈다 하면서 마치 처음 웃어보는 사람처럼" 함께 웃는 그들의 모습은 자신들의 울음을 웃음으로 분출시키며 죽은 친구에게 작별인사를 하는 애도work of mourning의 절정이라고 할 수 있다. 그 음식들이 마침 '명절 제사 / 잔치 음식'이라는 점은 눈여겨볼 만하다. 허름한 옥상, 낡은 소파와 엉성한 널빤지 식탁에서 '서른, 그들만의 잔치'가 다시 시작되었다! 단, 작가는 이 웃음이 성급한 희망이나 손쉬운 화해를 뜻하는 것이 아님을 신중하게 보여주고자 한다. '웃는 동안' 그들이 목격하는 미래의 모습은 중년의 외로운 일상 혹은 서로 부대끼며 사는 소시민의 일상이 아닌가. 그렇지만 또한 작가는 그것 때문에 인물들이 참담한 방향으로 가는 것도 경계한다. 웃고 난 후 그들은 "이제는 공중부양도 할 수 있을 것 같아(91면)"라는 엉뚱한 자신감을 보이고 있지 않은가.

결말의 웃음은 낡은 소파를 옮기는 과정에서 이미 서서히 준비되어 온 것이었다. 넘치려는 슬픔을 경쾌하게 흐르게 하여 자신을 추스르고 일찍 세상을 떠난 친구에게 사랑의 인사를 전하는 행위, 이는 혼돈의 시대에 무력한 개인이 타자와 함께 함으로써 스스로와 타자에게 보여줄 수 있는 최소한의 윤리가 아닐까? 이제까지의 윤성희 소설에서 "허리를 굽혔다 폈다 하면서 마치 처음 웃어보는 사람처럼" 크게 웃는 모습은 드문 풍경이었다. 「웃는 동안」에서 작가는 '그 남자들의 책' 1장 1쪽을 펼쳐 보여주는 흥미로운 시도를 하고 있다.

달콤한 게릴라의 '다시 쓰기re-writing'

정이현론

1. 지금 이 도시의 달콤한 게릴라

당신은 '달콤한 게릴라'라는 신종 게릴라를 아시는가? 아마도 당신은 이런 경험을 한 적이 있을 것이다. 어떤 '그녀'에게서 분명히 당신이 늘 듣고 싶어 했던 이야기를 들었는데 돌아서니 왠지 기분이 찜찜하고 뒤통수가 살짝 서늘해지는 것 같은, 하지만 그 느낌의 물증을 잡기는 힘든 그런 것 말이다. 이때의 '그녀'는 당신의 연인일 수도 있고, 얼굴이 잘 기억나지 않을 정도로 불특정한 '그녀들'일 수도 있다. 잠깐, '신종'이라 말한 것을 수정해야 한다. 왜냐하면 '그녀들'이 사실은 우리 주변에 항상 있어 왔기 때문이다. 작가 정이현은 이렇게 우리가 인식하기 어려웠거나 혹 기미를 눈치 챘어도 인정하기 싫었던, 그리고 소설의 대상이 되기엔 미미했던 '그녀들'을 주목한다.

여성작가들이 대거 등장하기 시작했던 1990년대를 지금과 비교해 보면 그때는 80년대와 내용은 달랐지만 여전히 전면전全面戰의 양상이었다고 할 수 있다. 계급의 문제를 떠나면서 1990년대 여성작가들은 여성의 몸에 새겨진 가부장제 이데올로기의 규율을 문제시하였다. 대체로 그들은 제도 바깥의 다른 남자를 욕망하는 방식('불륜')을 통해 유순한 몸docile body을 거부하고자 했다. 그러한 시도가 전면전의 양상을 띨 수 있었던 것은 무엇보다 두려움 없는 거부 혹은 저항의 태도 덕분이었다. 또한 남 / 녀 대립적 구도로 세계를 뚜렷하게 인식하고 남성을, 특히 결혼 제도 속의 남편을 '눈에 보이는 적敵'으로 설정하였기 때문이다. 그녀들은 열정적이었고 그런 만큼 낭만적이었으며, 냉소적인 태도를 취한 경우에도 온 몸을 던져 진지하기는 마찬가지였다.

이와 같은 방식이 처음의 전복적 에너지를 잃고 식상해진 것은 너무 많은 작품들이 오랫동안 한결같은 도식을 보여주었기 때문이며, 한편으로 여성들 내부의 다양한 차이를 외면했기 때문이다. 그 한계가 드러날 수밖에 없었던 또 다른 요인은 그들이 취한 이분법이라는 명료한 인식 자체가 하나의 '갇힌 틀'이 되었기 때문이다. 2000년대로 오면서 이러한 모순을 극복하는 데서 출발해 보려는 젊은 여성작가들이 나타나는데, 정이현의 경우는 주로 20~30대 미혼未婚 혹은 비혼非婚 여자들의 말문을 틔우면서 활동하기 시작했다. 그래서 정이현의 '그녀들'은, 결혼 제도 안에서 아내와 엄마의 성 역할을 당장 어떤 식으로든 끌고 가야 했던 이전의 여성 소설과 다를 수밖에 없었다. 그녀들 역시 이 세상이 '나'에게 불리하게 돌아가고 있고 뭔가 많이 부조리하다고 여긴다. 그러나 당연한 일이지만 그녀들에게는, 이전 여성작가들이 전면전을 위해 잡았던 구체적인 거점(남편)이 없다. 다만, 거대한 도시에서 "격무와 알코올과 니코틴과 현실과 꿈 사이에 납작하게 끼어버린(「어두워지기 전에」, 『오늘의 거짓말』, 문학과지성사, 2007, 284면)" 가련한 (남자)동료가 있을 뿐.

정이현의 여성인물들은 자신의 사유 범위를 넘어버려서 도저히 가늠해 볼 수 없는 막막한 사회에 포섭되어 있다. 그것은 눈에 보이지 않는 여러 유형의 적들을 숨긴 채 위협하는 것이어서 그들의 두려움은 커질 수밖에 없다. 특히나 모든 것이 교환가치로 이루어져 있어 거짓말까지도 상품이 될 수 있고, 맞선 시장에 자신을 내놓기 위해 재혼 전문 결혼정보회사에서 평점을 받아야 하며(「타인의 고독」) "무난하고 진부한 형식 속에 맨발을 깊숙이 밀어 넣(『달콤한 나의 도시』, 문학과지성사, 2006)"어야 안도할 수 있기 때문이다. 한 마디로 이제 소년조차도 꿈꾸지 않는다(「소년은 꿈꾸지 않는다」). "떠밀리거나 넘어지지 않기 위해 안간힘을 쓰는 것 말고, 지금 여기서 사람의 힘으로 할 수 있는 일은 아무 것도 없다(『달콤한 나의 도시』)" 는 것을 일찌감치 체득한 이들은 이 사회가 요구하는 십계명을 받아들이는 데 이르렀다.

상징 권력이 부드럽게 일상에 스미는 시대, 희망을 말하는 자가 사기꾼으로 치부되는 시대에, 사람들은 분노할 수 있는 열정 대신에 생존의 감각을 예민하게 벼리기 쉽다. "삶에 절정이 없다는 것쯤은 진즉에 눈치 챘(「타인의 고독」, 『오늘의 거짓말』, 9면)"던 그들이므로 자신들에게 전면전을 해볼 수 있는 능력이나 열정이 없다는 사실을 너무나 잘 알고 있다. 이제 비굴해도 어쩔 수 없다. 가차없는 현실 안에서 버젓하게 살아남으려면 굴욕도 감수해야 하리라는 점을 그들은 알고 있는 것이다. 그 가운데서도 여성의 몸에 가해지는 완강한 규율과 시선을 습득하여 온 20~30대 여성들은 (비)자발적으로 사회와 공모한다. 자본주의와 가부장제가 결탁한 판옵티콘pan-opticon 꼭대기에서 바라보면 이 시스템에 고분고분 참여하는 이들이 어찌 사랑스럽고 '달콤'해 보이지 않을 수 있으랴!

게다가 윤리적이고 진지한 성찰이 직접적인 효용성을 가지지 못하는 것으로 보이는 가혹한 현실에서 그녀들은 이런 것들을 '끈적거리는 비합리'로 치부하고 있다. "저지르는 일마다 하나하나 의미를 붙이고, 자책감에 부르르 몸을 떨고, 실수였다며 깊이 반성하고, 자기발전의 주춧돌로 삼고, 그런 것들이 성숙한 인간의 태도라면, 미안하지만 어른 따위는 영원히 되고 싶지 않다(『달콤한 나의 도시』)"라고 진술하는 '나'는 영리하고 가볍게 '쿨cool'을 선택한다. "자신의 숲을 향해 가는 구름처럼 가벼운 구름의 다리"를 믿고 "끊긴 길 앞에서 두 눈을 감고, 두 귀도 닫고 자신의 본질을 향해 어느 순간 훌쩍 뛰어내림으로써 나아갈 수 있다(전경린, 「염소를 모는 여자」)"고 생각하는 열정적인 낭만주의자에 비한다면, 그녀들은 지극한 현실주의자라고 할 수 있을 것이다.

그러나 그녀들은 '달콤한' 얼굴과 몸으로 이 사회의 요구 사항을 순순히 내면화하지만, 순진하게 수용하지는 않는다. 그러기에는 그들이 "몰라도 좋을 여러 가지 것들을 너무 많이 알아버렸(『달콤한 나의 도시』)"다. 돈이 있는 자들과는 "어차피 출발선이 다른 게임"을 해야 한다(「낭만적 사랑과 사회」, 『낭만적 사랑과 사회』, 문학과지성사, 2003)는 사실을 잘 알고 있는 그들이 손에 쥐어야 하는 것은 돈과 권력이다. 겉과 속이 모두 일관되게 음전하고 고분고분하고 착한 여자가 이 도시에서 누릴 수 있는 것은 없다. 그래서 그녀들은 이 간격을 메우기 위해 서슴없이 발칙하게 연기演技한다. 평범한 일상에서 유순하게, 그러나 순간순간 치고 빠지는 그녀들을 '달콤한 게릴라'라 불러보면 어떨까?

2. 살짝 비틀어 '다시 쓰기re-writing'

정이현의 인물은 자본주의 시스템의 아주 착실한 자식이다. 그들은 복잡한 자본주의의 원리를 납작하게 요약하여 몸 안에 기록해 넣었다. 모든 것을 교환가치로 이해하고 자기 자신 역시 하나의 상품으로 인식하여 그 상품성을 높이기 위해 부단히 노력함으로써 종국에는 재화와 권력을 얻는 것, 이것이 바로 그들이 착실하게 보고 배운 핵심 내용이다. 그대로 보고 배워서 따라 한 것뿐인데 그녀들이 '발칙하다'고 한다. 왜? 행위의 주체가 여성이기 때문이다. 여성인물들은 의도하지 않아도 이렇게 성性 정체성의 문제와 만나게 된다. 가부장제 이데올로기를 교묘하게 삼킨 자본주의 시스템은 여성이 엿봐서는 안 될 영역을 만들어 놓는다. 또 모두가 문명으로 달려가면서 여성에게는 '자연' 그 자체로 남으라고 강요한다. 이때 정이현의 '그녀'가 내린 선택을 보라.

> 八. 엉덩이를 들지 마라
>
> (…중략…) 그가 팬티를 잡아 내리려 하지만 허리에 걸린 팬티는 더 이상 아래로 내려가지 않는다. 엉덩이를 아주 조금 들기만 하면 될 테지만 나는 모르는 척 꼼짝도 하지 않는다. 이런 상황에서 여자가 냉큼 엉덩이를 쳐 들어준다면 남자는 고마워하기는커녕 그녀의 과거에 대해 심각한 의심을 할 것이 분명하다. 그가 서너 번 정도 좌절한 후, 나는 그제야 깨달았다는 듯 아주 살짝, 엉덩이를 든다.
>
> — 정이현, 「낭만적 사랑과 사회」, 31~32면.

국산차가 위험하다고 최신형 뉴비틀을 사줄 수 있는 아버지가 있는 '혜미'와 그렇지 못한 '나'는 "출발선이 다른 게임"을 치러야 한다. 반포 아파트 입성에 감격하며 강남 '짝퉁' 생활을 하는 가족을 둔 '나'가 게임에 승부수를 두려면 가부장제 사회의 십계명을 따라주어야 한다. 자본의 바깥이란 없어 보이는 사회에 포섭된 한 여자가 신분 상승을 하기 위해서는 유순한 몸으로 순응하는 것 외에 달리 방법이 없어 보였던 것이다. 그러나 동시에 이때는 이미 "여자애들의 대책 없음, 남자애들의 뻔뻔스러움(「낭만적 사랑과 사회」)"을 모두 봐 버린 후이다. "결혼에 대한 환상은 없었다. 결혼이란 뜨겁게 사랑하는 남녀가 만나 둘만의 공간을 이루어 오순도순 아옹다옹 행복하게 사는 행위라고 단순하게 정의내리기에는, 몰라도 좋을 여러 가지 것들을 너무 많이 알아 버렸다. '나만은 다를 거야'라는 낙관적 기대에 몸을 맡긴 채 무턱대고 풍덩 뛰어들기에 결혼의 강물은 너무 차고 깊어 보인다(『달콤한 나의 도시』)"는 진술은 낭만적 사랑이 허구라는 인식을 보여준다. 그래서 그녀들은 사회적인 신분상승을 위해 부와 능력을 갖춘 남자와의 연애를 계획하며 순결을 사수하고(「낭만적 사랑과 사회」), 성공적인 커리어우먼이 되기 위해 성적인 유인과 시체 매장도 감행하며(「트렁크」), 세 번의 결혼을 통해 부를 축적하면서 변신을 한다(「순수」).

이처럼 자신의 현실과 필요 간의 거리로 인해 그녀들은 '연기演技'를 한다. 그리하여 나타난 것이 '다시 쓰기re-writing'이다. 위의 인용문에서 정이현의 '그녀'는 이 사회의 지배담론이 불러주는 것을 '따라서 말하되' 살짝 비틀어 '다시 쓴다.' 그것은 주어진 것을 단순히 흉내 내는 것이 아니다. 일종의 패로디 효과로 기존 담론의 가치는 묘하게도 우스꽝스럽게 전락하고 만다. '다시 쓰기'는 정이현의 서사적 전술이다.

그것은 담론의 질서를 모방하지만 동시에 균열을 내어 모방 행위를 낯설게 만드는 방식이라고 할 수 있다. 즉, 순결 이데올로기를 수용함으로써 가부장적 사회를 만족시켜 주지만 순결을 인위적으로 연기함으로써 여성에게 부과된 여성성이 허구라는 것을 노출시킨다. 그녀들의 연기는 우리를 둘러싼 시스템을 유지시켜 주지만 동시에 그것이 은폐하고 있는 허위를 드러나게 하는 것이다.

이러한 방식은 다른 작품에서 변주되어 나타난다. 「순수」나 「어두워지기 전에」에서는 하나의 발화에 두 개의 목소리가 겹쳐나게 하는 방식을 발견할 수 있다. “이젠 돌아가도 돼나요? (…중략…) 어디에 있든 나는 점점 더 강해지고 아름다워질 겁니다. (…중략…) 어느새 밖이 많이 어두워졌네요. (…중략…) 한밤중에 여자 혼자 빈집의 문을 따고 들어가는 건 퍽 위험하고 또 쓸쓸한 일이니까(「순수」)”라는 그녀의 진술에는 균열이 내장되어 있다. 주어진 현실을 가련하게 감내하면서 철저히 순응하는 자세를 보이지만 그 진술 뒤로는 그녀가 남편들의 죽음에 연루되어 있다는 것을 눈치 채게 해 주는 음험한 목소리가 깔린다. 또, 남편의 사랑에 코웃음 치는 냉소적인 여자가 “노인들의 충고는 대체로 옳았다. (…중략…) 최근에 나는 어떻게 해서든 임신을 해야겠다는 긍정적인 사고방식을 가지게 되었다(「어두워지기 전에」)”고 목소리를 낮추어 고백할 때 독자는 연약하고 애틋한 목소리 뒤에 불온한 목소리가 그림자로 어른거리는 현장을 목격하게 된다.

살짝 비틀어 다시 쓰는 방식, 이것은 모방하지 않는 것도 아니고 모방하는 것도 아니다. 이것은 경계를 슬쩍 교란하는 전술이다. 상태를 과감히 뒤집어엎어 새로운 것을 창출하려는 전복顚覆과는 애초부터 성격이 다르다. 정이현의 서사 전략에는 여성이 자신의 언어로 스스로의 욕망을 말할 수 있는 토대가 부재한다는 부정적인 인식이 깔려 있다. 지배담론의 질서를 따르되 살짝 비트는 '다시 쓰기'는 강고한 시스템에 전면전으로 저항하는 것이 도무지 가능하지 않다고 판단한 자가 선택한 소모적인 균열 작전이라고 할 수 있다. 애초에 결정적인 승리를 거둘 수 없다는 것을 알기에 끊임없이 이동하며 치고 빠지는, 비록 소모적이지만 끊임없이 시스템을 긁아 미세한 흠집을 내는 이 '달콤한 게릴라'의 방식!

3. 달콤한, 그래서 헛갈리는

정이현 소설을 불편해 하는 남성독자들이 많다. 그녀들이 '야해서' 그럴까? 물론 그럴 수도 있겠다. 예를 들면 「낭만적 사랑과 사회」에서 '유리'는 차에서 남자에게 '오랄'을 한다. 그러나 야한 정도로 치자면 마광수나 장정일, 전경린 등의 소설에 비할 바가 아니지 않은가? 이 작가들의 인물들은 일관되게 치명적인 매혹을 가졌거나 뭔가 심각하고 베일에 싸인 여자 혹은 처음부터 문제가 있는 여자라 여겨지므로 예외적으로 괄호를 치면 되었다. 정이현의 인물이 주는 불편함은 이와 다르다. 그녀들은 어디서나 볼 수 있는 평범한, 너무나 일상적이어서 전혀 특별해 보이지 않고, 질서를 묵묵히 따르는 친절한 여자들인 것이다. 그런데 그녀들이 지극히 속물적인 생각을 하기도 하고, 전혀

'순결'하지 않으며, 순간순간의 계산을 통해 친절함을 연기하고 있다니.

사실 정이현은 남성 중심적 시선이 만들어낸 '성녀'와 '창녀' 사이에서 살고 있는 수많은 여자들을 그려내고 있다. 거룩하므로 천상에 거하는 '성녀'와, 타락했으니 이 질서 있는 삶에 끼어들 수 없는 '창녀', 이들은 서로 도저히 가까이 갈 수 없을 정도로 상반된 인물군이지만 모두 이 구체적인 현실에서 추방되었다는 점에서는 같다고 하겠다. 그 둘 사이에서 일상을 부대끼며 살아가고 있는 여자들의 현실적인 모습이 정이현의 관심사인 것이다. 그녀들은 이 사회를 전복시킬 위인들은 결단코 아니지만, 여기저기에서 미세한 균열을 내며 이 가부장적 자본주의 사회가 은폐하고 있는 허위를 노출시킬 수 있는 위험한 존재들이다.

그러나 정이현의 '달콤한 게릴라'가 방심하는 순간, 그녀들은 감옥이나 정신병원 혹은 소시민의 가정에 감금될 것이다. 남편들의 죽음(「순수」) 혹은 '선미'의 죽음(「트렁크」)에 연루되었다는 사실이 밝혀지면 그녀들은 처벌될 것이고, 순결을 지키기 위해 '오랄'을 했다는 것이 발각되면(「낭만적 사랑과 사회」) 가족들과 지인들에게 사회적으로 매장될 것이다. 이렇게 외적 요인에 의해 수동적으로 포섭되는 것보다 더 문제인 것은 그녀들이 모든 것을 다 포기하고 자발적으로 연애와 결혼에 자신을 방치해 버리는 것이다. 그녀들의 연기가 근본적으로 소비자본주의가 권하는 욕망을 좇아 계산된 것이기 때문에 사실 이러한 유혹은 처음부터 가장 위협적인 요소였다. "도무지 되고 싶은 것도, 하고 싶은 것도 없이" 끝나가는 청춘이 "달리 뭘 해야 좋을지 몰라서" 회사를 다닌다. "나를 안전하게 옭아매고 있는 울타리 밖으로 한 발짝 벗어나는 순간, 막막한 정글 한복판에 내팽개쳐질지 모른다는 불안감!(『달콤한 나의 도시』)"을 가진 그녀들에게 낭만적 사랑은 희생되어 마땅한 항목이지만, 안전한 울타리를 선사하는 이 도시의 유혹은 너무나 달콤하기 때문이다.

정이현의 『달콤한 나의 도시』는 「낭만적 사랑과 사회」와 「홈드라마」를 확장해 놓은 장편이라 할 만하다. 정이현의 특장인 간결한 문장들이 속도감 있게 연결되면서 어리숙한 듯하면서도 속물적인 인물의 속내가 속사포처럼 독자들의 유사한 경험과 기억에 명중된다. '나'는 역시 전작들의 '그녀'와 같이 "대한민국의 반듯한 시민으로 지금껏 특별한 범법행위 없이 이 땅의 법질서에 순응하며 살아"온 여자이다. 딱 부러지게 의사 표현을 하고 싶긴 하지만 결국은 상대방이 원하는 답을 말해 버리고 말며, "이놈의 지긋지긋한 노예근성"을 알면서도 저항하거나 "삶을 이대로 멈추게 할 용기는 없"다. 또한 아무런 입장도 표명하지 않는 자신을 합리화하면서 결국 어떤 남자도 잃지 않으려는 술수를 쓰기도 하고, 긴박한 와중에도 아이섀도와 아이라인을 꼼꼼히 그리며 만약의 경우를 대비하여 브래지어와 팬티를 세트로 입는 여자이다. 대체로 친절한 그녀들의 내면은 "무능력한 30대 회사원의 비굴한 생존법"을 체득한 여자들이 가지는 세속적 갈등과 계산으로 가득 차 있다.

그런데 「낭만적 사랑과 사회」에는 독자가 인물을 동일시하지 않도록 비판적인 거리를 형성하는 장치(예를 들면, 각주)가 있었고, 「홈드라마」의 경우는 인물들이 희화화되면서 거리가 발생하였다. 반면 『달콤한 나의 도시』에서 작가는 특별한 장치 없이 이 세속 도시를 살아가는 평범한 그녀들의 모습을 그저 가감 없이 보여주고 있다. 물론 독자들은 비범하지 않은 자신의 일상과 세속적인 속내를 (연재 당시) 대형

신문 연재소설에서 확인한다는 것 자체를 일종의 '낯설게 하기'로 느낄 수도 있었을 것이다. 또 '나'의 우주가 남자와 결혼으로 가득 찬 연애담이 지겹게 거듭되는 것도 간혹 독자 자신의 세계가 갖는 상투성을 상기시킬 수도 있었을 것이다. 그러나 정말 그녀들에게 이것 말고는 실존적인 갈등이 없을까? 더 큰 문제는, 작가가 다른 작품에서 인물들에게 대체로 냉정한 태도를 취했던 것과 달리, 『달콤한 나의 도시』에서는 연민의 태도로 '나'에게 밀착해 있다는 점이다.

지구에는 모두 몇 개의 도시가 있을까?

나는 상상한다. 1975년 5월25일 오후 두 시, 대한민국 수도 서울 한 귀퉁이의 작은 산부인과가 아닌 전혀 다른 곳에서 태어난 나를. (…중략…) 그녀가 설마 서울 구석의 오은수씨 만큼이나 별 볼 일 없는 삶을 살고 있지는 않겠지? 그것만은 도저히 용납할 수 없다는 심정이다. 나를 닮은, 어쩌면 나였을지도 모르는 이름 모를 그녀는 적어도 내가 매일 맞닥뜨리는 이 지긋지긋하고 구질구질한 일상보다 수십 배는 더 달콤한 생을 구가하고 있어야 한다. 당연하지 않은가! 그런 하릴없는 환상조차 품어보지 못한다면, 사는 게 너무 팍팍하고 목구멍이 답답해서 콱 죽어버릴지도 모른다.

— 정이현, 『달콤한 나의 도시』, 49~50면.

암흑 같은 원룸의 스위치를 올리면서 갑자기 외로워졌다. 혼자 살기 시작한 뒤 이런 심란한 기분은 처음이다. (…중략…) 나라는 개인은 제도 안에서 비껴나 홀가분하고 자유로워지기 위해 미친 듯 노력해왔다. 하지만 한편으론 고독이라는 허기를 참지 못하고 체온을 나눌 누군가를 찾아 주파수를 곤두세운다. 개인과 개인이 영원을 약속하는 순간, 제도가 탄생하는 그 모순을 뼛속 깊이 겁내면서도.

— 위의 책, 362면.

위의 두 개 인용문은 '나' 오은수의 이중적인 내면을 드러낸다. 제도 안의 삶을 부정하고 벗어나고 싶은 마음, 그리고 '그럼에도 불구하고' 그 제도 속에 안주하고 싶은 마음. 이 두 마음은 대립하여 격렬하게 싸우는 듯하지만 실상 그녀는 후자에 기울어져 있다. "주인공 자리는 일찌감치 포기하고 뭘 하든 아무도 관심 두지 않는 단역배우 쪽이 안전하다"고 생각하는 오은수는 낭만적 사랑은 믿지 않지만 법과 시선에 저촉되는 일 없이 "정상적이고 반듯한 커플"로 안착하고 싶은 달콤한 유혹에 강하게 이끌리고 있었다. 그녀가 느끼기에 현실은 "하릴없는 환상" 쯤만 허락할 정도로 힘이 세고, 자유를 온전히 구가하기에 자신은 그리 비범하지 않기 때문이다. 이는 소시민적 일상을 살아가는 사람이라면 누구나 충분히 공감할 수 있는 일이다. 그러나 상이한 것 같은 위의 두 인용문이 모두 현재 오은수 삶의 불가피함을 강조하고 있다는 점은 문제시할 만하다. 두 인용문은 모두 '지긋지긋하고 구질구질하고 팍팍하고 고독한 삶'에 치여 사는 '나'에게 연민의 시선을 주고 있는 것이다. 현실을 대면하는 일이 이렇게 자기 연민으로 이어질 때 지금 삶의 불가피함 혹은 어쩔 수 없음은 더욱 강고해지게 마련이다. 자기 연민이 위험한 것은 이 때문이다.

이 문제를 해결하기 위해 후반부로 갈수록 작가는 사설이 많아졌다. 이제까지 계속되어온 상투적인 연애담과 자기 연민을 어떻게 비판적인 사유로 돌파할 것인가를 고민했던 것 같다. 결국 김영수의 갑작스런 행방불명과 이름에 얽힌 비밀이라는 작위적인 설정이 뒤늦은 성장통의 계기로 드러나면서 결말의 가닥이 잡힌다. 그러나 이러한 작위성과 기존의 성장소설에서 보았던 익숙한 결말로 근본적인 문제가 해결되지는 않을 것이다. 사실 자기 연민은 이전의 정이현 소설에서 보았던 '뻔한 이 도시에 대한 냉소'와 암암리에 연결되어 있다. 이 도시가 노골적이고 뻔해 보이는 것은 어쩌면 재치있는 문장으로 그 삶을 빠르게 훑고 지나가는 작가의 독법에 원인이 있는지도 모른다. 이제 비판적인 날을 벼려 삶의 심층 깊숙이, 다양한 그녀들의 차이 속으로 들어갈 차례이다. 달콤한 게릴라의 네거티브한 방식이 이 도시인들의 은폐된 중핵을 건드리는 고도의 변칙적 전술을 획득하기 바란다.

미궁 속으로 곤두박질치는 질주

박성원의 『우리는 달려간다』

꿈의 속도로 달린다는 KTX는 새로운 속도로 목표를 향해 직선으로 달려가는 지금 이 시대의 가치를 표상한다. 또 사람들은 정보통신혁명을 통해 다다르는 미래 역시 좀 더 합리적인 행복을 제시할 것이라고 믿고 있다. 그런데 작가 박성원은 말한다. "우리는 달려간다. 이상한 나라로."

박성원의 세 번째 소설집 『우리는 달려간다』(문학과지성사, 2005)는 1970년대 말 저녁시간마다 아이들을 눈빠지게 기다리게 했던 텔레비전 애니메이션을 떠올리게 한다. "우리는 달려간다 / 이상한 나라로 / 니나가 잡혀 있는 / 마왕의 소굴로"라는 노래로 시작하는 「이상한 나라의 삐삐」(이후 1980년대 초 재방영할 때는 「이상한 나라의 폴」)가 그것이다. 어린이 만화영화였으므로 언젠가는 '니나'가 구해질 것이라 믿었고, 그래서 니나의 구출 여부보다는 '폴'과 '삐삐'가 달려간 4차원 세계의 기묘한 풍경과 흥미진진한 모험이 아이들 마음을 끌어들였었다. 그러나 작가 박성원이 보여주려는 것은 SF적 4차원 세계가 아닌 바로 불투명한 현실이다. 이곳에서는 '날쌔고 용감한 폴'이 '삐삐'와 아무리 힘을 모아도 '대마왕 손아귀'에 갇힌 진실을 뚝딱 구해낼 수는 없는 노릇이어서 암울하고 공포스럽다. 게다가 이 소설집은 사람들이 당연하다고 생각하는 것들을 의심한다. '과연 진실이란 것이 실체가 있는 것이어서 누군가에 의해 밝혀질 날만을 기다리며 어딘가에 갇혀 있는 것인가?' 하는 질문을 던지는 것이다.

소설의 도입부에서 박성원의 인물들은 대부분 잠에서 눈을 뜨거나 그에 준하는 상태에 놓여 있다. 그런데 그것은 어딘가에 있는 진실을 찾아 떠나는 여행의 서막이 아니라, 미궁으로 미끄러져 들어가는 '실종'의 시작이다. 그들은 "평균적인 삶(「실종」)"을 살길 원하는 평범한 일상인인데 어느 날 갑자기 그리고 우연히 어떤 사태에 빠지게 된다. 여기서 작가는 무작정 세상이 예측할 수 없는 곳이 되어버렸다는 것을 말하려는 게 아니다. 문제는 갑작스럽게 맞닥뜨리게 된 상황에서 그들이 최대한 상식적이고 이성적으로 행동하려 하는데 이른바 합리적(으로 보이는) 판단과 선택을 해서 곤경을 벗어나려고 달려가면 갈수록 미궁으로 빠져들게 된다는 점이다. 마치 쥐의 허벅지에 깊숙하게 박힌 덫의 날이 쥐가 발버둥칠수록 더 깊이 들어갈 뿐(「세상에 존재하는 모든 것」)이듯이. 누구라도 그러했을 것처럼 인물들은 도움을 청하는 여자의 절박한 눈길을 거절하지 못하고 자신이 아무 것도 할 수 있는 일이 없다는 걸 알면서도 같이 있어 주기도 하고(「하늘의 무게」,「실종」, 「세상에 존재하는 모든 것」), 몸을 움직일 수 없을 정도로 다쳤을 때 극도의 불안을 느끼면서도 차근차근 기억을 되살리거나 그 상황을 이해하고 설명해 보려고 하며, 또는 자신을 돌봐주는 사람에게 간곡하고도 침착하게 도움을 요청(「긴급피난—우리는 달려간다 이상한 나라로 2」, 「인타라망—우리는 달려간다 이상한 나라로 5」)한다. 여기서 주의깊게 살펴야 할 것은 그런 행위들이 어떻게 미궁으로 빠져드느냐 하는 점이다. 『우리는 달려간다』에서는 인간의 경험을 넘어서는 초자연적인 현상이 일어나거나 무조건 기이한 현상이 벌어지지는 않는다. 끊임없이 곤혹스러운 사태를 이성적으로 이해하려 하고 또 그 상황에 처한 자기 자신을 설명하려고 하는 '나'의 행위가, 역시 마찬가지의 방식으로 접근했을 타자의 행위와 얽히면서 점점 더 미궁으로 곤두박질치게 되는 것이다. 이런 측면에서 「우리는 달려간다」 연작에 나오는 '긴급피난'과 '인타라망因陀羅網'은 박성원 소설에 접근하는 일종의 키워드이다.

긴급피난이란 "급박한 위난을 피하기 위해 부득이 취한 행위는 처벌과 배상할 책임을 지니지 않는다(「긴급피난」)"는 것이고, 인타라망은 "무한히 큰 그물로 세상살이가 그물처럼 서로 촘촘히 엮여 있다(「인타라망」)"는 것을 의미한다. 그런데 '내'가 살기 위해 선택한 '합리적인' 판단은 타자와의 '관계' 속에서 얼마나 기만적인 것인가. "너무나 합리적인, 더 이상 완벽한 판결은 도출할 수 없을(「긴급피난」)" 거라는 '나'의 진술에는 이미 잔인한 피 냄새가 섞여 있지 않은가?

『우리는 달려간다』에 실린 소설들은 흐릿하고 나른한 어둠과 무겁고 축축한 습기를 배경으로 전개된다. 그 불투명하고 혼몽한 세계는 사물의 경계境界를 가리거나, 녹이고, 허문다. 이는 진실과 거짓의 경계가 무너지면서, 양립할 수 없는 것들이 공존하게 되고 가치가 전도되거나 전복되는 양상을 보여주는 이미지이다. '나'의 명쾌했던 진실이 우연에 의해 혹은 관계망 속으로 진입해 들어가면서 어느 순간 단단했던 경계에 균열이 일고 진실 아닌 어떤 존재 또는 거짓으로 모습을 바꾼다. 이로써 삶과 죽음이 뒤바뀌기도 하며, 살아났다는 희열이 순식간에 공포가 되거나, 자명하다고 생각했던 세계가 헝클어져버리는 기이하고 끝없는 뒤집힘의 연쇄를 박성원의 소설은 집요하게 추적하고 있다. 「세상에 존재하지 않는 모든 것」에서는 진실과 거짓이 선명하게 밝혀지는 진실게임이란 없다. 그곳에서는 사실조차도 확인되지 않으며 그런 사정이므로 '나'가 스스로 거짓 혹은 진실이라 말한다 할지라도 그것을 곧이곧대로 믿을 수도 없다. 소설집 곳곳에 그려져 있는 폭행당하는 여자, 희미하게 들려오는 아이와 노파의 울음소리는 이러한 혼돈을 감각적으로 전달한다.

그런데 질문이 남는다. 이번 소설집은 진실이 어딘가에 있는데 다만 우리가 알 수 없고 말할 수 없다는 불가지론不可知論이 아니다. 서로 촘촘히 연루되어 있어 누구도 자유로울 수 없는 '인타라망' 속에서, 자명하다고 믿었던 주체가 지워지면서 진실과 거짓이 끝없이 자리바꿈하고 이로써 한순간도 진실을 선언할 수 없다고 말하는 이 소설집의 화자와 작가의 발화는 어디에서 진실의 근거를 확보해야 하는가? 이 혹독한 동종요법同種療法은 진정성을 가지는 것이긴 하지만, 한편으론 이러한 질문을 끝없이 대면해야 하는 곤혹스러운 미궁에 처해 있다.

서울, 2007년, 당신들의 천국

천운영의 「후에」

스토리텔링 전략을 본격화하여 사람들의 이목을 끌기 시작한 방송 다큐 형식이 있다. 사회의 무관심 속에 방치된 열악한 환경의 가정을 찾아가 취재하고 전문가들이 문제점을 분석하여 사회복지 차원에서 그들을 교정矯正하는 프로그램이다. 쓰레기 더미로 가득한 집, 형편없는 끼니로 연명하는 일상, 학대하고 학대받는 가족들, 거기에는 온갖 무질서와 무지가 횡행한다. TV를 보면서 사람들은 이웃에 그런 끔찍한 삶이 있다는 사실에 먼저 놀라고, 자신이 그 사람들과 같지 않음에 안도하며, 전문가들의 도움으로 그들이 조금씩 변화하는 모습을 보며 희망을 믿게 된다. 아니, 좀 더 정확히 말하면, 믿도록 유도된다. 천운영의 「후에」(『그녀의 눈물사용법』, 창비, 2008)는 바로 이 점에 착안하여, 방송이 끝난 후에도 끝나지 않는 삶을, 우리들이 보지 못하는 그 '후에' 이어지는 삶을 보여준다.

이 소설은 다섯 개의 장章으로 이루어져 있다. 첫째 장과 셋째 장은

'언니'가, 둘째 장과 넷째 장은 '동생'이 화자로 등장하고, 다섯 번째 장은 언니인 '나'와 동생인 '나'의 말이 공존한다. 이들은 동네에서 '쓰레기집'으로 불리는 집 아이들이었다. 동생은 지금 장롱 안에 틀어박혀서 나가려고 하지 않고, 언니는 장롱 바깥에서 동생을 나오게 하려고 애를 쓰고 있다. 독자는 두 명의 화자를 통해서 저간의 사정을 미루어 짐작한다. 풍문에 의하면, 예전에 '엄마'는 무용 전공으로 외국 유학도 갔었지만 결혼과 함께 그만두었다. 그 후 아이들의 아버지는 "여시 같은 년하고 눈 맞아 자식새끼도 버린 애비놈(234면)"이 되었다. 그 일을 전후하여 엄마와 아이들은 "쓰레기더미에서 밥을 먹고, 밥 먹은 자리에서 잠을 자고, 그 이불 위에서 뒹구는(228면)" 생활을 했고 집은 악취가 진동하는 '쓰레기집'이 되었다.

정작 문제는 옆집 여자의 신고로 사회복지사가 방문을 하고 방송국에서 취재를 나온 후이다. 방송은 각 분야 전문가들을 투입하여 아이들의 환경을 개선하고 아이들 엄마에게 춤과 노래를 배우게 하여 심리 치료를 병행하면서 변화의 과정을 샅샅이 찍어나갔다. "신경질적이고 변덕스럽고 무책임하고 무능력한" 엄마와 "더럽고 버르장머리 없고 제멋대로인 문제아들"이 점차 "새로운 행복에 흠뻑 취(이상 237면)"하게 되는 과정은 화면에서 신명나게 춤을 추는 엄마의 모습을 마지막으로 끝이 났다. 그 '후에' 쓰레기집 사람들은 어떻게 되었는가? 엄마는 집을 떠나버렸고, 아이들은 남았다. 아이들은 엄마를 기다리지만 "우리를 부끄러워하고" "귀찮아 죽겠다는 표정(246면)"을 짓고 떠난 엄마는 돌아오지 않는다. 이 시점에서 소설은 시작된다. '언니'는 사회복지사와 방송국 사람들을 기다리며 락스로 청소를 하고, '동생'은 락스 냄새 역겨운 '깨끗한 방'을 피해 장롱에 틀어박혀서 세 식구가 함께 살았던 '쓰레기집' 시절을 그리워한다.

이 소설은 자매를 바라보는 우리에게 두 가지 문제의식을 던지고 있다. 하나는 '절망'에 대한 것이다. 동생인 '나'는 엄마와 언니가 함께 있어서 좋았던 '쓰레기집' 시절을 그리워한다. 쓰레기 더미에서 함께 밥 먹고 욕하고 소리 지르고 발가벗고 뛰어놀다 지치면 아무 데나 누워 자던 때를 "신명나던 때(233면)" 또는 "낙원(234면)"으로 기억한다. "누구도 이래라저래라 하지 않았"고 "먹고 싶으면 먹고 놀고 싶으면 놀고 울고 싶으면 울고. 강물에 흘러가는 배처럼 자유로웠(234면)"던 기억은 '쓰레기집'의 삶만이 가질 수 있는 자유를 슬쩍 엿보게도 한다. 그러나 동시에 이와 같은 기억은 처참한 절망의 다른 이름이라고도 할 수 있다. 엄마와 자매는 "의기양양하게 문을 닫아걸고선 생각해낼 수 있는 모든 욕들을 퍼부었(233면)"고, 자매는 엄마 발소리를 가늠하면서 이불 속에서 숨죽였으며, 옷 입는 걸 거추장스럽게 여기던 엄마는 추운 날 "아예 엘리베이터를 타고 올라오면서부터 옷을 벗어버(242면)"려서 온몸이 얼어 시뻘겋게 된 채 들어왔다. 그것이 해방적 자유였다기보다는 '버려진 이들'의 참혹한 절망이었다는 것은, 방송국 사람들이 찾아온 후 엄마가 다시 춤을 추고 아이들이 예쁜 엄마를 보면서 일시적으로 변화했었던 것에서도 알 수 있다. '그들'을 악마라고 부르며 '그들'이 언니에게 건 주문을 풀어야 한다고 소리 질렀던 동생도 결국은 "지금 내가 갈 수 있는 낙원은 여기 장롱 속뿐이야(238면)"라고 중얼거릴 수밖에 없는 것이다.

또 다른 하나는 '시선'의 문제이다. 시선은 하나의 태도이며 세계를 인식하는 잣대이다. 과연 '쓰레기집' 자매를 바라보는 우리들의 시선은 순일純一한가? 이러한 질문은, 너무 당연해서 믿어 의심치 않았던 어떤 것을 들쑤셔 놓는다. 두 화자의 이야기를 통해 도드라지는 것은 자매의 모습을 뚫고 지나가는 '그들'이라는 존재의 시선이다. 이 자매에게 옆집 여자, 경비 아저씨, 사회복지사와 방송국 PD는 '그들'이라고 통칭된다. 이는 단순한 3인칭 대명사가 아니다. 자매가 '그들'이라고 부르고 있지만, 자매로 하여금 '그들'이라고 부르게끔 만들어 놓은 것은 바로 '그들'이다. '그들'이라는 대명사 속에는 자매와 '그들'을 구분하는, 뛰어넘을 수 없게 철저히 분리하는 명백한 구획선이 있다는 점을 주목해야 한다.

'진정한 행복'을 위해 그들이 가르쳐준 대로 열심히 청소를 하는 언니나 그들을 악마라고 부르는 동생에게서나, '그들'은 하나의 단단한 '질서'를 만드는 존재로 나타난다. 그 질서가 문제적인 것은, 병균과 벌레를 "박멸(223면)"하듯, 어떤 것을 '박멸'함으로써 이루어진다는 점 때문이다. '언니'인 '나'는 위생적인 환경이 얼마나 좋은지를 말하는데, 거기에는 단순히 깨끗함에 대한 것이 아닌, 묘한 제거의 쾌감이 스며 있다. "나는 락스 냄새가 좋아. 그건 깨끗한 냄새거든. 온갖 병균들이 박멸되었다는 증거야. 박멸이라는 말 참 근사하지? 뭔가 박살내는 기분이 들잖아(223~224면)"라는 '나(언니)'의 말은 실은 '그들'의 시선을 대행하고 있다. '그들'은 '쓰레기집 아이들'을 구제의 대상으로 보았고, 해서는 안되는 목록과 '이렇게 해야지' 하는 행복의 조건들이 박힌 목록을 부드럽게 강요했다. '그들'이 집 한복판에 설치했던 공기 측정기는 자매가 사는 공간이 "세균으로 득실거리는 불행의 공간(235면)"임을 증명하는 도구였다. 그것의 의미는 동생의 말에서 드러난다. "그들이 제시한 새로운 행복"은 "우리(소설 속 엄마와 자매—인용자 주)가 누렸던 행복은 불쾌한 것이고, 부끄러운 것이고, 그러니까 버려야 하는 무엇"으로 "전락(이상 235면)"시켰다. '쓰레기집'은 '불쾌하고 부끄럽고 버려야 하는 삶'에 대한 제유이다. 그러한 삶은 벌레를 박멸하듯 제거해야 하는 삶이며, 이로써 '그들'의 질서가 이루어진다. '그들'에게 자매와 엄마는 "불결하고 위험한 밀림"에서 "구출(237면)"되어야 하는 대상들이다. 그러나 전문가들이 내린 가장 합리적인 진단과 객관적인 분석이 자매와 엄마의 절망을 과연 '구출'해 낼 수 있을 것인가? 매스미디어가 만들어낸 계몽적 이미지, 구획과 동정의 메커니즘 속에서 '쓰레기집 사람들'은 '교정'될 수 있는가?

> 그래, 그들이 오면 방법을 물어봐야겠다. 그들은 전문가들이잖아. 그런데 그들은 왜 이렇게 안 오는 걸까? 분명히 온다고 그랬는데……. 사실은 그들이 언제 온다고 했는지 잘 모르겠어. 어젠지 오늘인지……. 그러고 보니 언제 왔었는지도 기억이 안 나. 온다고 하긴 했었는지……. 잘 모르겠어. 설마 그들이 우리를 잊은 건 아니겠지? 아닐 거야. 어떻게 우릴 잊을 수 있겠어.
>
> — 천운영, 「후에」, 244면

기다리던 '그들'이 오지 않자 '언니'는 돌연한 불안에 빠진다. 그들이 언제 왔었는지조차 기억나지 않고, 다시 온다고 약속했었는지도 확신할 수 없다. 사람들의 관심이 지나간 '후에', 방송이 끝난 '후에', 화면 바깥에서 아이들은 더욱 더 고립되고 있다. '쓰레기집'을 향한 선행이라는 것이 실은 자매를 옭아매는 권력적 행위였는지도 모른다는 의문이 암시되는 대목이다. 결국 동생을 끌어내려고 하던 언니는 동생이 있는 장롱 속으로 들어간다. 이제 자매가 머무를 수 있는 공간은 엄마의 흔적이 남아 있는 컴컴한 장롱 속뿐이다. 최근 소설들이 대개

'집'이 아닌 '방'의 상상력으로 구성되었다고 한다면, 이제 이 작품에 와서는 '장롱'이라는, 방에도 못 미치는 혹은 방의 극단적인 형태가 출현하였다. 어떤 것을 철저히 배제하고 구획함으로써 이루어지는 '그들'의 세계는 언니와 동생을 '비좁은 장롱'이라는 일종의 '게토ghetto'로 몰고 있다. '그들'이 가리키는 곳은 결코 '우리들'의 것이 될 수 없는, 실은 2000년대 버전version '당신들의 천국'이 아닐까.

비루먹은 신화, 되살아나려는 신화

손홍규의 「이무기 사냥꾼」

좌절된 꿈, 빼앗긴 꿈의 대명사인 아기장수 설화가 오늘날 어디까지 곤두박질칠 수 있을까? 비상한 능력을 가지고 태어났으나 그 비범함을 펼치지 못하고 죽임을 당하는 아기장수 설화의 현대적 변용은 지금껏 이상, 김동리, 김승옥, 황석영 등에 의해 여러 형태로 전개되어 왔다. 이는 2000년대 들어 손홍규의 소설 「이무기 사냥꾼」에서 다시 한 번 갱신된다.

이제 현대판 아기장수는 죽은 척해서 목숨을 부지하고, 거웃에 들러붙은 가랑니(사면발이)를 잡는다. 이 소설의 인물이 아기장수 설화의 계보를 잇고 있다는 것을 보여주는 것은 일단 비범한 힘이다. '용태'의 아버지는 "탄탄한 근육질 몸뚱이"에 "깊은 산에서 곰이나 범을 만난대도 눈썹조차 꿈틀거리지 않을" 담대함을 가졌고 동물적인 감각이 있어 마음만 먹으면 산짐승을 "마치 우리에 갇힌 가축을 끄집어내듯 손쉽게" 잡을 수 있었다. 아기장수 설화의 비극성은 아기장수의 능력 자체에서 나오는 것이 아니라, 사회적 관계 속에서 다시 말해 아기장수의 평범하지 않음이 관습이나 체제에 위협을 가할 수 있는 것으로 받아들여지는 데서 발생한다. 소설 속 아버지 역시 그러하다. 마을 사람들의 매질과 배척에 이유가 되어주었던 "상피붙은 자식"이라는 것은 근친상간 금지라는 인류의 오래된 금기를 위반했다는 죄목이다. 그런데 작가는 여기에서 역사적인 배경을 개입시켜 설화와는 다른 소설의 육체를 마련한다. 근친상간이라는 표면적인 이유 뒤에 마을 사람들에게 숨기려고 했던 진실이 있었으니 그것이 바로 '빨갱이'와의 혈연관계이다. 아버지와 오누이로 알려졌던 어머니는 실은 용태 할아버지의 친구가 맡긴 여식이었다. 용태 외할아버지가 빨치산 대장으로 활동하다 몰살당했다는 사실은 분단시대의 최대 금기인 체제 전복과 관계된 것이며 이는 역적이 될 것이라 손가락질 받으며 살해당했던 아기장수 비극의 본질에 닿아 있다.

이렇게 아기장수 설화와 이어지면서도 「이무기 사냥꾼」이 다른 길을 택하게 되는 것은 현대판 아기장수의 생존 전략에서 비롯된다. 온갖 누명을 쓰고 몰매를 맞으며 마을사람들과 절연된 공간에서 산다는 것이 물론 상징적인 죽음을 뜻하지만, '아버지'는 진물 흐르는 눈을 슴벅거리며 '살아있다.' 손홍규 소설의 현대판 아기장수는 장렬하게 죽지 않는다. 다만 죽은 시늉을 해서 '산生 죽음'으로 살아간다. 비루먹은 개와 같이 "죽은 체하기." 사람들이 매질을 하고 한 무더기 가래를 뱉고 갈 때까지, 아니 그들이 모두 돌아가고 달이 뜰 때까지도 죽은 시늉을 하는 것, 그것이 영웅의 비장한 결말이 용납되지 않는 시대에 비루먹은 목숨으로 살아남는 방법이었던 것이다.

이 소설에는 서로 다른 처지지만 죽은 체함으로써 살아남는다는 공통점을 가진 인물이 또 있다. 외국인 노동자 '알리'는 밀입국하여 쫓겨 다니며 임금도 제대로 받지 못한 채 공장을 전전한다. 죽은 척하여 겨우 연명하는 알리가 그 시늉을 하게 된 데는 방글라데시의 비극적인 역사와 이주 노동자의 비참한 현실이 가로놓여 있다. 파키스탄 군인과 인도군의 학살이 행해지던 때 알리의 아버지는 죽은 척해서 살아났고, 한국에 밀입국한 알리 역시 사슬에 묶여 공장에서 노예처럼 일할 때 죽은 시늉을 하고서야 비로소 풀려났다는 것이다. 숨이 멎고 심장 박동이 멈추고 온몸이 차갑게 식는 알리의 완벽한 연기演技를 비범한 능력이라고 할 순 있겠지만, 죽은 척해서 목숨을 부지하는 이 비참한 행위는 설화의 전락이자 엽기 버전이라고 할 만하다.

그러나 그들의 행위가 문제적인 것은 비루한 모습으로 이 시대 생존의 현실을 반증한다는 점 때문이다. 영웅의 드라마를 애당초 포기하고 생존에 골몰할 수밖에 없는 이 시대 배제된 자들의 현장을 보여주기 때문이다. '빨갱이'와 연루된 사실을 감추는 대신 근친상간의 누명을 쓰고 격리되는 '아버지'나 밀입국자로 법망을 피해 다녀야 하는 '알리'는 모두 한국 사회가 만들어놓은 경계 바깥의 국외자로서 경계 안의 질서를 문제 삼는 거점이 된다. 곰보처럼 얽어 보이는 얼굴에 뭉툭한 주먹코, 불거진 광대뼈, 각진 턱, 누런 대문니와 시뻘건 잇몸, 석탄처럼 시커먼 낯빛에 움펑 꺼진 눈두덩을 가진 아버지의 "몽골로이드보다는 차라리 니그로에 가까"운 외모는 알리의 낯선 외모와 통하며 이는 그들이 사회와 조화할 수 없는 국외자임을 보여주는 상징적 표지라고 할 만하다.

작가 손홍규는 이 희생양들에게 곧바로 도덕적 우위와 연민의 시선을 주지는 않는다. 가난하고 박해당하는 자들을 거의 늘 선한 인간으로 보여주었던 것이 사회적 약자를 그리는 소설의 병통이었다면, 그 점에서 손홍규는 각박한 현실 속으로 좀 더 파고 들어가는 신중함을 보여준다. 석산 저수지에 붙어사는 아버지에게서 도망치고 싶어 했던 아들 용태는 결국 오입과 노름으로 큰 빚을 지고 도시로 도망가 택배기사에서 염색 공장과 가구 공장 노동자로 전전하다 일당 잡부가 되었다. 그는 죽은 시늉을 완벽하게 해 내는 알리와 합작하여 사고를 가장하고는 고용주로부터 그동안 못 받은 임금을 받아내더니 이후에는 교통사고나 폭력사고를 위장하여 합의금을 갈취한다. 이렇게 해서 그들은 옥탑방과 중고차를 마련하는데 그들의 사기행각은 서로에 대해서도 예외가 아니었다. 처음부터 옥탑방과 고물차를 가로챌 것을 노렸던 용태가 알리 몰래 그것들을 가지고 고향으로 도망가려고 했을 때는 이미 알리가 옥탑방을 팔아넘기고 병원을 빠져나간 뒤였다.

이 사태에 직면한 용태의 태도에서 이 작품은 세태소설을 비껴간다. 여태도 방을 빼지 않았다며 투덜거리면서 새로 계약한 여자들과 옥탑방에 올라온 주인여자 앞에서 용태가 '죽은 시늉'을 하는 것이다. 그리고 "물기둥처럼 솟아오르던 이무기의 추억을 애써 기억에서 밀어"낸다. 죽은 시늉과 '이무기 사냥'은 아버지가 평생 해온 두 가지 일이다. 다시 아버지와 겹쳐지는 순간이다. 이 장면은 아버지를 벗어나려 했으나 다시 아버지를 닮아가는 부자父子의 서사 위에 신화적 상상력이 살짝 비치는 순간이다. 그런데 제목 '이무기 사냥꾼'이 암시하는 신화적 상상력을 살펴보기 전에 주목해야 할 것이 아버지의 '죽은 시늉'이라는 행위의 이면이다.

죽은 시늉은 행위 자체로서는 비루한 것이지만, '아버지'의 '죽은 척하기'가 궁극적으로는 자기만의 목숨을 위한 것이 아니라 '어머니'를 위한 것이었다는 점에서 고귀하다 할 수 있다. 근친상간이 아니라는 사실을 마을사람들에게 알리려면 어떻게 해서 오누이로 자라게 되었는지를 말해야 할 것이고 그렇게 되면 아내가 빨치산의 딸이라는 것을 밝혀야 했을 것이다. 분단의 역사에서 '빨갱이'라는 것은 근친상간보다도 더한 '역적'이어서 그녀는 아마 목숨을 부지할 수 없었을 것이다. 어머니에 대한 아버지의 묵묵한 사랑은 소설 곳곳에서 발견된다. 그는 그녀를 강간한 작자를 작살로 겨냥한 대가로 동네 사람들에게 몰매를 맞았지만 그때만큼은 죽은 척하지 않고 꼿꼿이 선 채로 버텼고, 세상살이의 원한과 울분을 터뜨리듯 강간당한 아내에게 옮겨 붙은 가랑니를 잡아주었던 것이다. 또, 죽은 시늉이 다른 사람을 구하는 것이기도 했다는 것은 알리가 캐나다 공안에게 잡혀있을 때 죽은 척함으로써 결과적으로 보호소에 갇힌 다른 사람들의 굶주린 배를 채워줬다는 데서도 확인할 수 있다.

죽은 시늉의 이면은 이른바 '이무기 사냥'으로 심화된다. 마을의 소가 여러 마리 없어진 것은 실은 소 임자들이 소를 팔아넘기고서는 도둑맞았다고 소문내고 용태 아버지를 모함한 것이지만, 그는 소도둑이 석산 저수지의 이무기라고 지목한다. 승천하는 용이 되려다 실패한 이무기를 보았다는 것이다. 합리성의 임계점에서 신화적 상상력은 솟아오른다. '빨갱이'가 몰살당하고 난 후 "잔뜩 성이 난 이무기 한 마리가 쩌그 저수지에서 물기둥맨키로 솟아나와갖고 송아치 한 마리를 몸뚱이로 똘똘 말아서 저수지 짚은 디로 끄져가는 걸 봤"다는 아버지. 핏물 그득한 학살의 현장을 목격한 그의 분노와 공포가 "잔뜩 성이 난 이무기"로 옮겨갔을지 모른다. 혹은 자신의 힘을 비루하게 죽이면서 살 수밖에 없는 그가 '물기둥처럼 솟아오르는 이무기'에 자신을 투사했을지도 모른다. 어쨌거나 그는 아무도 그 존재 자체를 믿지 않는 이무기를 확신하고, 자신이 보았다는 것을 스스로 굳게 믿는 것이다. 이무기를 잡기 위해 겨우 소나무에 도르래를 달고 팔뚝에는 쇠토시를 끼고 스스로를 미끼삼는 도무지 허무맹랑한 행위가 믿음의 방식을 통해 그에게는 자기 존재 증명과도 같은 것이 된다.

작가도 그를 '이무기 사냥꾼'이라 칭하여 신화를 복원할 꿈을 비치지만, 황석영이 「장사壯士의 꿈」의 결말에서 행했던 시적詩的 비전보다는 훨씬 절망스럽게 처리하고 있다. "내 살이여 되살아나라. 그래서 적을 모조리 쓰러뜨리고 늠름한 황소의 뿔마저도 잡아 꺾고, (…중략…) 무엇보다도 성나서 뒤집혀진 바다 가운데 서 있고 싶었지. 그때에 기적이 일어났지. 내 자지가 호랑이의 앞발처럼 억세게 일어났어"라는 외침(「장사의 꿈」)과 "언제까지 이렇게 죽은 시늉을 해야 할지 알 수가 없었다. 당분간 이무기 사냥은 작파다. 용태는 어머니의 관을 내릴 때 보았던, 저 아래 석산 저수지에서 물기둥처럼 솟아오르던 이무기의 추억을 애써 기억에서 밀어냈다(「이무기 사냥꾼」)"는 진술 간의 거리를 보라.

그럼에도 불구하고, 아버지에 이어 물기둥처럼 솟는 이무기를 보았다는 용태, 그리고 응급실에서 밤새 앓으면서 이무기 사냥을 떠올렸다던 알리까지 합세하면 '이무기 사냥'을 믿는 한 무리의 사람들이 독자들의 눈앞에 떠오른다. 그런데 그들은 모두 이 사회의 바깥으로 밀려난 사람들이며 비루먹은 목숨을 겨우 이어가는 사람들이다. 바로 그들이 햇살 쏟아지는 옥탑방 창틀 위를 느릿느릿 기어가는 "살아남은 사면발이"인 것이다.

손홍규의 이러한 소설적 인식은 예측할 수 없는 현실의 위력 앞에서 무력해진 주체를 감내하는 2000년대 소설군과 맞닿아 있다. 그 와

중에서도 「이무기 사냥꾼」에서 신화적 상상력을 감행할 수 있었던 것은 앞에서 보았듯이 손홍규의 인물들이 도시인의 상실이나 우울과는 다른 체험을 하고 있기 때문이며 이는 그의 첫 창작집 『사람의 신화』의 연장선 위에 있다. 최근 많은 소설들이 주체의 무기력함을 존재론적 운명으로 받아들이는 상황을 떠올리면 손홍규의 작업은 소중한 가능성이라고 말할 수 있겠다. 그러나 이는 한편으로는 개인을 압도해 버리는 지금 시대의 가혹한 세부를, 인물들의 고투를, 더욱 혹독하게 파헤쳐야 할 과제를 안고 있다. 개인의 인식 능력을 무참하게 만들어 버릴 만큼, 그 많은 사람들을 존재론적 허무로 몰아갈 만큼, 가슴으로 빚어낸 성긴 틀로는 잘 잡히지 않는 복잡하고 불확정적인 2000년대 현실 속에 작가가 서 있기 때문이다.

'비틀'거리면서 '꿈틀'거리는, 여기

한창훈의 『나는 여기가 좋다』

인공낙원 뒷골목의 잿빛 일상을 살아가는 왜소한 인물들이 황사처럼 최근 소설을 뒤덮고 있다. 그들의 무표정한 얼굴이 간신히 이 시대를 증언할 때, 섬과 바다의 현장에서 벌이는 작가 한창훈韓昌勳의 문학적 존재 증명은 분명 신선한 데가 있다.

최근 작가들이 주로 멀티미디어의 문화적 세례 속에서 도시적 세대감각을 펼치는 데 반해, 여수 출신 한창훈이 실감나는 생활 감각으로 그려내는 섬사람 · 뱃사람들의 삶은 쏠림 현상을 보여주는 2000년대 문학의 빈 곳을 튼실하게 메워주고 있다. 독자에게 이번 소설집은 마치 세월이 가도 변함없는 연인의 든든한 눈길을 느끼게 한다. 많은 이들이 빠르게 변하는 세상을 따라 바삐 떠나도 누군가는 고집스럽게 한 세계를 지키며 느리게 갔으면 하는 이기적인 바람을 작가 한창훈이 기꺼이 맡아 주고 있는 것이다. 그는 줄곧 '바다'라는 키워드를 중심으로 하여 '끝'으로 내몰린 자들의 삶을 질박한 남도 사투리에 실어 탐색해 왔는데, 『나는 여기가 좋다』(문학동네, 2009) 역시 그의 뚝심을 잘 보여준다. 특징적인 점이라면 이번 창작집 제목이 말하는 것처럼 세계를 인식하는 '태도'의 문제를 좀 더 선명하게 드러냈다는 것이다.

작가가 당당하게 '좋다'고 말하는 '여기'란 어떤 곳인가? 한마디로 말한다면 일단 '여기'는 세상의 '끝'이다. 등단 이후 지속적으로 보여주었던 '끝'의 이미지는 더 이상 한 발을 내딛기 어려운 막다른 곳으로 '내몰린 자'들을 표상하며, 이는 한창훈의 시대인식이라고 할 수 있다. 생계를 의탁하던 배를 팔아버렸거나(「나는 여기가 좋다」) 낡을 대로 낡은 배 한 척에 기대어 살아가고(「아버지와 아들」), 빚에 몰려 섬 다방으로 팔려 가는가 하면(「올 라인 네코」), 풍랑을 만나 바다에서 실종된 남편 / 친구를 찾지 못한 채 평생을 고생하다 죽음 가까이까지 왔다(「바람이 전하는 말」). 어디를 보아도 괴로움과 아픔이 속속들이 배어 있는 '여기'에서 그들은 고통의 압력 때문에 '비틀'거릴 수밖에 없다. 작가는 각 작품마다 휘청거리고 비틀거리는 삶의 장면들을 예리하게 잡아 생생하게 풀어놓고 있다. 그런데, 비틀거리는 그들은 '나는 여기가 좋다'고 말한다. 그 힘은 어디에서 오는가?

한창훈의 인물들은 소설론에서 말하는 성격 유형으로 보면 매우 평면적(대개 소설의 처음부터 끝까지 변화가 없는 인물을 가리킴)이다. 얼핏 보아 흥미를 끌지 않는, 답답해 보이는 평면적 인물들에서 그는 보기 드문 가치를 찾아낸다. 배 타는 것 말고는 해본 것이 없고, 세상 물정과 거리가 멀어 융통성이 없으며, 사람에 대한 정과 그리움 외에는 남은 것이 없는 인물들의 모습은 오히려 지금 이 복잡하고 '멀티multi-'한 세상을 낯설게 만든다. 작가는 단순하고 촌스럽고 우직한 사람들의 '꿈틀'거리는 순간을 포착하기 위해 적막한 시공간을 장면화 하였다. 아무도 찾지 않는 죽은 어장에서의 마지막 낚시(「나는 여기가 좋다」), 함박눈이 하염없이 내리는 깊은 밤 늙은 작부의 옛사랑 이야기(「밤눈」), 바닷바람이 맹렬히 부는 궂은날 밤 제사상 촛불 아래(「바람이 전하는 말」) 등의 장면은 소란스러운 세상을 정지시켜 극적인 서정성을 조성하면서, '비틀'거리는 그들을 살게 했던 그 '꿈틀'거림을 전경화前景化하고 있다.

"그때 입질이 왔고 그는 반사적으로 줄을 낚아챈다. 올라온 놈은 갈치. (…중략…) 놈은 무지갯빛 몸뚱이를 거칠게 털다가 바닥에 눕는다. 등지느러미가 날렵하면서도 우아하게 물결을 탄다. 수정처럼 눈이 맑다. (…중략…) 불빛 찬란하게 반사되는 놈을 보며 그는 잠깐 아득해진다. 이 맛에 어장을 해왔다. 이것으로 먹고살았고, 이것 때문에 빚을 졌다. 이것 때문에 즐거웠고 이것 때문에 불안했다(「나는 여기가 좋다」, 19면)." 한 생애의 고통이 바다에서 나오지만 한창훈의 인물들은 이 바다의 살아 꿈틀거리는 힘을 결코 거부할 수 없다. 찬란하게 꿈틀거리는 것은 밤바다의 물고기만이 아니다. "노썹에서 정신없이 삐걱이던, 마치 불이라도 붙어 타오를 것 같던 놋좆, (…중략…) 짐승 아가리처럼 끝없이 밀려오던 너울, 입에서 단내가 나도록 노질을 하는 젊은 그, (…중략…) 따로 젓노를 잡고 힘을 쓰던 친구, 청동의 파도 너머로 붉게 솟아오르던 아침 해, 불뚝불뚝 불거지는 굵은 팔뚝, 격벽을 밟고 선, 부풀어 오른 종아리(「바람이 전하는 말」, 116면)." 살아있는 것에 매료된 자의 역동적인 육체, 그리고 그 광경에 대한 묘사 역시 살아 꿈틀거린다. 이렇게 바다와 하늘과 배와 어부가 한데 어울리는 장면의 신명나는 묘사는 이 작품집의 빼놓을 수 없는 매력이다.

더불어 중요한 것은 그 순간에 '동행'이 있다는 점이다. 서로 원망하면서도 곁을 지켜주는 부부 혹은 아버지와 아들, 보듬어 두었던 옛사랑을 털어놓는 늙은 작부와 그 이야기에 귀를 기울이는 남자, 먼저 세상을 뜬 사람을 그리며 손수 낚은 삼치를 나눠 먹는 사람들은 모두 이 소설집의 핵심적 형상이다. 그들은 서로의 말을 들어주고 속내를 읽어 공감하며 함께 한다. 이들의 동행은 무력한 개인이 자기 안에 유폐되는 것을 막아주며, 그 따뜻함의 감염력은 집단적 실천으로 이어지는 뜨거움보다 오히려 더 강하다. 동행의 모티프가 시끌벅적하게 유머를 동반하면서 낭만적으로 그려진 작품이 「올 라인 네코」다. 섬에 팔려온 다방아가씨 '미정'과, 그녀를 따라다니며 구혼해온 순정파 섬 사내 '용철'이 '불타는 밤'을 보낸 것이 성매매가 아닌 사랑임을 증명하기 위해 한바탕 소동을 벌이는데, 즉흥 입맞춤도 모자라 파출소에서 당장 고향집에 전화를 걸어 상견례를 하는 용철의 기발한 뚝심은 유쾌하고 따뜻한 웃음을 유발한다. 배가 출발할 때 '줄을 다 걷어내라'는 뜻의 '올 라인 네코'는 '옷을 다 벗으라'는 성적 욕망의 신호이며 또 온갖 족쇄를 다 걷어내고 함께 하자는 뜻이 된다는 점에서 동행의 모티프가 가장 발랄하게 실현되는 지점이다.

비틀거리면서도 꿈틀거리는 삶을 아는 자가 '나는 여기가 좋다'고 말할 때, 비로소 우리는 그의 뱃심을 신뢰할 수 있다. 그런 그들의 동행은 번화한 도시의 삭막한 인간관계에 절망한 독자들을 가만히 일으켜 세운다. 이를 가능하게 한 것은 세계를 바다의 품으로 끌어안고 싶어하는 작가의 따뜻한 인간애이며, 이 낙천적 문학관은 최근 문단의 소중한 자산이다. 그러나 소외된 자들에 대한 연민과 공감의 태도가 동행의 서정적 순간을 포착하거나 신명나는 입담을 건져 올리는 대신, 자본주의적 시스템에 둔감해지거나 인물간의 갈등을 축소하여 작품의 팽팽한 긴장감을 약화시키는 경향에 대해서는 진지하게 고민

해볼 필요가 있다고 하겠다. 작가에게 건배를 청한다. 더 치열한 산문 정신을 위하여!

쓰면서 지워지거나 혹은 죽거나

김태용의 「포주 이야기」

오래된 관습이란 어디든 있게 마련이다. 그것은 너무 자연스럽게 느껴져서 원래 그런 것인 양 여겨지기도 하고 그런 만큼 잘 깨지지 않는 환상을 낳기도 한다. 문학 작품을 읽을 때에도 이러한 견고한 관습이 작동한다. 대개 우리는 일단 읽기 시작하면 스토리에 집중하고, 또 그 이야기가 삶의 진실을 선명하게 전달해 줄 것이라고 기대하는 것이다. 그런데 과연 그러한가? 이야기에 숨어있는 명쾌한 진실이 있기나 한 것인가?

김태용의 「포주 이야기」는 "나는 포주였다"로 시작하는 단편소설이다. 텍스트에서 시간 순서대로 '스토리'를 재구성하면 이렇다. 유년 시절 '나'는 학교도 못 간 채 산골에 처박혀 집안일만 해야 했다. 늘 부재중이었던 아버지는 죽기 직전 집으로 돌아왔고 낡은 책을 머리맡에 둔 채 수시로 피를 토했다. "나는 너의 아버지가 아니다. 너의 아버지를 찾아 이 집을 떠나라"고 말한 아버지가 죽자 그는 아버지의 책을 땅 속에 숨겨 두었다. 전쟁이 터져 피난 가던 중 그 책을 찾기 위해 집으로 돌아갔다가 어머니를 잃고 고아가 된 그는 뒷골목으로 흘러든다. 아편 밀매를 하는 포주의 아들로 살다가 결국 그 아편쟁이 남자를 죽이고 포주가 되었다. 다시 세월이 흘러 창녀촌이 철거되면서 그는 악덕 포주로 잡혀가 수감 생활을 한 후 노숙과 날품팔이로 전전하다 칠십을 넘긴다. 이젠 구청에 등록된 독거노인으로 살아갈 뿐이며, 봉사활동 나온 '대학생 아이'에게 글을 배운다. 그러던 어느 날 밤 그 아이가 무엇인가에 크게 절망한 모습으로 찾아왔고 아무것도 묻지 말라며 두 시간만 있다 가겠다고 하더니 쓰러져 잠이 들었다. 그렇게 돌아간 아이는 다시 오지 않았고 그 날 이후 그는 아버지의 책을 도서관에서 찾기로 마음먹고 처음이자 마지막으로 유서 같은 글을 쓰기 시작한다. 그야말로 곡절 많았던 한 늙은이의 불우한 생애 이야기이다.

그렇다면 '텍스트'의 차원은 어떠한가? 보통 현대소설은 시간을 교란하는 방식, 즉 과거와 현재를 뒤섞어 교차시키는 방식으로 텍스트를 직조하여 주제를 돋을새김 한다. 이 소설 역시 일흔이 넘은 서사적 현재에 이르는 과정을 연대기순으로 배열하지 않았다. "나는 포주였다"라는 문장에서 더 나가지 못하고 같은 문장을 반복해서 쓰고 있는 노인의 현재를 보여주고 그 이전의 과정을 하나씩 들춰낸 후 다시 도서관에 절망적으로 앉아 있는 그의 모습을 결말로 배치한 것이다. 물론 소설의 중요한 키워드일수록 숨겨져 있다가 드러난다. 자원봉사 '대학생 아이'를 만나 글을 깨우치는 장면이 먼저 나오고 포주 시절이 잠깐잠깐 언급되는 가운데 서서히 그 모습을 드러내는 것은 '아버지에 대한 기억 — 대학생 아이의 예상치 못했던 방문과 사라짐 — 아버지의 책 찾기'이다. 불우한 늙은이의 생에서 중요한 키워드는 바로 '아버지'와 '나'인 것이다.

'아버지를 기억하기'와 '아버지의 책 찾기' 사이에 등장하는 대학생 아이의 방문 삽화는 그 두 가지를 연결하면서 아버지에 대한 술어를 제시한다. 예기치 못했던 이상한 방문에서 보여준 절망과 갈망은 '보고 싶은 사람이 있냐'는 아이의 질문에 응축되어 있다. "아이가 더 이상 오지 않겠구나, 체념하고 있을 때 누군가 내 옆에 누워 있는 것을 발견했다. 낡은 책을 베고 누운 그는 나의 아버지가 아니라고 부정했던 아버지였다. 말없이 천장을 바라보고 있는 아버지는 입을 반쯤 벌려 연기를 내뿜었다. 아편 연기가 피어올랐다. 순간 아버지는 내가 칼을 꽂은 아버지로 변했다." 이 환상에서 보는 것처럼 아이의 존재는 아버지의 기억을 매개한다. 어릴 적 아버지의 머리맡에 있던 책을 찾아 나선 것도 아이가 사라진 직후이다. 마치 첫 문장에서 더 나가지 못하는 글처럼, 아버지 부재不在에 대응하는 자기 성찰은 좌절된다. 평면적인 스토리는 이렇게 텍스트로 구성되면서 다른 모습을 갖추는 것이다.

그러나 이런 의미는 이 소설에서 완성되지 않는다. 이 소설은 의미(주제)를 찾아내려는 독자의 독서 행위에 거듭거듭 균열을 내고 있다. 읽으면서 자꾸 거치적거렸던 문장, 즉 "나는 포주였다"의 반복에서부터 우리는 다시 이야기해야 한다. 여기서 주목할 것이 바로 '말하는 행위', 즉 '서술행위narrating'이다.

> **나는 포주였다.** 이것이 내 유서의 첫 문장이다. 매일 매일 자신의 사망신고서를 작성하듯 **나는 포주였다**, 라고 쓴다. **나는 포주였다**, 만 남은 채 나머지 문장들은 모두 볼펜으로 지웠다가 종이를 구겨버리는 작업을 몇 달째 계속하고 있다. **나는 포주였다**, 는 나에게 아편 같은 문장이 되었다. 첫 문

장을 쓰기 위해 오늘도 도서관에 왔다. (…중략…) **나는 포주였다**, 라는 문장을 봤어도 **내가** 정말 **포주였다고**는 믿지 않을 것이다. (…중략…) 이제 내가 쓰고자 하는 이야기가 사실인지 거짓인지조차 혼란스럽다. 이것은 유서가 맞는가. (강조표시－인용자)

김태용의 첫 창작집 『풀밭 위의 돼지』에서 선보인 바 있는 특정 단어의 반복이 위 인용문에서 보는 바와 같이 이 작품에도 변주되고 있다. "나는 포주였다"는 이 소설의 첫 문장이다. 무한반복 될 것처럼 수시로 등장하는 이 문장은 새로운 문단을 열거나 닫기도 하고, 기억 하나씩을 끄집어내기도 하며, 하나의 문단을 조각조각 쪼개버리기도 한다. 이 문장의 반복이 문제적인 것은, 반복이 갈수록 의미를 선명하게 하지 않는 것은 물론 의미의 축적을 방해한다는 점 때문이다. "나는 포주였다"라는 문장이 반복될수록 기억은 점점 더 흐릿해지며 고백의 의미 역시 선명해지지 않는다. 이 "아편 같은 문장"을 이어가려고 하면 할수록 자신이 쓰고자 하는 이야기가 사실인지 거짓인지조차 혼란스러워진다. 이에 따라 인물의 이야기 속에서 삶의 진실을 구하려는 독자의 몰입은 끊임없이 방해 받는다.

"나는 포주였다"라는 문장은, '나(경험 주체)'라는 인물이 과거에 '창녀'를 두고 '사람 장사'를 했음을 뜻한다. 사실을 나타내는 이 문장은 서술(혹은 발화)되는 순간(나는 "나는 포주였다"라고 썼다), 서술행위를 통해 부끄러운 과거를 진솔하게 고백하는 '나(서술 주체)'를 부각한다. 그런데 이 문장이 무차별적으로 반복되면서 진정성이 두드러지기보다는 발화 자체가 유희화 되고 그 의미는 오히려 불투명해진다(박남철의 시 「주기도문, 빌어먹을」에서 "믿습니다(믿습니다? 믿습니다를 일흔 번쯤 반복해서 읊어

보시오)"라는 구절이 '믿습니다'라는 진술의 숭고함을 탈색시켜 희화화했던 것을 상기해 보라). 위 인용문에서 보는 바와 같이 "나는 포주였다"라는 문장의 무차별적 반복은, 과거 사실과 고백의 의미를 부각하기보다는 오히려 기표로부터 기의가 미끄러지는 양상을 드러낸다. 이를 '쓰면서 지워지는 과정'이라고 해보면 어떨까. "결국 죽음 말고는 생각할 것이 없다"고 한 것처럼 죽음이라는 사건만이 이 의미의 미끄러짐을 완전히 소멸시킬 수 있을 것이다.

의미가 미끄러지는 양상은 이 소설 여기저기에 산포되어 있다. 단적으로, 제목은 '포주 이야기'이지만 정작 이 작품은 독자가 기대하는 것처럼 포주에 대한 이야기, 포주였던 당시 이야기에 집중하지 않는다. 아버지는 자기가 아버지가 아니니 진짜 아버지를 찾아가라 하고, 그리하여 '나'는 도시 뒷골목에서 만난 아편 밀매상의 아들로 살아간다. 어렸을 적 아버지 머리맡에 있었던 책을 찾아 나섰지만 결국은 그 책에 있었을 법하다고 생각되는 문구를 찾을 수 있을 뿐이었다. 또 "젊었을 땐 무슨 일을 하셨어요"라는 아이의 물음에 "나는 포주였다"라고 하자 아이는 "네, 포도주요, 아, 포도주를 만드셨군요. 그럼 와인 제조공장에서"라고 말한다.

특히 '포주와 포도주'의 거리距離는 '말걸기to address'와 '전달하기to communicate'가 불일치한다는 사카이 나오키를 떠오르게 한다. "'말걸기'가 '전달하기'와 구별되는 것은 말을 거는 행위가 메시지의 목적지 도달을 보장해 주지는 않기 때문이다(사카이 나오키, 후지이 다케시 역, 『번역과 주체』, 이산, 2005, 50면)." 그에 따르면, 일반적으로 우리는 말하는 이와 듣는 이 모두 균질적인 언어공동체homolingual를 전제하고 상호이해와 투명한 의사소통이 가능하다는 믿음을 가지고 있다. 그러나 말걸기와 전달하기 사이의 간극은 화자와 청자 사이뿐만 아니라 화자나 청자가 자기 자신에 대해서 가지는 거리이기도 하다. 모든 듣기나 읽기에서 청자(독자)가 화자의 발언을 수용할 때마다 '번역'이 일어난다는 것이다. 그래서 전달의 측면에서 보면 번역은 끝이 없다.

이쯤에서 우리는 「포주 이야기」의 스토리나 발화 내용에만 집중하는 일이 별 소득 없는 일이라는 점을 인정해야 할 것이다. 문학 작품을 읽는 독자가 실은 매순간 '외국인'이 된다는 것을 작가 김태용은 서술행위를 통해 실천적으로 보여주고 있다. 그렇다면 「포주이야기」에 대한 이 비평적 '말걸기'는 또한 이 글을 읽는 독자에게 어떻게 '전달'될 것인가?

'목요일'로 가는 우회로迂廻路

조해진의 「목요일에 만나요」

지름길 말고 멀리 돌아가는 길을 선택한 자는 과연 어리석은가? 어리석은 선택으로 가장 빠른 길의 어리석음을 환기할 수 있다면 그것은 속도에 저항하는 가치가 될 것이다. 조해진은 소통을 향한 그 먼 우회로의 진정성을 탐색하는 작가라고 말할 수 있다. 그녀는 고통을 최소화하는 빠른 길 대신 고통의 세부를 하나하나 오롯이 겪는 길로 간다. 그녀의 소설을 읽는 즐거움은 이 우회로를 따라 깊숙한 곳에 있는 고통의 다양한 갈피들을 대면하는 데서 나온다.

작가 조해진은 인물의 내적 · 외적 동선動線은 물론 독자의 독서 행위 역시 주제를 향해 일직선으로 달려가기를 원하지 않는다. 그녀는 마치 그림 그린 투명 종이를 여럿 겹쳐 놓은 것 같은 방식으로 소설을 구성하여 독자들이 그 불투명함을 순례하도록 이끌고 있다. 서사의 정보를 소상하게 설명하지 않은 채 과거와 현재, 현실과 상상, 여기와 저기 등을 겹쳐놓음으로써 독자들이 불투명함을 체험하고 그 속에서 길을 더듬길 바라는 것이다. 그 불투명함은 풍성함의 다른 이름이다.

불투명한 갈래들을 헤치고 서사적 현재의 사건을 서사 단락별로 재구성하면 다음과 같다. '여자'는 어머니와 동생 'K' 이렇게 세 식구로 화목하게 살아왔다. 그런데 K가 운전하던 차가 전복되어 조수석에 탔던 어머니가 뇌사 상태에 빠지는 사고가 일어났다. 죄의식에 시달리던 K는 어느 날 사라져버렸고, 여자는 먼 곳으로 가서 자살을 시도하려다 멈추었다. 다시 일상으로 돌아와 마을버스를 타고 가던 중 교통사고가 났는데, 그녀는 공포에 떠는 젊은 기사를 위해 증언을 해 준다. 일이 잘 해결된 후 마을버스 기사가 전화해 식사 대접을 하고 싶다고 목요일에 만나자 한다. 떠나버린 동생과 죽음을 기다리는 어머니로 하여 고통 받던 여자는 결국 약속 장소에 나가지 않았고, 그 대신 목요일마다 동생과 농구 하던 일을 떠올리고 동생에게 보내는 엽서를 쓰려고 한다.

독서 과정에서 이렇게 서사적 현재를 재구성하는 것은 독자가 작품의 윤곽을 파악하기 위해 의식적 · 무의식적으로 수행하는 일이다. 그러나 불투명함을 헤쳐서 서사를 선명하게 돋을새김 하는 것보다 더욱 흥미로운 것은, 앞서 말한 것처럼 여러 가지 서사적 풍경이 중첩되어 있는 불투명의 풍성함을 디테일 그 자체로 즐기는 일이다. 조해진은 내면 심리 묘사를 위해 형용사를 직접 동원하지 않는 편이다. 그 대신 사물을 중심으로 일어나는 행위를 서술함으로써 내면을 드러낸다. 다시 말해, 사물을 키워드로 삼은 삽화episode를 촘촘히 배치하여 상상력을 통해 증폭되는 사물의 울림 혹은 삶의 울림을 선보이고 있는 것이다.

먼저, '의자'를 통해 동생 K의 죄의식이 모습을 드러내기 시작한다.

이름하여 '통곡의 의자.' "도시의 한가운데, 높은 계단 끝에 있다"는 통곡의 의자, 의자를 향해 선 긴 줄, 조심스럽게 의자에 앉는 사람들, 그 의자에서 고백하는 자의 "울부짖는 일그러진" 모습, 그것과 상관없이 흘러가는 주변 풍경과 다른 사람들의 표정 등을 세심하게 서술하는 도입부는 작품 전체 주제의 한 축을 제시한다. 어머니를 죽게 만들었다는 죄책감, 피붙이의 죽음을 맞닥뜨려야 한다는 두려움과 슬픔, 아무리 간절히 바라고 기도해도 현실이 바뀌지 않는다는 절망감, 자기 자신에 대한 환멸과 학대 등으로 복잡하게 얽혀 있는 고통의 이미지를 '통곡의 의자'가 드러내놓고 있는 것이다.

여자가 입어본 '어머니의 옷'은 어머니에 대한 그리움이다. 그녀는 어머니가 즐겨 입던 "감색 치마와 수국이 그려진 면 셔츠, 보라색 조끼"를 꺼내 입고 마트에 간다. 어머니의 옷을 입는 행위는 어머니의 존재를 피부로 느끼려는 것이며 또 그 존재로부터 보호받았던 기억을 재현하려는 것이다. 첫 연애에서 실패해 술주정을 부리던 여자의 어깨를 내리치며 "오줌 싼다"라는 한 마디로 어리둥절하게 만드는가 하면, 밤새도록 함께 상대 남자를 욕해서 여자의 괴로움을 씻어주었던 어머니. 여자의 피부를 감싸는 어머니의 옷은 "외부의 미세한 위험까지도 막아줄 것 같은 든든함" 그 자체인 것이다.

'농구공'은 남매의 아름다운 유대紐帶를 그려낸다. 목요일 저녁마다 그들은 땀 흘리며 농구 게임을 했었다. 특히 여자가 은행에서 해고 메일을 받은 지 한 달째 되던 날에 했던 농구는 게임이라기보다는 위무慰撫의 행위였다고 할 수 있다. 공을 놓친 채 주저앉아 버린 "여자 곁에 오래오래 서 있"어 주는 것, 짐짓 모른 체하며 공을 제법 아프게 던져 누나의 고통을 잊게 하고 시선을 다른 곳으로 돌리게 하는 것, 그것은 어떤 말로도 대신할 수 없는 따뜻한 위로이다. 또한 그것은 타자의 고통을 이루 다 이해할 수는 없지만 고통의 시간을 같이 해 줌으로써 타자와 함께 살아가는 행위이다.

'장롱'은 상상을 추동하면서 동생의 부재를 탐문한다. 어머니의 뇌사 판정 이후 K가 종종 숨어들어가 있던 장롱에 여자가 들어가 본다. "한참을 무릎발로 기어가다 보니 문 하나가 손에 잡혔다. 열리지 않는 문이었다. 문 너머로 태국의 거리를 걷는 떠돌이 개들의 무력한 발소리가 들려오는 것도 같았다. 혹은 인도 갠지스강 근처의 하이에나들이 달빛을 받으며 노래하는 소리, 도쿄 사람들이 고독하게 햄버거를 씹는 소리", "검은색 차도르를 쓴 여자들이 새벽마다 물을 길어 나르는 곳, 황홀한 에메랄드빛 해안가를 갖고 있는 태평양의 이름 없는 섬, 낮에는 몇 발의 총성이 울리고 밤에는 홍등가의 화려한 조명이 홍건한, 멸망하기 직전의 어떤 대도시"에서 보듯, 장롱의 상상력은 동생이 있을지도 모르는 어떤 미지의 세계를 탐색하는 상상력이다. 여기에서 저기로, 현재에서 과거 혹은 미래로 건너뛸 수 있는 상상의 공간이 바로 어두한 장롱의 내부이다. '태국의 떠돌이 개, 인도 강가의 하이에나들, 햄버거를 씹는 도쿄 사람들, 차도르를 쓴 여자들, 태평양의 이름 없는 섬' 등과 같은 이국異國 혹은 낯선 존재는 타자를 상징하고 있다. 그 모든 낯섦은 동생의 부재를 형상화하며, 타자라는 존재에 대한 작가의 이해를 보여준다.

'고양이'는 K에 대한 그리움, 그리고 K와의 해후에 대한 기다림을 형상화한다. "떠난 공은 되돌아오지 않았다. 스탠드 구석에서는 버려진 새끼 고양이가 비를 맞은 새처럼 연약하게 울고 있었다"에서 작가는 외부 풍경의 묘사를 통해 여자의 외로운 정황과 심리상태를 환기하고 있다. 이 고양이를 결말에서 다시 한 번 만났을 때, 여자는 고양이에게 "어디 갔다 왔니?"라고 묻는다. 이 질문은 고양이에게 하는 것이면서 동시에 지금 여기에 없는 K에게 묻는 말이다. 어느 날엔가는 뒤늦은 대답을 들을 것이라는 걸 포기하지 않고 기다리는 여자의 소망이 잘 나타나있다.

많은 사물 가운데서도 서사단락을 가로지르는 '엽서'는 이 소설의 비밀이자 작가의 고유한 개성을 푸는 비밀스런 열쇠이다. '여자'는 네 통의 엽서를 '받는다.' 예컨대 "이곳의 개들은 영물 같다. 태국에서 K", "앙코르와트 사원에 있는 나무들에는 입이 있다. 캄보디아에서 K" 등과 같은 한 줄 문장이 적힌 엽서는 이렇게 K가 보낸 것으로 되어 있지만, 실은 '여자'가 쓰고 자기 자신에게로 보낸 엽서이다. 이는 여자 자신의 생각을 K에게 '씌워서' '부재하는 K'를 '존재'하게 만들고, 그것을 통해 궁극적으로 자신을 위로하려던 행위라고 할 수 있다. 마침내 작가는 이와는 다른 다섯 번째 엽서를 준비한다. 지극한 그리움 때문이든 용서가 어려운 마음 때문이든, 타자를 타자로서 있는 그대로 받아들이지 않고 '나(주체)' 중심으로 타자를 변형하려던 행위를 이제 수정하려는 시도, 그것이 여자가 K에게 보내는 진짜 엽서의 의미이다.

> 여자는 전등 하나를 켜 놓고 책상에 앉아 허리를 안으로 굽은 채 오래오래 쓸 것이다. 이번만큼은 K에게 향하는 진짜 엽서를. 못한 말이 있어, 속삭인 후 숨을 한 번 깊이 들이키고 나서. 너의 잘못이 아니야. 서울에서 누나가.

위 인용문은 이 작품의 마지막 부분이다. 여자가 K에게 엽서를 쓰는 행위, 또 이 사실을 드러내는 행위는 중요하다. 물론 이 엽서는 수

신인의 주소를 쓸 수 없겠지만, '이국異國 혹은 낯선 존재'인 타자를 그 자체로 수용하려는 주체의 정직한 태도를 보여준다. 여자는 멀리멀리 둘러서 힘겹게 여기까지 왔다. 이 작품은 이 마지막 말에 이르기 위한 치유 과정이라고 할 수 있다. 동생에 대한 그리움과 원망과 연민으로 인해 오래 묵혀둔 말, '너의 잘못이 아니'라는 이 따뜻한 위로는 엽서의 의미를 두텁게 한다.

그렇다면 여자가 기다리는 목요일의 의미는 무엇인가? 목요일의 '목木'은 캄보디아 앙코르와트 숲의 나무와 보이지 않게 연결되어 있다. "오랜 세월 침묵한 나무들에게도 못 견디게 하고 싶은 말들이 있을 터였고 그 간절한 염원이 견딜 수 없는 통증을 감내하면서까지 제 몸에 구멍을 내게 한 거라고. 나무의 입"이라는 서술에서 보는 바와 같이, 침묵과 말 사이, 염원과 통증 사이, 그 사이의 심연은 소통을 위한 것이리라. 여자와 동생 K는 매주 '목'요일에 농구를 하면서 서로를 위로했다. 그리고 언젠가 다시 식탁에 마주앉아 이야기를 하다 "끄덕끄덕 고개를 떨구며 졸게 될" 날 역시 "아마도, 목요일 저녁마다"일 것이다. 그들이 만나는 '목木요일'은 먼 우회로를 거쳐 다다르게 될 '소통'의 다른 이름이며, 이는 곧 작가와 독자가 만나는 '소통의 목요일'이기도 할 것이다.

Quick, Quack, Quixotism, Question?

윤고은의 「Q」

이제 누구나 알고 있듯, 무엇이든 사고팔지 못할 것이 없는 시대가 되었다. '몸값'이라는 말이 아무렇지 않게 쓰이는 세상에 '이야기'라고 해서 예외일 리가 있겠는가? "브랜드에 생명을 불어넣는"이라는 매력적인 수식어를 동반하고 최근 문화콘텐츠의 핵심이자 감성마케팅의 선두주자로 나타난 것이 바로 '스토리텔링'이다. 스토리텔링은 '이야기하는 인간(호모 나랜스, Homo Narrans)' 혹은 이야기에 대한 욕망에 착안하여 상품에 이야기를 새겨 넣음으로써 부가가치를 생산한다. 그런 와중에 문학은 '원소스 멀티유스one source multi uses'의 콘텐트로 다시금 대중의 주목을 받게 되었다. 윤고은의 「Q」는 이러한 최근 이슈를 포착하여, "지원을 원하는 작가"가 "이야기를 원하는 지자체"를 만나 'Q'라는 기획도시에 소설을 쓰러 간 이야기이다. '그'라는 소설가는 "문화 산책 도시"를 겨냥하는 Q를 배경으로 하여 9개월 안에 1,000매 가량의 장편소설을 써야 하고 이 작품은 완성되자마자 영화, 드라마, 뮤

지컬 등 다양한 장르로 창출될 예정이지만, 마감 날짜가 다가오는 시점에도 소설은 도무지 써지지 않는다.

흥미로운 것은 소재 차원만이 아니라 이 작품이 현대소설의 중요한 모티프인 '길 모티프'를 새로운 국면으로 이끌고 있다는 점이다. 소설가로 등장하는 '그'가 전셋값과 소설 계약 건으로 자의반 타의반 Q로 떠나야 했고 그곳에서 매일 길을 따라 산책을 한다는 점, 그리고 전체 작품이 산책로에서 벌어지는 에피소드로 구성된다는 점에서, 일단 이 소설은 길 모티프를 갖고 있다고 하겠다.

먼저 길을 가는 자의 목적지와 관련된 '지향성' 문제를 살펴보자. 도시 Q의 명물은 '산책로'이다. 산책로는 나날이 여러 갈래로 "번식"하지만, 변하지 않는 것은 "모든 산책로의 출발점과 도착점은 같다"는 것이다. 다시 말해, 그 길은 원점으로 돌아오도록 '결정'되어 있다. 그 산책로에 들어서는 한, 누구도 지정된 길을 벗어날 수 없고 벗어남을 원하지도 않는다. 산책로는 구간마다 출발점으로부터 정확히 몇 미터 떨어져 있는지까지 표시되어 있다. 그 길 위의 산책자들은, 도시를 응시하는 미적 주체로서의 '산책자flânerie'와는 거리가 아주 멀다. 데리고 산책할 개를 선택하는 '대여' 과정에서 알 수 있듯, 그들은 "나는 어떤 사람인가, 에 대해 알려주"는 "노출"을 즐길 뿐이다. 산책로라는 물리적인 길은 Q라는 도시가 지향하는 상징적 길로 확장된다. 빠르게 증식하는 산책로와 "그의 소설보다 훨씬 빠른 속도로" 순식간에 도시를 재구성하는 각종 공사의 목적은 엄청난 속도로(**Q**uick) 부가가치를 극대화하는 것이다. 산책로를 걷는 '그', Q프로젝트에 차출된 '그'에게 요구되는 지향성도 마찬가지다. 그는 Q라는 도시를 '대박'나게 할 소설을 써야 한다. 오로지 목적지는 한결같이 이윤 창출의 경지이다. 길 모티프를 가진 기존의 소설들이 능동형이건 피동형이건 간에 인간의 본질적인 가치를 찾아 길을 떠났고, 2000년대 소설들의 경우 목적지향성이 약화되는 대신 여로의 과정 그 자체가 다양한 방식으로 강조되었던 경향을 떠올려 보면, 「Q」가 보여주는 길 모티프는 거의 앙상한 뼈대만 남은 매우 경직되고 강박적인 것이라고 할 수 있다. 그것은 길의 형태만 남겼을 뿐, 형식이 담고 있는 내용의 부피를 모두 지워버린 형국이다. 이는 자본주의가 유일무이한 가치가 되어 버린 21세기 현실의 알레고리가 아닐까?

대개 길 위의 인물은 '동행'을 만나게 된다. 이 소설에서 동행자는 두 종류이다. 하나는 Q의 산책로를 특징적으로 만들어 주는 '개'이다. 이 산책로에 들어서기 전에 사람들은 모두 출발점인 쉼터에서 자신에게 안성맞춤인 개를 대여한다. '개 산책'에 동원되는 개들은 대부분 유기견으로, 배변의 생리적 욕구까지도 철저히 훈련되어 관리되는 '상품'이다. "개의 업무 시간은 아침 6시부터 밤 9시까지다. 개는 열차처럼 정해진 노선을 성실하게, 적당한 긴장과 이완을 제공하며 걷는다." '프로'로 관리되는 개가 산책 중에 똥을 싼다는 것은 대여 시 "상품 정보를 잘못 기재한 꼴"이어서 환불 받아 마땅하며 구조 조정의 대상이 되어야 한다는 것이다. 오늘날 자본주의 시스템이 본성을 교묘히 감추고 선량한 얼굴로 권하는 '자기 계발 프로젝트'는 이렇게 Q시의 개들에게도 적용된다. '개 산책'의 개들이 살아남으려면 "규칙적인 생활"로 훈련됨으로써 산책 업무를 충실히 수행하여 주인으로 하여금 이윤 창출을 도모하게끔 해야 한다. 그렇지 않으면 도태되어 다시 버려지거나 Q시 외곽 공터에 매장될 것이다.

또 다른 동행자는 산책로에서 만나게 되는 "Q의 사람들", "도시의 많은 Q들"이다. "구청장은 Q1, 동장들은 Q4부터 Q6까지, 그리고 위원회장은 Q8"이던 것이 순식간에 Q86까지 불어났고 아마도 계약만료 때까지는 예상할 수 없으리만치 더 늘어날 것이다. 소설을 쓰기로 한 그의 길이 처음부터 계약이라는 의도된 행위에서 비롯되었던 것처럼, 길 위에서 만나는 Q들도 "우연이지만 조금도 자연스럽지 않"게 의도적으로 출현한다. 그들이 나타나서 하는 일이란, 그의 소설이 어느 정도 진척되었는지, 그 소설에 자신과 이해관계가 있는 어떤 것이 등장하는지를 묻거나(**Q**uack) Q의 부가가치 창출을 위해 전폭적으로 지원하겠다(**Q**uack)는 미명 아래 소설가를 압박하는 행위이다. Q5의 경우는 소설에 쓰는 거라면 허허벌판이라도 준비하겠다며 호언장담하고 실행에 옮긴다. 심지어 산책하다 마주친 아이마저도 시세, 투자, 대출 등의 단어를 구사하며 소설가에게 압박의 수위를 높인다. "무덤처럼 쌓"인 각종 홍보물과 자료들(**Q**uack), 무수히 걸려오는 전화와 쏟아지는 택배·우편물들(**Q**uack), 무성한 소문들(**Q**uack)……. **Q**들의 꽥꽥(**Q**uack)거리는 소음(**Q**uack)은 대부분 사실상 가짜(**Q**uack)에 지나지 않는다. 기존의 길 모티프 소설에 나타나는 동행자가 서로 갈등하면서도 대체로 공감하는 유대 관계에 이르렀던 데 반해, 이 작품의 Q들은 완강하게 일방적이다. 그들은 모두 자본주의적 환상에 사로잡힌 광기어린 21세기 돈키호테들(**Q**uixotism)이라 할 만하다.

길 모티프의 특성을 분석하는 데는 '집 모티프'가 톡톡히 한 몫을 한다(현대소설의 경우, 주로 집 모티프는 '방 모티프'로 대체되는 경향이 있다.). 집 모티프는 언뜻 길 모티프와 상반된 것처럼 보이지만, 실제 작품에서 집 모티프는 그 작품의 길 모티프 속성을 잘 드러내 준다. 「Q」의 집 모티프는 541번지 그의 작업실로 구체화된다. 이 공간은 엄청난 양의 포스트잇으로 뒤덮여 있다. 그건 그가 소설을 쓰기 위해 붙여 놓은 것이고, 거기엔 자기가 한 말과 사람들이 한 말이 빼곡히 적혀 있다. "포스트잇은 마치 동물의 털처럼 공간을 가득 덮었다. 창문이나 문, 그리고 액자 따위가 걸린 곳만 동물의 눈동자나 입처럼 털 없이 매끈했다. 정작 그의 소설은 텅 비었는데, 그 안에 들어가야 할 재료들은 그의 공간을 뒤덮은 채 새로운 이야기를 쓰고 있었다." 그러나 그 새로운 이야기는 "다급한 거짓말"에 지나지 않는다. "차압딱지처럼 붙은" "포스트잇은 왕성하게 번식"하여 "오직 그의 자리만이 없"을 정도로 이 방은 그를 질식하게 한다. 경직되고 강박적인 '길'과 질식할 듯한 '방'은 마치 요철凹凸의 형태로 서로 맞물려 있다.

길 모티프를 중심으로 분석하는 가운데 제목 'Q'를 여러 가지로 해석해 보았는데, 그 갖가지 'Q'들은 어쩌면 다음과 같은 끔찍한 시각적 형상으로 수렴될지도 모른다. 목이 졸려 혀를 늘어뜨린 시신을 뜻하는 '**Q** sign'이 바로 그것이다. 그 형상은 목줄에 졸린 개일 수도 있고, 개를 훈련시키는 코치의 지팡이 머리 부분에 소설가의 목이 휘감긴 형상일 수도 있으며, 길을 이탈한 자에 대한 처벌의 상징적 이미지일 수도 있다. 결말에서 그는 코치의 위협적인 지팡이 소리에 쫓기며 개 목줄을 쥔 채 뛰어 "출발도 도착도 아닌, 그래서 아직 거리 측정도 표시도 되지 않는 미완성의 산책로로 숨어"든다. 불가능해 보이는 '이탈(출발점과 도착점이 같은 산책로에서 벗어나는 것은 그 동선 자체가 또 하나의 **Q**!)행위'를 암시하는 이 환상적 결말은 그 자체로 소설 쓰기(문학)의 존재 방식에 대해 다시 묻는, 혹은 당연시되는 그 모든 자본주의적 일상에 대해 거듭 다시 묻는 작가 윤고은의 질문, Q(**Q**uestion)가 아닐까?

3부

딜레마의 미학

김승옥론

1. 병든 자는 무력하다. 그러나

김승옥 소설은 무력하다. 작가의 분신인 '윤희중(「무진기행」)'은 결국 전보와 타협하고 다시 서울로 돌아가지 않는가. 애초부터 그의 무진행은 돌아오지 않을 여행이 아니었다. 그는 불온한 약속을 찢어버리고 얌전한 소시민으로 귀환한다. 돌아오는 길에 이미 예정되어 있었듯이 서울에서 살아간다는 것은 내면의 욕망을 버린 대신 비굴함을 몸에 익히며 개인의 안전을 얻는 것이다. 회사 야유회에 초대받지 못해 전전긍긍하지만 애써 태연한 척해야 하고(「들놀이」), 결국은 해고되어 비웃음을 사면서도 취직을 구걸해야 했다(「차나 한 잔」). 부조리한 것에 당당히 맞서지 못하고, 자신의 밀실에서 역사의 광장으로 뚜벅뚜벅 걸어 나오지 못하는 소시민의 한계 앞에서 그는 무기력하다.

무의미와 위악僞惡으로 이루어지는 '자기 세계'라는 것은 또 얼마나 병든 것인가. 김승옥의 인물이 스스로 살아있음을 확인할 수 있는 방법이란 이런 것들이다. 모두가 잠든 밤에 동대문을 기어 올라가 성벽의 돌을 들어 올려 위치를 바꿔놓거나(「역사(力士)」), 고작해야 아무도 관심 두지 않는 사소한 사물을 찾아내어 온전히 자기 것으로 만드는 것(「서울 1964년 겨울」) 등이다. 이는 스스로를 현실원칙에 맞는 생산적인 존재로 만들지 못하는 무능한 자의 무용한 존재 증명이며, 지극히 주관적이고 폐쇄적인 시선으로밖에는 세계를 전유할 수 없는 개인의 나르시시즘을 보여준다. 그들의 행위가 다른 이의 고통을 방조하거나 더 나아가 타자를 억압하는 위악僞惡적인 것일 때 거기에 동정의 여지란 없다. '자라난다(성장)'는 명분 아래 '윤희 누나'를 범하려는 형들의 음모에 적극적으로 가담하거나(「건」) '정순'의 육체를 범함으로써 사랑을 지우고 사회에 편입하는(「생명연습」) 행위는 이기적인 자기 보존 방식이라 하겠다.

이 같은 분석과 평가는 지금까지 작가 김승옥에게 가해졌던 비판의 핵심인데, 김승옥의 소설은 비켜날 도리 없이 이를 감수해야 한다. 게다가 이른바 '감수성의 혁명'에 바쳐진 비평적 헌사들이 상대적으로 1960년대 문학의 다른 존재들을 의미화 하는 데 장애가 되었다는 점도 비판되어야 한다. 김승옥 소설의 특성을 구명하는 작업은 이러한 점들을 시인하는 가운데 출발해야 하지만, 이것이 그의 작품 세계를 위축시키는 것은 아니다.

우리는 다음과 같은 두 가지 각도에서 김승옥 문학에 접근해 볼 수 있다. 먼저 작품의 등장인물과 작가의 서술 행위를 구분하는 것이다. 이는 마치 "'나(거짓말쟁이인 나 : 경험 주체)는 거짓말쟁이다'라고 '나(그 사실을 솔직하게 말하는 나 : 서술 주체)'는 말한다"[1]의 아이러니와 유사하다. 기껏 부끄러움 한 줌을 들고 도시의 소시민으로 투항한 인물은 '병자病者'이다. 그렇다면 병든 자를 말하는 작가의 행위는 어떻게 볼 것인가? 건강을 운위할 수 없을지는 몰라도[2] 최소한 병에 대해 알고 있다고 할 수 있지 않을까. 전망을 마련하지 않고 누추한 현재를 기어이 보는 김승옥의 '환멸의 서사'는 치욕스러운 자아에 대한 일종의 냉혹한 리얼리즘이라고 할 만하다. 우리는 김승옥의 인물과 작가 김승옥의 관계 속에서 '병든 자'와 '병든 자를 말하는 자'의 팽팽한 긴장을 발견할 수 있다. 이는 문학의 윤리와 관련된 문제일 것이다. 앞서 거론한 비판적 입장들은 도덕적 정당성이라는 척도를 가지고 있다. 도덕적 정당성은 그 자체로 중요한 것이지만 문학에서 필요충분조건은 아니다. 이렇게 말하는 것은 문학주의라는 이름으로 인물의 비도덕성을 호도하려는 것이 아니다. 문제는 그것은 그것대로 인정하는 일이 곧 김승옥 문학이 성취한 원근법을 외면하는 길로 통해서는 곤란하다는 것이다. 문학의 윤리는 "존재에 대한 확고부동한 동의"[3]를 '거절'한다. 이는 하나의 시선이 다른 시선들을 배제하지 않는 것이며, 기존에 포착하지 못했던 인간 존재의 또 다른 결들을 발견해 내는 일이다. 과연 김승옥 소설[4]의 윤리는 어떤 지점에서 생성되는가?

---

1 이는 J. 라캉이 예로 든 것인데 필자는 이것을 작가의 글쓰기 행위라는 측면에서 살피고자 한다. 실제로 「무진기행」 같은 작품은 스토리 층위의 '나'와 서술 층위의 '나'의 거리distance를 이용해 의미를 생성한다.

2 "문학은 병에 대해서는 알지만 건강에 대해서는 잘 모른다(마르쿠제, 김인환 역, 『에로스와 문명』, 나남, 1996, 14면)"고 하지 않던가.

3 밀란 쿤데라는 이를 '키치'라고 말한다. 밀란 쿤데라, 이재룡 역, 『참을 수 없는 존재의 가벼움』, 민음사, 1999, 286면.

4 본고에서는 김승옥 문학세계의 정수를 보여주는 단편소설을 주로 분석하였다.

2. 감각적 언어가 의미를 유동流動시키다

작가 김승옥은 사건이든 정황이든 좀처럼 설명하려 하지 않는다. 그는 가능하면 묘사하고자 하는데 이것은 객관적인 재현의 보여주기showing와는 다르다. 김승옥의 묘사는 독특한 감각의 필터를 통과한 언어로 이루어진다. 언뜻 풍경을 그려낸 것 같지만 그것은 인물의 깊숙한 내면세계를 길어 올린다. 객관적 사유가 "어떤 것이 진리 속에 있는 것으로 판단되는 단 하나의 차원 속에서 우리의 모든 경험을 획일화"[5]하는 것이라면, 감각적 사유는 "개념을 지향하는 언어의 본성을 깨면서, 한 순간에 동시다발적으로 복수의 의식들을 발휘"[6]한다. 김승옥 소설의 감각적 언어는 강렬한 이미지들을 생성하는 가운데 거기에서 동시적으로 발생하는 의미들을 유동하게 한다.

의미들을 유동적으로 공존하게 하는 감각적 언어의 예로 「무진기행」의 광녀狂女 이미지를 들 수 있다.[7]

> 여선생은 〈목포의 눈물〉을 부르고 있었다. 〈어떤 개인 날〉과 〈목포의 눈물〉 사이에는 얼마큼의 유사성類似性이 있을까? 무엇이 저 아리아들로써 길들여진 성대聲帶에서 유행가를 나오게 하고 있을까? 그 여자가 부르는 〈목포의 눈물〉에는 작부酌婦들이 부르는 그것에서 들을 수 있는 것과 같은 꺾임이

---

5 Merleau-Ponty, "Le primat de la perception et ses conséquences philosophiques", *Grenoble, Cynara*, 1989, p.46, 주성호, 「메를로-퐁티의 지각이론과 진리문제」, 『감각작용과 의미작용-기호학연구』 14집, 월인, 2003, 124면에서 재인용.

6 조광제, "문학과 철학에서의 감각", 『파라21』 여름, 이수, 2004, 29~34면.

7 졸고, 『한국 현대소설의 서사와 서술』, 월인, 2005, 55~58면 참조.

없었고, 대체로 유행가를 살려주는 목소리의 갈라짐이 없었고 흔히 유행가가 내용으로 하는 청승맞음이 없었다. 그 여자의 〈목포의 눈물〉은 이미 유행가가 아니었다. 그렇다고 〈나비부인〉 중의 아리아는 더욱 아니었다.

그것은 이전에는 없었던 어떤 새로운 양식樣式의 노래였다. 그 양식은 유행가가 내용으로 하는 청승맞음과는 다른, 좀 더 무자비한 청승맞음을 포함하고 있었고 〈어떤 개인 날〉의 그 절규絶叫보다도 훨씬 높은 옥타브의 절규를 포함하고 있었고, 그 양식에는 머리를 풀어헤친 광녀狂女의 냉소冷笑가 스며 있었고 무엇보다도 시체가 썩어가는 듯한 무진의 그 냄새가 스며 있었다.

— 김승옥, 「무진기행」, 『김승옥 소설전집』 1, 문학동네, 1995, 137면

시체의 얼굴은 냇물을 향하고 있었으므로 내게는 보이지 않았다. 머리는 파마였고 팔과 다리가 하얗고 굵었다. 붉은색의 얇은 스웨터를 입고 있었고 하얀 스커트를 입고 있었다. 지난 밤의 새벽은 추웠던 모양이다. 아니면 그 옷이 그 여자의 맘에 든 옷이었던가 보다. 푸른 꽃무늬 있는 하얀 고무신을 머리에 베고 있었다. 무엇인가를 싼 하얀 손수건이 그 여자의 축 늘어진 손에서 좀 떨어진 곳에 굴러 있었다. 하얀 손수건은 비를 맞고 있었고 바람이 불어도 조금도 나부끼지 않았다. 시체의 얼굴을 보기 위해서 많은 학생들이 냇물 속에 발을 담그고 이쪽을 향하여 서 있었다. 그들의 푸른색 유니폼이 물에 거꾸로 비쳐 있었다. 푸른색의 깃발들이 시체를 옹위하고 있었다. 나는 그 여자를 향하여 이상스레 정욕이 끓어오름을 느꼈다. 나는 급히 그 자리를 떠났다.

— 위의 책, 144면

인용문에서 보는 바와 같이 '광녀' 이미지는 '무진'이라는 공간을 조

성한다. 첫 번째 인용문과 두 번째 인용문은 서로 다른 인물과 사건을 서술한 것이지만, '하인숙' 그리고 자살한 술집 작부는 모두 광녀의 이미지로 묘사되고 있다. 그런데 흥미로운 점은 그 이미지의 내포가 상이하다는 것이다. 첫 번째 인용문의 경우, 특히 "그 여자의 「목포의 눈물」은 (…중략…) 유행가가 내용으로 하는 청승맞음과는 다른, 좀 더 무자비한 청승맞음을 포함하고 있었고 「어떤 개인 날」의 그 절규보다도 훨씬 높은 옥타브의 절규를 포함하고 있었고, 그 양식에는 머리를 풀어헤친 광녀狂女의 냉소가 스며있었고 무엇보다도 시체가 썩어가는 듯한 무진의 그 냄새가 스며있었다"에서 보는 바와 같이, 감각적이면서도 관념적인 어휘를 동반하는 서술어가 점층적으로 반복되면서 격렬한 리듬을 형성하는 가운데, 이상한 양식의 〈목포의 눈물〉을 부르는 하인숙은 '무자비한 청승맞음'과 '절규'와 '냉소'와 '시체 썩는 냄새'가 만들어 내는 두려움과 절망의 극한이라는 광녀狂女 이미지를 입고 있다.

한편, 두 번째 인용문에서 윤희중은 하인숙을 만나러 가는 길에 술집 작부의 시체를 목격하게 된다. 독약을 삼키고 자살한 술집 작부(그녀의 옷차림은 역에서 비명을 지르던 미친 여자의 화사한 옷차림과 겹쳐져있다)의 시체는 '하얗고 굵은 팔과 다리, 붉은 색의 얇은 스웨터, 하얀 스커트, 푸른 꽃무늬 있는 하얀 고무신, 하얀 손수건, 푸른색 깃발' 등과 같은 화려한 색채로 묘사된다. 이 때문에 시체는 묘한 신비감과 함께 금기를 욕망하게 하는 대상으로 질적 변환을 일으킨다. "푸른색의 깃발들이 시체를 옹위하고 있었다"에서와 같이, 물에 거꾸로 비친 학생들의 푸른색 유니폼이 푸른색 깃발로 비유되면서 시체를 '옹위하고 있다'고 서술될 때, 이미 그 시체는 두려움과 절망의 존재가 아니다. 오히려 고통스런 삶으로부터 스스로 이탈離脫을 감행한 자유로운 존재의 권위로 격상되는 것이다. 이렇게 광녀狂女의 이미지는 고정된 자기동일적 의미를 가지지 않고, 감각적 언어를 동반하는 상이한 서술 행위를 통해 다른 의미'들'로 유동한다. 의미의 복수화複數化는 동일성의 상실喪失이 아니라 동일성이 어긋나 있을 때 분출되는 생성력이라고 할 만하며, 이는 김승옥 인물의 존재 방식과 연관되어 있다.

3. 나는 동요動搖한다. 고로 나는 존재한다

김승옥 소설이 자명하지 않고 불투명한 느낌을 주는 것은 "애매한 혼잡성"[8]을 가지는 감각적 사유 덕분이기도 하지만, 한편으로는 인물의 존재 방식에서 비롯되기도 한다. 「역사」에서 '나(액자 속의 청년)'는 빈민가 창신동에서 깨끗한 양옥집으로 하숙을 옮겨오면서 커다란 격절감을 느낀다. "병원처럼 깨끗한 양옥(「역사」, 『김승옥 소설전집』 1, 71면)"에서는 엄격한 가부장의 규율 아래 인간적 욕망을 거세한 대가로 합리적이고 규칙적인 "정식正式의 생활(74면)"이 이루어진다. 그는 이 광경을 보면서 처음엔 감탄했지만, 점차 권태와 혐오증을 느끼게 된다. 이에 비해 상대적으로 소란스럽게 악다구니를 치면서도 사람들에게 활기가 있었던 창신동을 떠올리지만 그 헤어날 길 없는 빈민가의 생

8 김형효, 『메를로-뽕띠와 애매성의 철학』, 철학과현실사, 1996, 24면.

활로 다시 휩쓸려 들어간다는 것은 생각할 수 없는 일이었다. 액자를 사이에 두고 마치 거울을 바라보는 듯한 액자 밖의 '나' 역시 "어느 쪽이 반드시 틀렸다고 말할 수도 없고, 오히려 두 쪽 다 잔혹할 뿐이라는 점에서 똑같(90면)"으며 사실은 잘 모르겠다고 말한다. 얼마간 작위적인 상황 설정이긴 하지만, 이를 통해 작가가 보여주고자 했던 것은 어느 쪽에도 동의할 수 없는 혹은 어디에서도 자신의 정체성을 찾을 수 없는 존재의 곤혹스러움이다. 모순 그 자체로 사는 방식은 매우 소극적인 방법이긴 하지만, 근대 도시적 삶에 순응하는 일을 순조롭지 못하게 만드는 견제 역할을 한다. 다음과 같은 「무진기행」의 분열적 서술은 그러한 태도를 잘 보여준다.

> A. 무진에 명산물이 없는 게 아니다. 나는 그것이 무엇인지 알고 있다. 그것은 안개다. 아침에 잠자리에서 일어나서 밖으로 나오면, 밤 사이에 진주進駐해온 적군敵軍들처럼 안개가 무진을 빙 둘러싸고 있는 것이었다. 무진을 둘러싸고 있는 산들도 안개에 의하여 보이지 않는 먼 곳으로 유배당해버리고 없었다. 안개는 마치 이승에 한恨이 있어서 매일 밤 찾아오는 여귀女鬼가 뿜어내놓은 입김과 같았다. 해가 떠오르고, 바람이 바다 쪽에서 방향을 바꾸어 불어오기 전에는 사람들의 힘으로써는 그것을 헤쳐버릴 수가 없었다. 손으로 잡을 수 없으면서도 그것은 뚜렷이 존재했고 사람들을 둘러쌌고 먼 곳에 있는 것으로부터 사람들을 떼어놓았다. 안개, 무진의 안개, 무진의 아침에 사람들이 만나는 안개, 사람들로 하여금 해를, 바람을 간절히 부르게 하는 무진의 안개, 그것이 무진의 명산물이 아닐 수 있을까!
>
> B. 버스의 덜커덩거림이 좀 덜해졌다. 버스의 덜커덩거림이 더하고 덜하는 것을 나는 턱으로 느끼고 있었다. 나는 몸에서 힘을 빼고 있었으므로 버

스가 자갈이 깔린 시골길을 달려오고 있는 동안 내 턱은 버스가 껑충거리는 데 따라서 함께 덜그럭거리고 있었다. 턱이 덜그럭거릴 정도로 몸에서 힘을 빼고 버스를 타고 있으면, 긴장해서 버스를 타고 있을 때보다 피로가 더욱 심해진다는 것을 알고 있었지만 그러나 열려진 차창車窓으로 들어와서 나의 밖으로 드러난 살갗을 사정없이 간질이고 불어가는 유월의 바람이 나를 반수면상태로 끌어넣었기 때문에 나는 힘을 주고 있을 수가 없었다. 바람은 무수히 작은 입자粒子로 되어 있고 그 입자들은 할 수 있는 한 욕심껏 수면제睡眠劑를 품고 있는 것처럼 내게는 생각되었다. 그 바람 속에는 신선한 햇살과 아직 사람들의 땀에 밴 살갗을 스쳐보지 않았다는 천진스러운 저온低溫 그리고 지금 버스가 달리고 있는 길을 에워싸며 버스를 향하여 달려오고 있는 산줄기의 저편에 바다가 있다는 것을 알리는 소금기, 그런 것들이 이상스레 한데 어울리면서 녹아 있었다.

C. 그런 생각을 하자 나는 쓴웃음이 나왔다. 동시에 무진에 가까웠다는 것이 더욱 실감되었다. 무진에 오기만 하면 내가 하는 생각이란 항상 그렇게 엉뚱한 공상空想들이었고 뒤죽박죽이었던 것이다. 다른 어느 곳에서도 하지 않았던 엉뚱한 생각을 나는 무진에서는 아무런 부끄럼 없이, 거침없이 해내곤 했었던 것이다. 아니 무진에서는 내가 무엇을 생각하고 어쩌고 하는 게 아니라 어떤 생각들이 나의 밖에서 제멋대로 이루어진 뒤 나의 머릿속으로 밀고 들어오는 듯했었다.

— 김승옥, 「무진기행」, 126~128면[9]

「무진기행」에서 무진이라는 공간은 복합적이다. 물론 이는 현실적

9 인용문 A, B, C의 기호는 인용자가 표시한 것임. 이 작품의 서술 방식에 대한 자세한 분석은 졸고, 「비유적 병치서술」, 『한국 현대소설의 서사와 서술』, 월인, 2005 참조.

이고 실용적인 맥락을 떠나 '나'의 시선에서 주관화된 무진이다. A에서 '나'는 '무진의 명산물은 안개다'라는 비합리적인 판단을 단정적으로 말하면서 자신의 두려움을 노출시킨다. 김승옥 소설의 감각적 이미지는 이질적인 언어의 충돌을 통해 빚어지는 혼돈을 겨냥하면서 각각의 언어가 가지는 개별성을 무너뜨리고 다른 어떤 형상으로 솟아나게 하는데, "밤 사이에 진주해온 적군"이나 "이승에 한이 있어서 매일 밤 찾아오는 여귀女鬼"는 대표적인 예이다. 비유의 영역에서 서로 만날 일 없었던 '적군'과 '여귀'가 함께 불려나와 현실과 초현실을 넘나드는 공포스럽고 위협적인 아우라의 안개를 창출해 내는 것이다. 그리하여 무진의 안개는 인용문에서 보듯이 주어主語의 권위를 움켜쥐고서 그 파괴적인 적대감 아래 절망적으로 유폐된 자들의 호흡과 독자들의 호흡을 가쁘게 몰아친다. B에서 '나'의 서술은 긴 수식어와 쉼표로 이어지는 복문의 나열을 통해 앞에서 보여줬던 급한 호흡을 최대한 이완시키고 있다. '나'를 사물화 하는 어휘가 동원되거나 "나는 힘을 주고 있을 수가 없었다"에서 알 수 있듯, B 역시 무진이라는 공간에서는 '나'의 의지를 세우기 어렵다는 것, 즉 피동성을 보여준다. 그러나 A가 절망적인 무능력을 뜻하는 반면, 여기서는 의식의 긴장을 풀어놓은 자발적인 방기放棄를 뜻한다. 주로 충만함을 상기시키는 언어들을 선택하여 '햇빛의 신선한 밝음과 살갗에 탄력을 주는 정도의 공기의 저온, 그리고 해풍에 섞여있는 정도의 소금기가 합성된 수면제'의 욕망 속에 자신을 내맡기고 싶어하는 것이다. 한편, C의 '나'는 이성적인 언어를 통해 현실적인 평가를 내리고 있다. '엉뚱한 공상, 뒤죽박죽, 제멋대로' 등의 어휘들은 앞의 서술들에 대해 심리적 · 지적 · 도덕적 · 정서적 거리를 드러내면서 대조적인 태도를 보인다.

여기서 보는 바와 같이, 「무진기행」은 1인칭 서술상황이지만 'A. 나는 절규한다(두려움) / B. 나는 꿈꾼다(욕망) / C. 나는 판단한다(이성)'의 형태로 분열되어 있다. 서술자 '나'가 경험자 '나'의 분열의 각 국면을 상이한 서술 방식과 각각의 독자적 어조로 서술하고 병치함으로써 세 가지 서술은 서로를 타자화하는 팽팽한 긴장 관계를 이룬다. 이러한 상이한 서술의 '병치'는 작품 전편을 통해 '반복'되는데, 이 말은 스토리의 결말이 반드시 텍스트의 주제로 직결되지 않는다는 것을 뜻한다. 다시 말해, 서울로 돌아가는 인물의 "심한 부끄러움"은 병치 구조의 일부(C)일 뿐인 것이다. 어느 한쪽으로 귀속되거나 수렴되지 않으려는 상이한 서술들의 병치적 반복은 동요하는 방식으로 존재를 증명하려는 작가 김승옥의 개성을 드러낸다.

4. 미치지 않기 위해 병들다

(…중략…) 황톳빛 강물이 부글부글 끓듯이 거품을 일으키고 무서운 소리를 내며 빠르게 흐르고 있었다. 나는 강변에 있는 마을의 폐허 위에 서 있었다. 간밤의 폭우 때문에 집들은 더러운 판자더미가 되어 있었고, 강물이 흐르며 내는 소리 (…중략…) 결코 언젠가 끝날 수 있는 소리가 아니라는 것을 확신하게 되고 그러자 그것이 생명과 의지를 가진 괴물처럼 생각되어 온몸에 식은땀이 흐르는 그러한 강물소리가 울려서인지, 그 비에 젖어 시꺼멓게

된 판자더미는 덜덜덜 떨리고 있었다. 나는 그 소리로부터 도망치려고 몸을 돌렸다. 그때 판자더미 속에서 '매애애—' 하는 염소의 울음소리가 약하게 들려왔다. (…중략…) 무서운 강물소리가 (…중략…) 나를 휩쓸고 갈 듯이 달려들었다. 나는 새끼염소를 안은 채 도망쳤다.

— 김승옥, 「염소는 힘이 세다」, 『김승옥 소설전집』 1, 243~244면

위의 인용문은 「염소는 힘이 세다」의 도입부에 나오는 꿈 장면이다. 어린 '나'는 때때로 홍수의 꿈을 꾼다. '황톳빛 강물'은 「건」에서 보았던 적갈색과 자주색이 엉킨 벽돌더미와 주황빛 언덕을 연상하게 한다. 또 집들을 더러운 판자더미로 만들며 위협적으로 범람하는 강물 소리에서 발견하는 '생명과 의지를 가진 괴물'은 역시 예의 '무시무시한 의지'를 떠올리게 한다. 폐허에 선 '나'는 도무지 멈출 것 같지 않은 엄청난 강물에 휩쓸릴 위기에 처해있고, 판자더미와 함께 떨면서 새끼염소를 안고 도망친다. '나'는 "내 귀에 여전히 들려오고 있는 강물소리가 집 바로 밖의 거리를 자동차들이 달리며 내는 소리의 혼합체인 것(「염소는 힘이 세다」, 『김승옥 소설전집』 1, 245면)"을 느끼게 된다. 이 같은 도입의 암시적 이미지가 보여주듯 결국 이 소설의 전개는 무서운 강물이 새끼염소를 안고 도망치는 '나'를 덮치는 과정이라고 할 수 있다.

김승옥의 인물은 서울이라는 근대 도시 문명의 현실 원칙 아래로 들어갈 수밖에 없는 자신의 운명을 알고 있다. 그 누구도 궁극적으로 이 범주에서 자유롭지 못하다. 그 운명은 '무시무시한 의지', 압도적인 힘을 가지고 있어서 살아남기 위해서는 받아들이지 않을 도리가 없는 것이다. 전쟁 또는 도시 문명이라는 어른들의 세계에서는 무용지물이거나 장애물이 될 뿐인 '왕궁' 혹은 놀이의 세계, 또 다르게는 '순결한

여성'에 대한 욕망을 '나'가 스스로 거세할 만큼, 그 권위는 막강하다.

한편 앞 장에서 분석한 것처럼 '무진'은 두려움과 욕망과 이성이 분열적으로 공존하는 내면 공간이다. '나'가 무진으로 진입해 들어갈 때 '반수면半睡眠' 상태에 있었다는 것 역시 어느 쪽으로도 확정할 수 없는 모호한 경계의 분열적 상황을 암시한다. 이는 '광녀'가 시체의 썩는 냄새를 풍기는 두려운 존재인 동시에 삶의 궤도를 이탈한 자유로운 존재라는 양가성兩價性을 가졌던 것과 통한다.

그렇다면 광인狂人이 되지 않는 길은? 1960년대 김승옥에게 이 길은 현실의 호명에 따라 주체의 동일성을 마련하는 길이었다. 「생명연습」이나 「서울 1964년 겨울」 등에 등장하는 인물들이 확보했던 이른바 '자기세계'라는 것이 바로 이것의 그늘 아래 있다. 「서울 1964년 겨울」에서 우연히 만난 '안'과 '나'의 대화는 "평화시장 앞에 줄지어 선 가로등들 중에서 동쪽으로부터 여덟 번째 등은 불이 켜 있지 않습니다", "그리고 화신백화점 육층의 창들 중에서는 그중 세 개에서만 불빛이 나오고 있었습니다", "서대문 버스정거장에는 사람이 서른두 명 있는데 그중 여자가 열일곱 명이었고, 어린애는 다섯 명 젊은이는 스물한 명 노인이 여섯 명입니다", "단성사 옆 골목의 첫 번째 쓰레기통에는 초콜릿 포장지가 두 장 있습니다(「서울 1964년 겨울」, 『김승옥 소설전집』 1, 207면)" 등으로 이어진다. 그들의 언어는 의미를 상실한 말言들의 무더기이다. 아내의 시체 판 돈을 불 속에 던져버리고 나서 그들에게 하룻밤을 함께 있어달라고 했던 사내의 간절한 요청을 외면함으로써 그들은 사내의 자살을 방조한다. 여기에 이르면 그들의 발화가 소통과 공존을 위한 것이 아니라 고립된 개인을 자처하는 작위적인 행위였다는 것을 다시 확인할 수 있다. 그러므로 이 대화는 발화 내용보다는 발화 행위의 차원에서 존재 의미를 갖는다고 하겠다. "그 사실은 완전히 김형의 소유입니다(208면)"에서 보는 바와 같이, 그것은 아무도 관심 갖지 않는 사소하고 무의미한 대상을 자기만의 고립된 시선으로 포착하여 전유함으로써 자기의 '성곽'을 확보하려는 것이다.

김승옥 소설에서 '자기 세계'를 가진 인물들은 대개 머리털과 눈썹을 "싹 밀어버렸"거나 자신의 생식기를 "잘라버린" 사람 또는 애인(혹은 누나)의 육체를 직접적으로 간접적으로 '범해 버렸'다는 특징을 갖는다. 소설에서 '극기克己'라는 이름으로 호명되는 이러한 행위는 그야말로 "소외의 변증법은 주체에게 거의 자살에 가까운 희생을 강요"[10]한다는 점을 떠올리게 한다. "오직 하나 분명한 것은, 나는 정순을 지극히 사랑한다는 것뿐이다"라고 말했던 '한 교수'가 '정순'의 육체를 범해버림으로써 사랑과 유학 사이의 갈등을 접고 "마카오 경유 배표船票를 쥐고도 손가락 하나 떨지 않고 서 있을 수 있었(「생명연습」, 35면)"던 것도 이러한 예에 속한다. 그 결과 그는 귀국하여 교수가 되는 대신 그늘과 냉소를 얻었고, 윤희 누나를 범하는 데 자발적으로 참여했던 '나'는 황폐한 빈집에 "시들은 가지나무 잎 밑에 누런색으로 찌그러든 가지"가 "볼품없이 말라 있(「건」, 66면)"는 것을 확인한다.

이른바 김승옥 소설의 '자기 세계'란, 외부의 무시무시한 의지에 압도되어 혹은 스스로 분열을 완성하지 못하기 때문에 욕망을 거세하고 병들 수밖에 없었던 존재가 현실 안에서 최소한의 자기 경계를 마련하려는 행위이다. 자기 세계를 가진 사람들의 위악僞惡은 그 행위가 이루어지는 바로 그 지점에서 행위의 허망함을 드러내고 만다. 그러

10 마르쿠제, 앞의 책, 9면.

나 진정성을 희생시킨 위악은 그 자체가 과잉 순응의 방식이라는 것을 알려주며, 순응이라는 운명의 뒷면을 들춰 보여준다는 점에서 문제적이다.

5. 그러나 병든 자는 힘이 세다

1960년대 김승옥 소설은 전쟁 이후 파행적인 근대를 살아가야 했던 혼란 속의 사람들, 그 도시의 질서에 순응해 갔던 무력한 자들을 형상화하였다. 현실 원칙을 거부한다는 것은 이 세계의 경계를 넘는 행위이므로 영웅 혹은 광인의 초월적인 영역에서나 가능한 일이다. 전쟁을 극복하는 근대화라는 명분 아래 4 · 19의 의지마저 폭압적으로 다스려버린 획일적인 정치질서 아래에서 김승옥의 인물들은 죽거나 미치지 않기 위해 자신의 욕망을 거세하고 병드는 것을 강요받은 혹은 선택한 자들이다.

그러나 '염소는 힘이 세다'라고 한 것처럼 병든 자들은 힘이 세다. 「염소는 힘이 세다」에서 맞아죽은 힘없는 염소가 가마솥 속에서 "수염이 시커멓고 살갗이 시커멓고 가슴이 떡 벌어졌고 키가 크고 손이 큰 남자들(「염소는 힘이 세다」, 252면)"을 끌어들이면서 거꾸로 힘 있는 것들의 형상을 보여주고 황폐한 도시를 폭로하였듯이, 김승옥의 글쓰기 행위 속에서 병든 자는 부정적인 존재 방식을 통해 건강함을 가장한 현실의 증상을 뒤집어 보여준다.

살아남기 위해 수락할 수밖에 없었던 근대적 인물들의 불가피한 운명을 그리면서도 작가는 그 안의 숨은 '균열'을 예민하게 포착해 내었다. 그것은 감각적인 언어로 생성된 강렬한 이미지들을 통해 무의식을 건드리면서, 일상에서 고정되었던 의미를 복수화複數化하여 유동시키고, 내면세계에서 동요動搖하는 '나"들'을 풀어내는 과정이었다. 여기에서 우리는 작가 김승옥이 조심스럽게 자기동일성의 어긋남이 분출하는 성찰적 에너지를 탐색하고 있었다는 것을 발견할 수 있다. 두려움과 욕망과 이성이 긴장 관계를 이루는 '무진'의 분열적 공간이 흡인력을 발휘했던 것도 바로 이 지점이다. 동요하는 방식으로 존재 의미를 드러내는 내면세계는 서울로 돌아가는 '나'에게 "심한 부끄러움"이라는 깊은 '흔적'을 남기면서 무기력한 순응 행위를 불편하게 만들지 않았던가.

김승옥의 글쓰기 행위는 작가가 소설 속에서 자기 분신인 병든 인물들을 대면하고 그들과 팽팽한 긴장tension 관계를 만들어 내는 것이었다. 무기력한 현실 순응으로 귀결될지라도 동요하는 내면이 남기는 흔적을 포착하여 병치시키고, 또한 그 안에서도 기존의 합리적 이성의 척도로 설명하기 어려운 두려움과 욕망의 양가적 요소를 긴장시키는 방식을 '딜레마dilemma의 미학'이라고 불러보자. 이것은 강요당한 지점에서 균열을 선택하는 곤혹스러운 방식이다. 모든 것을 "선명한 검은 글씨(「무진기행」)"로 쓰기를 강요하는 시대에 곤혹스러운 불투명한 의미들로 존재의 목소리를 내는 딜레마의 미학은 김승옥 문학의 윤리가 생성되는 지점이라고 할 수 있을 것이다.

병든 시대를 겨냥하는 역설

조성기의 『왕과 개』

1. 폭력의 현장에서 출발하다

『라하트 하헤렙』, 『야훼의 밤』, 『에덴의 불칼』 등을 통해 독자들에게 강한 인상을 남긴 조성기는 한국 현대소설과 종교적 상상력을 논하는 데에 빼놓을 수 없는 작가이다. 서구와는 달리 비교적 짧은 기간에 엄청나게 많은 신자를 확보한 한국기독교의 사회문화적 영향력은 심대하다. 그러나 한국사상사의 한 줄기를 이루는 기독교적 상상력이 소설과 만난 예는 그리 많지 않다. 이러한 사실만으로도 조성기의 존재는 눈에 띄지만, 무엇보다 그가 한국문학사에서 논의될 만한 가치가 있는 것은 기독교적 상상력의 문학적 성취를 폭과 깊이 양면에서 이루어냈다는 점 때문이다. 문학에서 종교적 상상력의 의의는 기독교 교리에 즉각 환원되는 경직된 방식에서 완성되지 않는다. 조성기는 한국 교회를 둘러싼 다양한 갈등과 세태를 생생하게 묘사하는 것은 물론, 기독교 사상을 중심으로 실존적 인간에 대한 이해를 풍성하게 하고 구원의 문제를 심층적으로 탐사하는 데까지 이르렀던 것이다.

그렇다면 그의 종교적 상상력과 구원의 문제는 어디에서 어떻게 출발한 것일까? 그 궤적을 탐색하는 데 중요한 역할을 하는 것이 바로 조성기의 첫 창작집 『왕과 개』이다. 1988년이라는 발간 시기도 그러하지만, 이 책에 실린 작품들은 대부분 유신체제 군사정권에서부터 5 · 18광주민주화운동과 1987년 6월항쟁에 이르는 역사적 사건을 배경으로 삼고 있다. 특히 5 · 18로 시작되는 1980년대의 잔인한 기억은 이 소설집의 트라우마로 작동한다. 그의 소설은 비극적인 시대, 폭력적인 현장에서 출발하고 있는 것이다. 이를 분명히 밝히듯, 조성기는 '작가의 말'에서 단호한 어조로 다음과 같이 썼다. "지금처럼 최고 지도자에 대한 도덕성 검토가 비등하게 된 경우는 한국 역사상 초유의 일임은 두말할 나위가 없다. (…중략…) 정말 이제는 한 번쯤 이 문제에 대해 뼈를 깎는 성찰이 한국 역사의 이름을 걸고 이루어져야 한다고 생각된다." 이렇게 그의 소설이 1970~80년대의 시대적 고통과 직결된 실존에서 출발했다는 점은 의미심장하다. 그것은 동시대 문학의 윤리성은 물론 이후에 본격화된 종교적 상상력의 개성적 향방을 설명해 주는 중요한 실마리이며, 또한 그가 추구해온 구원의 문제가 튼실한 뿌리를 가지고 있다는 것을 시사한다.

이질적인 두 존재가 맞붙어 있는 제목 '왕과 개'는 조성기의 시대 인식을 상징하고 있다. 중단편을 묶어 단행본으로 출간할 때 대개는 수록 작품들 가운데 한 작품의 제목을 표제로 삼곤 하는데, 그는 「위대한 미치광이」에 나오는 모티프를 창작집 제목으로 택하였다. "이런 역사의 소용돌이 속에 나오는 소설책들 중에서 '왕과 개'라는 제목을 가진 책 한 권쯤은 시대적인 상징으로서도 필요하리라('작가의 말')"는 그의 말은 당대를 살아가는 작가의 강렬한 소명의식을 느끼게 한다. 「위대한 미치광이」은 이렇게 시작한다. "狂이라는 한자어는 개견변에 왕이라고 하는 자가 붙은 거다. 개같은 자 왕왕왕왕 짖어대며 왕노릇을 하느라고 설치는 게 미친 거다. 아니며는 바벨론의 늡갓네살 임금처럼 높은 왕이 개로 변해 이리저리 다니면서 아무거나 주워 먹고 누구이든 막무는 게 미친 거다. 그러니까 나와 같은 사람들은 미친것이 바야흐로 아닌 거다." 이 진술은 띄어쓰기를 무시한 채 4음절을 한 음보로 하여 화제를 능청스레 과거로 혹은 횡설수설 넋두리로 몰아가고 있지만, 실상 광기어린 최고 권력자로 인해 파국으로 치달았던 당대 현실을 과감하게 가리키고 있다.

조성기가 보여준 비판의식은 1970~80년대를 풍미했던 리얼리즘 소설들과 공유하는 면이 있다. 그런데 흥미로운 것은 『왕과 개』가 여타 대항담론의 소설들과 공통감각을 가지고 있으면서도 다른 길을 가고 있다는 점이다. 이러한 차이는 우선 등장인물에서 확인할 수 있다. 작가가 관심을 가지고 형상화한 인물은 주로 창녀, 미치광이, 소경, 거지, 환자, 무명작가, 교사 등이다. 1980년대 리얼리즘 소설의 인물이 주로 노동자 · 농민 계층이었다는 점을 상기하면, 조성기의 인물은 당대의 전형성을 담보하고 있다고 보기는 어렵다. 그들이 왜 작가의 시선에 포착되었을까? 이 질문에 대한 탐색의 실마리 역시 '왕과 개'라는 제목에서 시작할 수 있다. 이 제목은 작가의 시대 인식을 보여주는 데서 그치지 않는다. 그것은 이 소설집을 관통하는 창작방법까지도 암시하고 있다. '왕'과 '개'의 거리, 그 '모순어법'에서 조성기의 주제의식과 문학적 대응 방식이 드러나고 있는 것이다.

2. 왕王과 개犬의 동거狂, 병든 시대를 가리키다

이 소설집에는 주로 '병자'들이 살고 있다. 무력감과 현기증에 시달리는 사람들(「홍소령기」, 「벼리의 계절」), 눈에 최루탄 파편이 박혀 시력을 잃은 장애인(「위대한 소경」), 공수병恐水病을 앓는 청년(「라일락도 물을 먹어요」), 편집증에 사로잡힌 남자(「불일폭포」), 정신병원에 갇힌 정신분열증 환자(「위대한 미치광이」) 등은 증상이나 정도의 차이를 불문하고 모두 깊은 불안과 공포에 사로잡혀 있다. 그들은 작가 조성기가 재구再構해낸 1970~80년대의 비극적 표상이다. 그들의 환부는 폭력적인 정치에서 비롯된 것으로 나타난다. 작가가 병든 자들을 통해 우리에게 환기하고자 하는 것은 바로 광기로 물든 폭력적인 시대이다. 창작집의 제목 '왕과 개'는 이 두 글자가 합쳐서 된 회의자 '광狂'을 의미한다. 이는 미치광이 권력자, 군부 독재의 총칼 아래 죽고 다치고 병들어 버린 시대를 단적으로 드러내고 있다.

1970~80년대에 대한 작가의 통찰은 근본적으로 권력 자체에 대한 인식을 둘러싸고 있다. 「니질금」이나 「왕들의 구멍」같은 작품에서 조성기는 권력의 작동 방식을 통해 권력과 폭력이 동의어임을 보여준다. 「니질금」은 신라시대를 배경으로 '유리태자'와 '대보 탈해'의 권력 다툼을 소재로 한 작품이다. 결국 유리태자는 모두의 비극을 피하기 위해 왕위를 양보하겠다고 탈해를 설득했고, 탈해는 유리의 잇금이 승리하도록 중신회의 전날 어금니 두 개를 피 흘리며 뽑아 평화로운 왕위계승을 이루어냈다. 그러나 정작 이 작품이 흥미로운 것은 화해로운 결말 때문이 아니라, 권력에 대한 형상적 인식 때문이다. 작가

는 권력의 작동 방식을 '신화'의 문제를 중심으로 살피고 있다. 탈해의 측근인 '다루'는 권력 구도상 탈해가 유리이사금을 누르고 왕위에 오르는 것이 필연이라 주장하며 그 방도를 제안하기에 이른다.

> 무엇보다 백성들의 마음이 주인님에게로 향하도록 하는 것이 중요합니다. 그것은 군사력의 우위로써 얻을 수 있는 성질의 것이 아닙니다. 주인님에 관한 신화를 백성들에게 심어주어야 합니다. 신화의 힘은 대단한 것입니다. 혁거세거서간이 61년간이나 통치할 수 있었던 것도 그 자주빛 알을 깨고 나왔다는 신화에 힘입은 바 큰 것입니다. (…중략…) 이제는 새로운 신화가 필요한 때입니다.
>
> — 조성기, 「니질금」

위의 인용문에 나타나는 다루의 발언은, 신화시대 사람들에게는 자연의 섭리였을 신화의 존재를 탈脫신화화하고 있다. 석昔이라는 성이 까치 작鵲에서 새 조鳥를 뗀 형용을 하고 있으니 "까치들이 떼지어 날아다니고 있는 바닷가, 이 정도면 신화가 시작되기에 적절한 장소가 되지요"로 시작하는 '신화 만들기'는 백성들의 수용 태도를 예측하면서 교묘하게 구성된다. 그리하여 탈해라는 이름에 맞추어 무엇으로부터 풀림을 받는 상황을 설정해야 하니 "밧줄에 묶인 궤짝이 떠밀려오는 것으로 한다, 고기 잡는 노파가 그걸 발견하게 하고 그가 노파를 봉양함으로써 효심이 백성들의 존경을 불러일으키게 한다, 알에 대한 백성들의 신앙을 고려하고 왕족의 혈통을 강조하기 위해 용왕과 왕비 사이에서 태어난 알이 버려졌던 것으로 한다"를 골자로 하는 신화가 하나 완성되기에 이른다.

여기서 작가가 말하고 있는 것은 크게 두 가지다. 권력은 기본적으로 '신화 만들기'를 통해 작동하고, 그것이 '만들어지는 것'인 한 백성들을 기만하는 것일 수밖에 없다. 그리하여 권력은 그 자체로서 폭력이라는 것이다. 이는 이집트 왕들의 관이 집단적으로 묻혀 있는 무덤을 발견한 도적의 이야기인 「왕들의 구멍」에서도 다시 한 번 확인할 수 있다. 주인공은 '파라오의 저주'라는 것도 왕실의 권위를 세우고 백성들을 관리하기 위해 통치자들이 만들어낸 미신이며, 비명에 그려진 생명의 형상이 "왕들이 백성들의 모가지를 틀어쥐고 있는 모습을 연상"시킨다고 진술한다. 그에 의해 정부는 "합법적인 도적"이라 명명되고 있다.

신화 조작은 1970~80년대 한국정치사에서 군사정권의 정당화와 이른바 '정화淨化운동'에서 되풀이되던 방식이 아닌가. 「홍소령기」와 「벼리의 계절」은 그러한 상황을 구체적으로 형상화한 소설이다. 이 두 작품은 일개 소시민에 지나지 않는 작가와 교사가 각각 자신의 생활 속에서 어떻게 정치적으로 조작된 신화를 수용하는지를 잘 보여준다. 창작에 대한 검열로 절망에 빠진 무명작가가 자기 스스로의 검열행위를 발견하면서 진실에 눈뜨게 되는 작품이 「홍소령기」이다. 스스로 은폐했던, 그래서 망각했던 과거의 진실, 즉 공병대 작업대대에 배속되었던 '명우'가 문선대에 지원하여 충무공 정신의 선양이라는 명분으로 유신 과업 선전에 동참했던 것을 떠올린 것이다. "군인에 의해 신성화된 군인, 군인에 의해 이용당한 군인"이라는 진술은, 박정희 군사정권이 비상계엄을 거쳐 유신 체제를 공고히 하기 위해 의도적으로 충무공을 신화화하고 자신을 그 우상에 일치시켰던 조작적인 문화정치를 암시한다. 한편, 「벼리의 계절」은 지식인 계층에 속하는 교사 '정숙'이 지역주민들에게 유신홍보활동을 하는 이야기이다. 미술교사는 충무공 동상을 제작하고 다른 교사들은 유신헌법에 찬성하도록 마을사람들을 교화하기 위해 홍보 활동을 나가는가 하면 아이들에게 이순신은 물론 박혁거세와 김유신까지 동원하여 독재자의 위업을 찬양하는 노래를 부르도록 강권한다. '조작된 신화', 모든 이들을 그 앞에 무기력하게 굴종시키는 폭력, 그것은 광기에 다름 아니다.

『왕과 개』에서 조성기는 동서고금의 시공을 넘나들며 권력에 대한 통찰을 탄력적으로 운용하였다. 이집트 파라오 시대로 가는가 하면 신라시대나 중국의 전국시대를 가로지르면서 작가 자신이 살아가는 동시대를 통찰하였다. 이러한 방식을 통해 작가는 마찬가지로 그의 작품이 1980년대의 시공을 뛰어넘어 미래의 독자들에게도 시사하는 바가 있기를 열망했을 것이다. 실제로 위기담론과 권력자의 문제는 2000년대를 살고 있는 우리들의 절박한 이슈가 아닌가.

3. 역설逆說, 병든 시대를 비틀다

1970년대에서 80년대에 이르는 폭압적인 정치 현실 아래서 작가 조성기가 특별히 선택한 인물은 '창녀, 미치광이, 소경, 거지'이다. 그들 역시 고통 받는 병자들이다. "갈청이나 대청같이 얇디얇은 처녀막은 갈래갈래 찢겨"지고(「위대한 창녀」), 눈의 신경이 죽어 "기쁨도 검은 색깔이요, 슬픔도 검은 색깔이요, 희망도 절망도 모두 다 검은 색깔"인가 하면(「위대한 소경」), 구걸을 위해 종일 엎드려있노라면 "무릎 아래 다리의 감각과 팔꿈치 아래 팔의 감각은 이미 오래전에 마비되어 버"렸거나(「위대한 거지」), "기록강박 넷집착증 사회편집" 증상으로 정신병원에 수용(「위대한 미치광이」)되어 있다.

그들은 유신 체제와 반민주 독재정권에 지배당하는 계급이라는 점에서 1970~80년대 리얼리즘 문학에 주로 등장했던 노동자 · 농민 · 빈민 등과 공유하는 면이 있다. 그러나 결정적으로 '창녀, 미치광이, 소경, 거지'는 프롤레타리아 당파성과도 거리가 멀고, 따라서 새로운 시대를 열어갈 저항세력 혹은 주체도 될 수 없는 무기력한 주변인이다. 그들은 주류 사회에서 무능력자로 낙인찍힌 소외된 자들일 뿐이다. "사실 어떤 때는 거지 단속반이라도 나타나서 나란 존재를 처분해주었으면 하고 바라기도 하지만, 그러면 옥신각신하는 재미도 있을 텐데 하고 생각하기도 하지만 나 같은 존재는 단속대상에서도 아예 제외되는 모양이다(「위대한 거지」)"라는 거지의 넋두리에서도 보듯, 그들은 요주의要注意 관리 대상도 아닌 것이다.

그러나 작가는 바로 이들에게 '위대한'이라는 수식어를 붙이고 있다. '위대한 창녀, 위대한 미치광이, 위대한 소경, 위대한 거지'라는 역설逆說. 여기에 나타나는 수식어와 피수식어의 거리, 그 모순과 부조화 속에 작가의 문학적 전략이 숨어있다.

「위대한 창녀」 속 '창녀'는 몸을 팔아 돈을 받았지만 돈을 제 것으로 하지는 않는다. 정신병원에 입원해 있는 동생의 병원비를 마련하기 위해 자신의 처녀성을 팔았지만 결국 동생의 죽음을 접하고는 돈의 전부를 포주와 브로커에게 던져주었다. 몸 판 돈을 받지 않는 그녀는 창녀인가? 「위대한 미치광이」에서 '미치광이'는 황당하게 지껄이면서도 순간순간 듣는 사람을 뜨끔하게 하는 발언을 한다. 독재자로 인한 불행한 사태를 예방하기 위해 "전 세계의 병실화"를 실현하여 정신병원 환자들의 회의 때처럼 어떤 말도 제재 받는 법이 없도록 만들어야 한다는 황당한 주장 속에는 병든 사회에 대한 일침이 들어있다. 이른바 '정상인'이 규정한 정신병이라는 것이 병든 사회가 인간에게 입혀놓은 상처라고 말하는 그는 미치광이인가? 「위대한 소경」에서 '소경'은 최루탄에 맞아 눈이 멀고 말았지만 여전히 시대의 '목격자' 되기를 포기하지 않는다. 앞을 볼 수 없어 식구들의 생활을 책임지기는커녕 짐만 되는 그이지만 시대를 고민하는 청년에게서 "존재하는 그 자체만으로도 위대한 존재"라고 평가받는다. 앞을 볼 수 없지만 시대의 어둠을 보고자 한다면 그는 과연 소경인가? 「위대한 거지」에서 '거지'는 구걸 행위를 하나의 직업이라고 본다. 그는 구걸하면서 '거지직업학교, 거지 노동조합과 파업, 거지들의 임금' 등에 관한 공상을 하는데 여기엔 일반적인 정의定義를 무력하게 하는 기지가 있다. "무소유의 자유함"을 말하는 그는 거지인가?

물론 조성기는 '그들이 창녀도, 미치광이도, 소경도, 거지도 아니다'라고 답하지 않는다. 작가는 그들을 시대의 대안으로 제시하지도 않고 / 할 수도 없고, 그들로 하여금 폭압적 정치 현실을 정면에서 비판하도록 역할을 맡기지도 않는다. 그것은 병든 시대로부터 결코 자유롭지 못한 '창녀, 미치광이, 소경, 거지'라는 인물군의 설정 자체가 갖는 한계에서 비롯된다. 그들이 박종철 고문치사 사건이나 삼민투, 독립기념관 등을 배경으로 하여 등장해도 작품 전체의 결말이 호방한 정치 풍자로 나가지 않는 것도 그 때문이다. 이는 광기로 얼룩진 시대, 누구도 병들지 않을 수 없었던 시대, 그래서 대상을 공격하고 비웃을 수 있는 풍자 주체의 도덕성 찾기가 쉽지 않았던 시대 그 자체를 암시하는 한 방법이었을 수도 있다.

중요한 것은 '위대한 창녀 / 미치광이 / 소경 / 거지'라는 '역설'이 앞서 말한 것과 같은 '질문'을 '구성'한다는 사실이다. 이 역설 혹은 이 질문은 지배이데올로기가 정의 내린 것들을 흔듦으로써 당대 권력을 비튼다. 다시 말해 『왕과 개』의 역설은 강압적인 시대, 병든 시대를 우회迂回하여 겨냥하고 있는 것이다.

역설이라는 문학적 행위는 정치적 금기가 있던 1980년대의 폭력적인 검열콤플렉스를 극복하면서 병든 시대를 교묘하게 자극한다. 이는 당시 많은 소설들이 노동자 · 농민을 주체로 하는 저항 서사로 대항담론을 만들 때, "교과서적인 눈을 바꾸고 새로운 눈을 가(「왕들의 구멍」)"지는 또 다른 문학적 방법을 탐색하고자 한 결과이기도 하다. 작가는 자신의 인물들로 하여금 역사적 사건의 주변부에서 병든 시대를 증언하고 비틀게 함으로써 완강한 세계에 균열을 내고자 했던 것이다. 역설로 권력을 비틀고 비웃는 것, 이것이 작가 조성기가 첫 창작집에서 보여주고자 했던 문학적 실천이었다.

소설의 체위, 시대의 체위

1. 섹스 모티프와 한국소설

인간의 욕망 가운데 가장 매혹적이면서도 위험한 커뮤니케이션, 그것은 무엇보다 섹스일 것이다. 죠르주 바타이유는 에로티즘을 "죽음까지 파고드는 삶"[1]이라고 했다. 이 사무치는 명명은 섹스가 가지고 있는 심연을 잘 말해준다. 금기를 위반하려는 욕망이라는 점에서, 그리고 개별적 존재의 경계를 열어야 한다는 점에서, 섹스는 쾌락이자 파괴이고 삶이면서 죽음이라는 것이다. 이 같은 금기와 위반의 에로티즘을 한국소설에서도 만날 수 있는데, 오정희의 「번제燔祭」나 이인성의 「강어귀에 섬 하나 : 처용환상」 등을 예로 들 수 있겠다.

「번제」는 '팽팽한 동그라미의 무리, 화살이 과녁에 꽂히는 순간, 나

1 죠르주 바타이유, 조한경 역, 『에로티즘』, 민음사, 1989, 9면.

를 향해 밀려오는 수천의 물굽이, 은빛 비늘, 웅웅대는 벌들의 날갯짓' 등의 상징적인 이미지들을 얽히게 하여 "밤마다 거듭되는 그와의 끈질긴 싸움"[2]이라는 폭력처럼 보이는 행위가 실은 두려움과 유혹이 격렬하게 서로 스며드는 섹스 행위라는 것을 섬뜩하게 보여준다. 한편 「강 어귀에 섬 하나」는 갈 때마다 한 층씩 높아지는 건물의 "아메바의 세포 분열처럼"[3] 무한증식하는 방에서 난장의 춤판과 '탈 만들기'가 '나'와 '그녀'의 흘레와 더불어 진행되는 환상적인 소설이다. 귀신 얼굴에서부터 각종 동물과 동자, 양반, 선비, 백정, 파계승, 할배 얼굴 등 스물 몇 겹의 탈을 겹겹이 쓰면서 벌이는 그들의 흘레는 인간의 한 생을 파노라마처럼 보여준다. 흥미로운 것은 이 두 소설이 각기 개성적인 세계를 보여주면서도 공통적으로 제의적 속성을 띠고 있다는 점이다. 이는 바타이유가 에로티즘을 제의적 과정과 연관시켜 설명한 것과도 겹쳐진다. 그는 불연속적인 존재를 벗어나 연속성을 회복하려는 강렬한 욕망이 희생양을 바치는 제사의식의 원형이며 섹스 혹은 에로티즘의 본질이라고 보았다.

소설의 섹스 모티프를 생각할 때 위와 같은 매력적인 작품들을 찾아볼 수 있긴 하지만, 한국 현대소설사가 섹스 모티프와 친연성이 깊다고 말하기는 어려울 것 같다. 욕망의 극단을 탐사하는 사드Sade적인 소설을 찾아보기 어렵고, 극단까지는 아니더라도 섹스 자체를 집중적으로 묘사하는 경우가 많지 않은데다 섹스를 맞닥뜨린 장면에서도 이미지로 대치되는 수가 많으며, 또한 섹스 모티프가 핵을 이루면서 미학적으로 탐구되는 작품이 많지 않기 때문이다. 다시 말해, 작품에

2 오정희, 「번제」, 『불의 강』, 문학과지성사, 1995, 175면.
3 이인성, 「강 어귀에 섬 하나 : 처용환상」, 『강 어귀에 섬 하나』, 문학과지성사, 1999, 130면.

전면화된 섹스, 혹은 작품의 추동력으로서의 섹스 모티프가 드러나는 소설이 별로 많지 않은 것이다.

이러한 현상은 여러 가지 측면에서 이해할 수 있겠지만, 크게는 한국 사회의 전통과 한국소설의 주된 관심의 방향이라는 두 가지 측면을 들 수 있다. 먼저, 대의명분과 공동체 의식을 중시하는 유교적 전통이 살아있는 한국 사회의 특성상 개인의 성욕 혹은 섹스 행위를 작품의 주된 모티프로 삼고 노골적으로 묘사하는 것은 몹시 지난한 일이었고 (여성작가들의 경우는 더욱 불리했다.) 결국 작가들은 많은 경우 상징적인 우회로를 선택하였다. 장정일이나 마광수의 작품이 사회질서를 문란하게 하고 청소년들에게 나쁜 영향을 끼쳤다는 거센 비난을 받으며 법정에까지 섰던 일은 이러한 측면의 일부를 보여주는 사례다. 또 1954년 서울신문에 연재된 정비석의 『자유부인』이 발표 당시 장안을 떠들썩하게 했던 것을 떠올릴 수도 있다. 성에 대한 인식이 지금과는 많은 차이를 보이는 시기라는 점을 감안하더라도, 당시 사회적 파장을 상기하면 작품에 대단한 성적 묘사가 있을 것 같지만 실은 '오선영'이 옆집 청년과 댄스를 하다 몸이 가까이 다가가면서 숨결이 거칠어지는 정도이며, 한적한 여관에 들어가 '한태석'과 정사를 하려던 순간 결정적으로 부인이 나타나는 바람에 도망쳐 나오는 것이 전부이다. 마침내 그녀의 애정 행각은 "결국 잃어버린 것은 남편과 자식들이었고, 얻은 것이라고는 처량한 신세뿐이 아닌가. 진정한 자유가 자기 집 안방에 있는 줄을 모르고 거리에서 찾아보려고 했기 때문"[4]이라는 작가의 적극적인 논평으로 귀결된다. "그리운 집, 그 따뜻한 품안(269

4 정비석, 『자유부인』 下, 고려원, 1985, 241면.

면)"이라는 가부장적 이데올로기의 보수적 캐치프레이즈에 동원된 도구가 성性이었던 것이다.

섹스 모티프와 한국소설이 깊은 친연성을 보이지 않는 점을 한국 현대소설사의 맥락에서 말한다면 좀 더 복합적인 세부를 면밀히 살펴야 할 것이다. 일단 거칠게 말해 보자면, 한국 소설은 근대문학 형성 이후 주로 거대담론 속에서 파행적인 사회의 숨통 역할을 해 왔다고 할 수 있다. 한국 소설의 관심은 주로 식민지의 삶, 전쟁과 분단, 산업화와 인권, 파시스트적인 자본주의 일상 등 대對사회적인 측면에 집중되어 왔던 것이다. 이러한 와중에 개인의 내적 욕망이라 할 수 있는 성욕과 그 실현태로서의 섹스는 틈입할 여지가 많지 않았고, 섹스 모티프가 나타나는 작품의 경우도 그 자체가 탐구 대상이기보다는 현실의 상징이거나 행위의 계기로 작동하는 것이 많았다. 예컨대, 이상의 「날개」에서 장지문을 사이에 두고 손님을 받는 아내의 행위는 타락한 일상을 상징하며 '나'의 외출이라는 행위의 변화를 가져오는 계기였다.

섹스 모티프가 본격적으로 탐구되기 시작하는 것은 1990년대 들어서라고 말할 수 있을 것이다. 1980년대가 놓쳤던 개인의 욕망을 키워드로 탐색하기 시작한 연대를 많은 사람들은 1990년대로 기록하는데, 기존에 자주 언급된 것처럼 문학에서도 역시 그러한 측면을 발견할 수 있다. 집단적 상상력에 억압되었던 개인의 내면이 성性이라는 코드로 발현되면서 여러 가지 방식으로 섹스 모티프가 작품의 축을 이루거나 전면적인 섹스 묘사로 부상하는 경우가 두드러졌다. 과연 1990년대 이후 소설의 체위, 즉 '섹스는 어떻게 전경화前景化되는가?'에 대해 질문을 던지며 그것이 갖는 정치적 무의식을 가늠해 보자.

2. 소도미sodomy의 환멸

'장정일' 하면 떠오르는 키워드가 바로 '성性'이다. 「아담이 눈뜰 때」(1990)부터 『너에게 나를 보낸다』(1992), 『너희가 재즈를 믿느냐?』(1995), 『내게 거짓말을 해 봐』(1996), 『보트하우스』(1999)에 이르기까지 변태적인 성의 서사와 집요한 섹스 묘사로 독자들의 뇌리에 충격을 각인하고 문학사에 한 획을 그은 작가가 장정일이다. 장선우 감독이 영화화한 『너에게 나를 보낸다』와 『거짓말』은 장정일과 성性을 한데 묶어 대중화하는 데 기여하였다. 그러나 영화 『거짓말』에는 없는 것, 『내게 거짓말을 해 봐』와 관련된 필화 사건에는 있는 것, 그것을 상기하면 장정일이 그려 보여준 성 문제가 그리 간단치 않다는 것을 알 수 있다.

『내게 거짓말을 해봐』(이하 『거짓말』)에서는 성기를 상징하는 이니셜을 가진 J(제이)와 Y(와이)가 엉키는 갖가지 섹스 행각이 텍스트 표면을 뒤덮고 있다. 정상위는 물론 후배위, 펠라티오fellatio, 쿤닐링구스cunnilingus, 69체위, 기마 자세, 소도미 등의 다양한 체위로 벌이는 섹스가 사실적으로 아니 편집증적으로 적나라하게 묘사되었다. 성을 통해 사회적 금기를 위반하는 것, 이것이 이 작품에서 맹렬히 시도되고 있는 첫 번째 의미이다. 물론 도발적인 섹스 묘사가 모두 다 금기의 위반을 시도하는 것은 아니며 오히려 자본주의 시스템에 이용당한다는 사실은 우리의 일상에서도 쉽게 발견할 수 있다. 금기를 넘보도록 유도하여 이윤을 창출하면서 금기를 더 강화하는 포르노 전략이 자본주의 사회 통제 시스템 중 하나가 아니던가. 이러한 사실을 잘 알고 있는 장정일이 『거짓말』에서 심혈을 기울여 배치한 것이 바로 '신버지'와 소도미(항문성교)이다. 장정일 문학에서 '아버지'의 기호가 최대 화두라는 점을 이 작품은 잘 보여준다. 군인이었던 아버지는 제이에게 항상 "복종과 절도, 직각의 법칙을 강요"[5]했던 존재로 기억되고, 제이는 명령과 처벌 속에서 성장한다. 작가는 제이의 아버지와 제이의 유년기를 장면으로 형상화하지 않고 철저히 제이의 회상 속 간접 서술로 일관한다. 그리고 제이와 와이의 섹스 장면을 전경화前景化할 때면 반드시 작가의 논평적인 서술로 제이와 아버지의 관계를 개입시킴으로써 의도적으로 제이의 아버지를 개별적 아버지를 넘어 '권력'이라는 기호로 만들어 놓고 있다. 그것을 확인하게 하는 것이 도입부에서부터 등장하는 '신버지'라는 명명이다. "나는 말야. 가끔씩 빛이 내 몸 속을 뚫고 들어오는 것을 느껴. 그 빛을 나는 신버지라고 부르는데 말이야(9면)"에서 '신버지'는 신과 아버지의 합성어이다. 이는 "신격화된 아버지의 줄임말(56면)"이며 곧 절대 권력의 기호이다. 이 작품이 구체적이고 상세한 섹스 장면의 묘사에도 불구하고 알레고리적 소설로 나타나는 것은 이 때문이다.

'아무 일도 하지 않는 제이'가 와이와의 격렬한 섹스에 몰두하는 것은 온 몸을 꿰뚫는 '신버지의 빛'을 잊기 위해서였다. 그러나 그의 섹스는 도피라는 수동적인 방편에서 머물지 않고 적극적인 '위반違反'의 행위로 부각된다. 이 작품이 처음 출간되었을 때 집중적인 비난의 대상이 되었던 것도 스무 살이나 많은 전직前職 조각가(유부남)와 고3 여고생의 거침없는 섹스라는 설정 때문이었다는 사실은 장정일의 시도가 작품 안팎으로 무엇을 겨냥하고 있었는지를 알게 한다. 성적 금기, 도

5 장정일, 『내게 거짓말을 해봐』, 김영사, 1996, 53~54면.

덕의 금기, 결혼제도의 금기, 학생의 금기, 나이의 금기 등을 부정하는 행위는 모두 한 사회를 이루는 상징적 아버지의 법法을 전복顚覆하려는 시도이다.[6] 제이와 와이의 행위는 이른바 원조교제와는 다른데, 제이는 와이에게 대가성 혹은 생활 원조격인 돈을 지불하지 않는다. 작가가 여러 차례 '아무것도 하지 않는 제이(와이가 제이와 섹스하려 했던 이유도 역시 '그냥이다.)'를 강조하는 것도 역시 돈 되는 생산성이라는 자본주의 사회의 최고 덕목을 부정하려는 인물로 그리려고 했기 때문이다.

『거짓말』에서 위반의 행위라면 무엇보다도 변태적인 섹스이다. 이 작품에는 여러 가지 섹스의 형태가 나타나지만 그중에서 가장 핵심적인 체위는 단연코 '소도미'라고 할 수 있다. 항문성교가 구약에서부터 오늘날에 이르기까지 치명적인 죄로 여겨져 왔다거나 사드의 『소돔 120일』에 나오는 난교 파티에서 중요한 역할을 했다는 점은 이 체위의 위반적 의미를 더듬어보게 한다. 사회적으로 죄악시하는 행위를 감행하는 것은 금기가 억압했던 욕망을 드러내는 일이며, 비가시적으로 영향력을 행사하던 금기의 메커니즘을 폭로하면서 부정하는 일이다.

그러나 동시에 『거짓말』에서 제이의 항문성교란, 위반의 욕망이 결국 아버지의 법을 음화陰畵의 방식으로 반복하는 것일 뿐이라는 제이의 '자기모멸'을 뜻한다. 이러한 측면에서 자기 작품에 똥칠을 하는 '분뇨예술'은 항문성교의 다른 말이며, "자신의 자지가 똥이라고 생각해야만 마음이 편한(72면)" 제이의 존재 자체는 자기모멸의 표상이 된다. 항문성교를 필두로 하여 펼쳐지는 가학 · 피학적 섹스는 자기모멸을 극대화하여 확인하는 예견된 과정일 뿐이다. 몽둥이, 전선, 철사 동강으로

---

6 1996년 출간 당시 이 책과 작가에 대해 사법적 제재가 가해진 것은 오히려 이러한 작품의 구도를 확인해 주는 것이었다고 하겠다.

와이를 때리면서 제이는 아버지를 닮은 파시스트 혹은 제사장이 되고, 거꾸로 와이에게 맞으면서 고통 속에서 "고향 집에 되돌아온 듯한(177면)" 안락함을 느끼며 권력에 길들여진, 권력을 벗어날 수 없는 자기 정체성을 확인한다. 제이의 자기모멸은 더 나아가 "내게 진짜 아버지가 있었던가? (…중략…) 내 똥 같은 작품의 논리적 근거를 마련하기 위해 (…중략…) 창작을 지속하기 위해 아버지라는 악한 적을 상정하고 그것으로부터 동력을 얻고자 한 것이 분명하다(206면)"는 데까지 간다.

『거짓말』의 장정일이 문제적인 것은, 제이의 자기모멸과 파국이 작가 자신의 문학 행위에도 겹쳐지는 딜레마를 감수하면서 끝까지 환멸을 밀고 나갔기 때문이다. 아버지의 법을 위반하는 행위가 동시에 아버지를 복제하는 행위이며, 부정(否定, counter- / 反-)의 방식이 지배와 피지배의 이분법적 구도를 벗어나지 못한다는 비극적 성찰은 장정일의 작가적 전망을 가로막는 내적 요인이 되기도 하였을 것이다. 그러나 '80년대적 길'을 잃어버린 혼란스런 1990년대의 한복판에서 섹스의 서사를 통해 작가는 자멸(自蔑 / 自滅)의 방식으로 개인의 욕망과 권력의 메커니즘을 밝히는 중요한 거점 역할을 하였다.

3. 안드로마케의 여성 상위, 그 몽환적 전투성

근대 초기부터 남성 중심적인 시선이 여성작가의 위상을 지극히 불리하고 불안한 것으로 몰아갔다는 점을 상기하면, 한국 현대소설사에 오래도록 여성작가에게서 섹스의 서사가 잘 나타나지 않았다는 점은 쉽게 이해된다. 섬세함이라는 척도로 여성작가의 특질을 거의 다 설명하다시피 했고, 그것을 곧 사회적 역사적 상상력의 결핍이라는 치명적 결함으로 직결하는 일은 여간해서는 사라지지 않는 고질적인 것이었다. 이러한 와중에 여성작가의 사생활은 늘 가십gossip거리였고 그들의 소설에 등장하는 인물 형상은 곧잘 작가의 체험적 사실로 뒤바뀌어 이해되곤 했다.

이렇게 열악한 조건에도 불구하고 박경리, 박완서, 오정희 등이 개성적인 작품 세계로 한국문학사에 돌올하게 등장하여 여성작가의 힘을 보여줌으로써 다양한 작가들이 설 수 있는 지반을 마련하였다. 그러한 토대 위에서 1990년대 여성작가들은 이른바 불륜 모티프를 통해 여성의 욕망을 성찰하려는 움직임을 보여주었는데, 그 가운데서도 섹스의 서사를 전면화하여 자신의 자리를 마련한 여성작가로 전경린을 들지 않을 수 없다. 「염소를 모는 여자」(1996)로 한국판 '노라'를 그려냈다는 평가를 받으며 등장한 전경린은 『내 생에 꼭 하루뿐일 특별한 날』(1999), 『열정의 습관』(2002), 『물의 정거장』(2003), 『황진이』(2004) 등에서 성적 욕망과 여성 주체를 연결함으로써 억압적인 가부장제 이데올로기에 제동을 거는 불온한 작업을 지속해 왔다.

『열정의 습관』은 "남자의 페니스를 처음으로 손안에 넣었을 때"[7]의 기억을 묘사하는 강렬한 도입부로 시작한다. 이 소설에 등장하는 남녀의 애무와 성교는 작가의 특장이라고 할 수 있는 치밀한 묘사와 독특한 이미지의 구사를 통해 환상적으로 드러난다. 도입부의 기억은

7 전경린, 『열정의 습관』, 이룸, 2002, 10면.

"뜨거운 주전자에 처음 손바닥을 데었을 때보다, 처음으로 손이 빨갛게 얼도록 얼음 조각을 쥐고 있었을 때보다, 손바닥의 생명선을 찔렀던 푸른 병 조각의 예리한 기억보다, (…중략…) 한여름에 손안에서 뜨거운 토마토를 으깬 기억보다, (…중략…) 장마로 불은 강 위에 걸쳐진 낡은 다리를 더 낡고 위험해 보이던 녹슨 쇠난간을 붙들고 건넌 피 냄새나던 기억보다, (…중략…) 그 모든 감각을 압도하며 손에 대한 마지막 감각이 되었다(10~11면)"에서와 같이 시적 묘사로 서술된다. 생애 처음으로 남자의 페니스를 목격하고 만지게 된 '미홍'의 감각은 "손에 대한 마지막 감각"이라고 할 만큼 압도적인 것이다. 논리적으로 설명할 수 없는 이 느낌을 작가는 '뜨거운 주전자, 얼음조각, 푸른 병 조각, 뜨거운 토마토, 녹슨 쇠난간' 등의 구체적인 사물을 불러들여 상상력의 성감대를 건드리면서 이미지들을 엮고 그 이미지의 정점을 넘어서는 한 순간을 포착함으로써 '손에 대한 마지막 감각'을 사무치게 전달하고 있다. 손에 대한 감각이 이러할진대 미홍의 정사에 이르면 묘사는 더 농밀해진다.

> 네 번째엔 미홍이 진성의 몸 위에 다리를 벌리고 앉아 움직였다. (…중략…) 미홍은 양쪽 허벅지로 진성의 골반뼈를 바짝 조이고 폭포를 타고 오르는 물고기처럼 파닥거리며 양팔을 높이 들어 올려 바람에 날리는 나무들의 춤을 추었다. 무릎으로부터 자신의 몸속으로 올라오는 회오리치는 파동에 따라 높게 높게, 너무나 자유로운 도약……. (…중략…) 그리고 커다란 날개를 활짝 펴고 허공을 날아가는 새하얀 새처럼 비상할 때, 미홍의 몸 안에서, 허공을 스치는 무수한 깃털의 질감이 느껴졌고 옆구리를 치는 날개 소리 같은 가느다란 비명이 흘러나왔다. 미홍은 어느 순간 진성의 어깨로 곤두박질

치며 커다랗게 벌어지는 자신의 입을 제 손으로 틀어막았다. 새벽이었다.

— 전경린, 『열정의 습관』, 197면

전경린은 미홍이라는 인물에게서 여성의 오르가슴을 탐미적으로 추구한다. 위의 인용문은 미홍과 진성의 정사, 미홍이 느끼는 오르가슴의 순간을 묘사하고 있다. 암수의 요철凹凸이 서로를 껴안듯 결합한 두 사람, 그리고 진성의 몸 위에서 파닥거리는 물고기처럼 때로는 바람에 날리는 나무들처럼 유연하고 싱싱한 파동을 타고 엑스터시를 향하는 미홍. 오르가슴의 순간은 '무수한 깃털의 질감'과 '옆구리를 치는 날개 소리'라는 감각적 이미지를 동반하면서 새하얀 새의 자유로운 비상으로 묘사된다. 여기서 진성의 어깨로 넘어지며 커다랗게 벌어지는 입을 손으로 틀어막는 행위는 오르가슴에 몰입한 순간을 표현한 것일 뿐, 전혀 억압적인 몸짓이 아니다. "내면적이고 상처받기 쉬운 영혼을 지니고 있으면서 동시에 현실적 장악력을 갖춘 남자(158면)"로 묘사되는 진성은 비현실적이라고 느껴질 만큼 거의 완벽한 인물이며, 미홍이 그의 적요한 눈빛을 목격하는 순간은 "영원과 아무런 차이도 없(200면)"는 '영원한 현재', 즉 시적 현현epiphany의 순간이다.

그런데 그들의 섹스가 이렇게 몽환적인 성적 판타지에 접근할수록 미적 체험으로서의 성은 이데올로기적 차원으로 전환된다. 다시 말해, 여성에게 억압적인 성 이데올로기, 여성이 성녀와 창녀로만 이해되는 이분법적 인식, 이런 것들을 전복하려는 대항 이데올로기로서 오르가슴이 부각되는 것이다. 위 인용문에서 그들의 체위가 여성 상위인 것은 이런 점에서 매우 상징적이다. 미홍과 진성은 수차례 여러 가지 방식으로 섹스를 하지만, 진성의 실체가 미홍의 성적 판타지 뒤로 사라지는 한 그들의 어떤 체위도 근본적으로는 '여성 상위'일 뿐이다. 미홍의 체위는, 그리스 신화에 나오는 인물인 "안드로마케가 헥토르의 말에 올라타듯 여성이 남성의 몸에 올라타"[8]는 기마 자세이다. 이것이 단순한 체위體位로 이해되지 않고 오랫동안 "지배자의 자리를 넘겨준 뒤바뀐 세상"[9]을 상징함으로써 혐오감을 불러일으켰다는 사실은 작가의 선택을 전투적으로 만들어 준다.

작품의 전체적인 구조가 '미홍, 인교, 가현'이라는 세 친구의 억압적인 성 체험과 여러 유형의 여성들과의 인터뷰를 중심으로 짜여져 있다는 점도 이 같은 해석을 뒷받침한다. 인교는 스무 살 무렵에 성적으로 유린당했고, 가현은 남편과의 성 관계에서 철저히 수동적이었으며, 순결의 미신을 스스로 버리고 싶어했던 미홍 역시 권태를 지우려는 남성의 성적 대상일 뿐이었다. 세 인물은 성을 주제로 토론적 성격을 띠는 대화를 주고받으면서 서로의 상처를 보듬는 자매애sisterhood를 보이며 "순응이 일종의 불구(125면)"라고 인식하게 된다. 이러한 측면은 모두 전경린 소설의 섹스 모티프가 궁극적으로 억압적인 가부장제 이데올로기를 공략하고 여성의 주체적 인식을 유도하는 이데올로기적 전략으로 기능하고 있다는 것을 드러낸다.

---

8 안나 알테르 · 페린 셰르셰브, 문신원 · 양진성 역, 『체위의 역사』, 열번째행성, 2005, 67면.
9 위의 책.

4. 두 사람이 하는 자위masturbation, 혹은 너무나 일상적인 그로테스크

최근의 한국 사회는 노골적으로 섹시sexy 코드가 넘쳐난다. 광고에 섹시 마케팅이 도입된 건 이미 오래 전 얘기고 통속소설과 싸구려 도색잡지는 물론 TV와 영화 등 기존의 미디어에 넘쳐나는 성적 이미지들은 뉴미디어 시대의 급물살을 타고 진화하고 있다. 웹에서 사용자들이 직접 제작하는 콘텐츠인 UCC는 온라인의 민주화를 실현한다. 부조리와 부패의 현장이 담긴 UCC로 고발의 효과를 높이고, 재미난 아이디어를 찍은 UCC로 누구나 사람들의 시선을 끌 수 있다는 점 등의 긍정적 요소 뒤로는 '몰카' 동영상이나 자발적 혹은 폭로적 포르노 성격의 UCC가 판을 치고 있는 형국이다. 그야말로 '잉여쾌락'의 시대에 성의 코드는 노골적으로 또 과도하게 반복되면서 점점 상습화되고 있다. "여성은 자신이 생각하는 그 곳에 결코 있지 않기 때문에 유혹한다고 말해야" 하며 그것이 "여성이 지니는 힘의 비밀"[10]이라고 말하는 보드리야르의 척도로 보면 오늘날은 진정한 '유혹seduction'이 '없는' 시대라고 해야 할 것이다.

이러한 상황에서 2000년대 소설, 특히 젊은 작가들의 소설에서 남녀간 사랑의 서사가 사라지고 섹스의 서사 역시 찾아보기가 어렵다. 전경린과 김별아가 여성인물을 중심으로 고군분투하였고, 박현욱이 일부일처제를 공격하는 방식으로 섹스를 활용했던 것을 거론할 수 있는 정도이다. 이렇게 된 데는 여러 가지 맥락이 있을 수 있겠지만,

10 장 보드리야르, 배영달 역, 『유혹에 대하여』, 백의, 2003, 15면.

크게는 개인이 어찌해 볼 도리가 없는 자본주의의 압도적 현실 속에서 이제 더 이상 저항의 방식이 가능하지 않다는 씁쓸한 인식이 만연하고 그런 가운데 열정과 사랑을 신뢰하지 못하는 태도가 두드러지는 현상과 관계있을 것이다. 이런 측면에서 본다면 1990년대의 장정일과 2000년대 초반의 전경린의 작업은 분노와 열정이 가능했던 마지막 세대의 역작으로 기억되는 것이 아닐까? 전 지구적 자본주의화에 따라 상상하기 어려울 정도로 자본이 국경을 초월하고 최첨단 과학기술이 빛의 속도로 진화하는 지금, 인간의 행복지수 혹은 소통의 진정성은 실로 더 나아졌는가?

이미 1990년대 중반을 넘어서면서 이러한 징후가 보이기 시작했는데, 예컨대 박성원의 「라이히 보고서」(1996)가 그러하다. 월급도 제대로 못 받으면서 시시껄렁한 기사만 조작해내야 하는 삼류잡지 기자인 '나'는 각종 공과금과 아이 학원비도 제대로 내지 못해 아내에게 못난 남편이라는 타박을 듣는다. 이 소설의 메인 플롯은 잠자리에서 부진을 면치 못하는 '나'가 아내와의 성생활을 유지하기 위해 포르노 비디오를 어렵게 구하는 과정이다. "섹스에 몰두하는 내 자신을 상상한다. 오로지 동물적인 하체의 반복 운동을 약간의 리듬을 섞어 나는 하고 있다. 행위를 하는 밑에 깔린 사람, 위에 있는 사람, 두 사람 모두 왜 그 짓을 하는지 모르고 있다. 그냥 땀 흘리며 할 뿐이다"[11]에서 보듯, 그들의 섹스는 생식을 위한 것도, 몸의 쾌락을 위한 것도 아닌 기괴한 모습을 띠고 있다. 온통 "의무들 사이에서(80면)" 살아가는 초라한 소시민의 일상을 그들의 섹스가 압축적으로 보여주고 있는 것이

11 박성원, 「라이히 보고서」, 『이상異常 · 이상李箱 · 이상理想』, 문학과지성사, 1996, 76면.

다. 수치심을 무릅쓰고 어렵게 구한 포르노 테이프나 '오팔팔' 모두 낭패만 안겨주자 그는 마네킹을 안는 꿈을 꾸면서 몽정을 한다. "사회 · 정치 · 경제적 혁명이 없이는 성의 만족은 없다—빌헬름 라이히(68면)"를 인용하고 제목을 '라이히 보고서'라고 붙인 것에서도 알 수 있듯, 박성원은 이 소설에서 '자위'의 모습을 띤 섹스를 소통 없는 현실의 표상으로 그려내었다.

정이현의 「낭만적 사랑과 사회」(2003)에 오면 이러한 측면은 또 다른 인물과 스토리를 통해 전면화된다. 고가의 상큼한 '뉴비틀'에는 댈 수도 없는 볼품없는 조건을 가진 '나'는 신분상승을 위해 "고무줄이 헐렁하게 늘어나고 누렇게 물이 빠진 면 팬티"[12]를 보루로 삼아 (오럴섹스는 할망정) '처녀성'을 사수한다. 오로지 삽입성교를 통해 순결을 결혼시장에 내다팔려는 그녀가 적절한 대상(부유한 집 막내아들)을 만나 섹스하는 과정("一. 샤워는 혼자서, 남자보다 먼저 해라"에서부터 "六. 적당한 시점에 타월을 깔아라 (…중략…) 八. 엉덩이를 들지 마라, 九. 모든 것을 그에게 맡겨라, 十. 혈흔은 함께 확인해라.")은 자본주의적 가치와 가부장제 이데올로기가 교묘하게 결탁한 형태이다. 이 소설에서 여자는 신분상승을 위해, 남자는 순간의 쾌락을 위해 섹스를 한다. 특히 그녀에게 이 첫 삽입섹스는 자신의 미래를 건 한판 익스트림 게임이다. 그들은 분명 둘이 함께 섹스를 했지만 실상은 상대방을 도구로 삼은 '자위(自慰, 마스터베이션)'에 지나지 않았다. 냉소적이고 거침없던 그녀의 목소리는 혈흔을 발견하지 못하면서 불안에 휩싸였고, 처녀성은 루이뷔통 가방과 교환되었다. "나는 마음속으로 황급히 고개를 저었다. 아니다. 아니다. 누가 뭐

12 정이현, 「낭만적 사랑과 사회」, 『낭만적 사랑과 사회』, 문학과지성사, 2003, 8면.

래도 그는 내가 사랑하는 사람이다. 우리는 서로, 사랑하는 사이다(35면)"라고 두렵게 '자위'하는 그녀의 모습에서, 진정성이 사라지고 소통이 차단되어버린 지금 여기의 현실을 목도하게 되는 것이다.

섹스는 섹스인데 섹스라고 말할 수 없는 섹스. '두 사람이 하는 자위', 이 그로테스크한 섹스는 아무 일 없는 듯한 일상이 사실은 진피저 깊숙이 우리 시대의 이상異常세포를 감추고 있다는 것을 상징적으로 드러내준다. 상대방을 딜도dildo나 자위용 단백질 인형쯤으로 치부하는 철저히 자폐적인 섹스는 너무나 일상적인 것이 되어버려서 그로테스크하다는 사실조차도 깨닫지 못하게 한다. 체위의 종류는 '32만 2천 가지가 넘는다'[13]고 하는데, 그 모든 인간적인 열락悅樂을 생략하는 '섹스리스sexless 커플' 혹은 '자위의 커플'이 늘어나는 이 그로테스크한 사회와 최근 소설의 체위는 바로 이 '환멸 이후의 시대'를 증명하는 정치적 무의식의 블랙박스이다.

---

13 안나 알테르 · 페린 셰르셰브, 앞의 책, 24면.

사막과 바다의 접경을 보았던가

윤대녕의 『남쪽 계단을 보라』

1. 사막에서 길을 잃다

윤대녕의 출세작 『은어낚시통신』은 일상의 '이쪽'과 '저쪽'이라는 겹의 세계를 긴장감 있게 보여준 바 있다. 그는 현기증을 느끼며 건널목을 '가로질러', '저쪽'의 휘황한 불꽃나무까지를 목격하였다. 이른바 '존재의 시원始原'이라고 일컬어질 만한 그것을 흘깃 보는 일은 고통스럽도록 황홀하다. 그러나 작가도 감지하고 있었던 것처럼 시원의 실체를 선명하게 그려낼 수는 없는 일이다. 『은어낚시통신』에 실린 작품들은 대체로 그 순간을 향한 안타깝고도 아름다운 도정道程이었다. 『남쪽 계단을 보라』(세계사, 2003)는 『은어낚시통신』을 닮았지만 거기에서 조금 비껴서 있다. 이 작품집 역시 일상의 저편에 대한 갈망을 암묵적으로 지니고 있다. 그러나 우리가 눈여겨볼 것은 작가가 '저쪽'

을 아득히 바라보던 시선을 좀 더 '이쪽'으로 돌려놓고 있다는 점이다. 작가가 가리키는 '남쪽 계단'에는 세계와 나 사이에 벌어진 틈이 있고, 거기에는 모래와 암석 사막이 펼쳐진다. 그가 때로 지독한 눈으로 때로는 흐린 눈으로 바라보는 이곳에는 모래 바람이 분다. 도시 한복판에 틈입한 사막은 나미브 사막이기도 하고, 타클라마칸 사막이기도 하며, 데스 밸리death valley이기도 하다. 나미브는 현지어로 '비어있는 곳'이고, 타클라마칸은 위구르어로 '들어가면 나올 수 없는'이라는 뜻이며, 데쓰 밸리는 말 그대로 '죽음'이 아닌가. 그러고 보면 누군들 지도 없는 사막에서 길을 잃지 않을 수 있겠는가?

작가에 의하면 사막은 이렇게 발생한다. "너와 나 사이에 팽팽하게 지속되고 있던 긴장의 끈이 한순간에 끊어지고 그리하여 아득한 거리로 서로 밀려나면서 그 사이에 황량한 모래벌판이 가로놓이게 된다. (「피아노와 백합의 사막」, 124면)" 사막은 인간의 실존적인 상처와 단절을 가리키는 황량한 내면 풍경이다. 여기에서 중요한 것은 작가 윤대녕이 그 사막을 끝까지 보아내고 있다는 점이다. 그것은 사막에 들어가 스스로 사막이 되는 방식이며 그 지점에서 질적 변환의 순간이 포착된다.

2. Sex with Strangers

매일 우리는 "매양 같은 그렇고 그런 풍경(「남쪽 계단을 보라」)" 속에서 망각의 계단을 닳도록 오르내린다. 질문하는 타자를 격리시키는 방식으로 유지되는 질서 체계에 순응해야 하고, 또 상처의 딱지를 끊임없이 떼면서 살 수는 없기 때문에 인간은 본능적으로 망각을 자처한다. 이 두 가지 차원은 서로 얽혀 있어 그 안과 밖을 구분하기 어렵다. 망각의 대가代價로 우리는 안온한 일상을 허락받는다. 그래서 우리는 과연 안녕安寧한가? 「배암에 물린 자국」에서 '나'는 뱀에 물리고, 「남쪽 계단을 보라」에서는 완전히 멈춰진 십 분의 시간을 경험한다. 여기서 주목할 것은 그러한 사건 자체보다 그것을 경험하는 자의 태도이다. 자기를 물고 달아났던 뱀을 죽이기 위해 한철 내내 작대기를 들고 숲을 헤치고 다녔던 '나'의 살의(「배암에 물린 자국」)는, 세계와의 사이에 생겨버린 시차 때문에 중심을 잃고 후들거리는 '나'의 치명적 두려움(「남쪽 계단을 보라」)과 다르지 않다. 두려움에 떨며 서로의 시간을 맞추는 '나'와 '그녀'의 밤을 보라(「남쪽 계단을 보라」). 그들은 망각하고 있었던 자신의 은밀한 상처와 욕망을 인정하는 것만으로도 온몸의 기운이 소진된다.

> 저녁바람 소리를 듣다가 얼결에 목이 달아난 토란 잎새들. 낙엽 떨구고 있는 가을나무의 뿌리 밑, 저 유수幽邃의 땅속으로 들어가다 되게 혼겁한 꽃배암. 누구를 향한 것인지도 모른 채 그토록 독이 올라, 저녁 대지에 땀방울을 부리며 죽어라 무기를 휘두르고 있던 사내……. 그는 과연 누구였을까.
>
> — 윤대녕, 「배암에 물린 자국」, 9면

위의 인용문에서 '나'는 묻는다. 분명히 '나'였으나 '나'라고 하기엔 너무나 낯설고 무서운 표정의 '그'는 과연 누구인가? 「배암에 물린 자국」에서 뱀의 이빨 자국은 결국 '나'가 자신을 물어버린 '나의 이빨 자국'이며, 「남쪽 계단을 보라」에서 신비한 하늘색 여자의 뒷모습은 전혀 다른 세계를 은밀히 욕망하던 '나'가 만들어낸 환영이다. 그들은 모두 '그'라는 '낯선 나'를 고통스럽게 발견하는 것이다.

윤대녕의 또 다른 인물들은 상처를 감지하고는 있지만 아무런 손을 쓸 수 없는 무기력한 자들이다. 그들은 "마음 저 깊은 곳에 숨어살며 소리 없이 영혼을 갉아대고 있는 어떤 짐승의 그림자 같은(「사막의 거리, 바다의 거리」, 104면)" 도무지 아물지 않는 상처를 지니고 있다. "조임쇠가 풀려 있(「사막의 거리, 바다의 거리」, 99면)"는 그들은 "아직도 수두水痘에 걸린 듯한 얽은 얼굴(「신라의 푸른 길」, 15면)" 혹은 "사람에게 흥미를 잃어버린 권태로움이 굳은살처럼 박혀 있(「지나가는 자의 초상」, 46면)"는 무표정한 얼굴이다. 그들이 왜 그렇게 되었는지는 작품에 잘 나타나지 않는다. 그들의 상처는 어떤 뚜렷한 원인에 책임을 물 수 없는 성질의 것이며, 세계와 '나'가 근본적으로 어긋나 있는 일상이 반복됨으로써 발생한 만성적인 징후이다. 윤대녕은 일종의 실존적인 무기력증이 삶의 조건이 되어버린 이들에게 그 원인과 해답을 추궁하는 일은 무의미하다고 보는 듯하다. 그리하여 작가는 환부의 원인을 캐기보다는, 처음의 기억마저 바랜 그 오래된 상처를 응시하는 데에 힘을 쏟는다.

소설 속 '나'와 '그녀'는 애써 상처를 외면하려 하지만 그것은 치명적인 결락缺落과 같은 것이어서 그들은 여전히 서성일 수밖에 없다. 무의미한 대화만 지루하게 계속되는 술자리에서 그들은 소리를 낮춘 텔레비전처럼 앉아있거나 비 오는 날 공사판 하수관 안에 들어가 무연히 서 있고, 혹은 혼자 배회하다 닫혀있는 문 앞에서 눈을 맞고 서 있거나(「지나가는 자의 초상」) 무모하고 충동적인 여행을 떠나곤 한다(「피아노와 백합의 사막」). 흥미로운 것은 그들이 낯선 길 위에서 서성이다 우연히 만나게 되었을 때 말을 건네거나 설명하지 않고도 서로를 알아본다는 사실이다. 때로 그들은 그렇게 만난 낯선 이와 섹스를 한다. Sex with Strangers! 닮았으나 서로에게 낯선 자일 수밖에 없는 그들의 참담한 섹스. 그들은 무언가를 전달하려는 몸짓을 잠깐 보이기도 하지만 곧 포기하거나 때로는 그런 시도마저도 기대하지 않는다. 그래서 그 행위는 애초에 처절한 비극적 기미를 안고 있을 수밖에 없었다.

> "아마 다른 빈방도 문이 열려 있을 거예요."
>
> 그녀의 목소리는 복도 저쪽까지 갔다가 이쪽으로 반사돼 돌아왔다. 나머지 일행은 이미 총에 맞은 것처럼 침대에 쓰러졌을 터였다. 나는 배낭을 들고 그 자리에서 일어났다. 다리가 맥없이 후들거리고 있었다. 배낭을 도로 어깨에 둘러매며 나는 성욕이 일종의 공격 본능일 수도 있다는 생각을 하고 있었다. 사방으로 내가 뜯겨 나간다고 생각될 때, 그래 내가 사막처럼 황량해졌다고 믿게 될 때 나도 공격적인 인간으로 변한다는 걸 알고 있다. 나는 침착하게 복도 끝 빈 방문의 손잡이를 돌려 보았다. (…중략…) 안으로 들어가자마자 배낭을 집어던지고 옷부터 벗는 나를 그녀는 멍하니 바라보고 있었다. 그렇다고 그게 아니라는 말을 한 것도 아니었지만 어쨌든 그녀는 당황하고 있었다. (…중략…)
>
> 그러나 그녀도 이윽고 돌아서서 옷을 벗었고 차디찬 침대 속으로 먼저 들어간 것도 그녀였다. 그녀와의 관계 도중에 나는 불현듯 내가 무섭다는 생각이 들었다. 입을 굳게 다물고 소리를 내지 않으려고 안간힘을 쓰고 있는 그녀가 사실은 누구인지 나는 모르고 있었던 것이다.
>
> — 윤대녕, 「피아노와 백합의 사막」, 141~142면

그들은 말해야 할 것들을 말하지도 묻지도 않은 채 서로를 안는다.

그러나 '나'는 그녀의 마음을 들여다볼 수 없으며 그녀가 누구인지조차 모른다. 그들의 섹스는 개체의 경계를 지우며 이루어지는 충일한 사랑의 행위와는 거리가 멀다. '나'는 사막처럼 황량해지거나 영혼이 조각조각 파열된다고 느낀다. 이는 그들의 상처가 매우 깊다는 것을 암시한다. 누구를 향한 공격 본능인지 분간할 수 없는 맹렬함으로 그들은 섹스를 한다. 자기를 무책임하게 방기放棄하는 행위와 같은 그들의 정사는 다만 "무언가에 의해 탈락돼 가고 있는(「피아노와 백합의 사막」, 146면)" 자신의 낯선 모습을 발견하게 해 준다. 위의 인용문에서와 같이 관계 도중에 자기 자신이 무섭다고 느끼거나 「지나가는 자의 초상」에서 김은애가 결국 혼자 낙태를 감행하고 돌아와 빈방에 앉아 있는 것은 어쩌면 당연한 결과라고 할 수 있다.

낯선 자와의 섹스. 이는 공동空洞과 같은 빈방이나 기이한 황막함으로 둘러싸인 사막 한가운데에서 일어날 수밖에 없지 않겠는가? 그러나 다시 돌이켜 보면 가장 낯선 자는 "너무 귀에 익어서 차라리 생소하게 느껴지는(「남쪽 계단을 보라」, 36면)" '나'일 것이다.

3. 사무치게 닮은 자들의 뒷모습

윤대녕의 소설에서 사람들의 만남은 거의 모두 낯선 이와의 만남이다. 가족의 이야기를 담고 있는 「가족사진첩」이나 「새무덤」도 예외라고 할 수 없다. 「가족사진첩」에서 '나'는 죽을 뻔한 일을 당할 때마다 아버지가 딴 사람 보듯이 자기 옆을 무심히 스쳐지나가곤 하는 환상을 본다. 가족사진 속에 "낯선 얼굴로 우뚝 서 있는 아버지", "당신이 누구라는 걸 내가 미처 깨닫기도 전에 저 세상으로 가버린(「가족사진첩」, 81면)" 존재, "서로 먼 사람(「새무덤」, 111면)"으로 살았던 아버지 역시 낯선 자라고 할 수 있을 것이다. 그러나 이 경우는 낯선 자라고 하더라도 선행자先行者라는 측면에서 다른 의미를 갖는다.

> 나는 이불 속에 숨을 죽이고 누워 울컥울컥 올라오는 감정을 삭이느라 벌겋게 용을 써대고 있었다. 키 작은 자, 노역하는 자, 소리내지 않는 자, 억눌린 자, 마음 깊은 곳에서는 어떤 자부심 같은 게 남아 있는 것 같기도 했지만 아무튼 남들 앞에 서면 서슬 푸른 힘 한번 보여주지 못하는 자에 대한 묘한 원망과 분노와 가련함 같은 것들 때문이었다.
>
> — 윤대녕, 「새무덤」, 112면

'나'의 아버지는 오롯한 존경의 대상이 아니었다. 아버지는 공사판에서 돌덩이를 맞아 한 팔을 아예 쓸 수 없게 되었고, 변두리 작은 슈퍼마켓은 화재로 날려 버렸으며, 귀동냥 정도의 지식을 가지고 사육조를 키웠으므로 영문도 모르게 새들이 죽고 말았다. 하는 일마다 실패하며 피난민처럼 살아온 자, 억눌려도 소리내지 않는 자, 초월과 비상을 꿈꾸지만 비범한 힘 한번 보여주지 못하는 자가 바로 아버지이다. 그는 "이제 매순간 무유無有 유명幽冥을 외지 않으면 버틸 수 없게 껍데기만 남(「새무덤」, 116면)"았음을 시인하며 자신이 돌아갈 무덤을 마련한다.

아들은 아버지를 생각하며 "병신 같은 인생, 오냐, 전소全燒해라, 나도 너처럼 불덩이에 휩싸여 재가 될 때까지 두 눈 홉뜨고 살아갈 테니(「새무덤」, 114면)"라고 외친다. 그제서야 자신이 아버지를 미워했던 게 아니라 그의 험상궂은 인생을 저주하고 있었음을 알게 된다. 아버지의 삶 역시 사막과 같았다. '나'가 "서늘하게 풀어진 마음으로 아버지의 주름투성이인 얼굴을 마주보(「새무덤」, 120면)"는 행위는 가슴에서부터 우러나오는 연민으로 아버지와 화해하고 있음을 뜻한다. 그러나 작가가 아버지의 신산했던 삶을 이야기하는 행위의 중요성은, 개인적인 아버지와 화해하는 데에 있다기보다, 나보다 앞선 자 역시 깊은 상흔을 새기고 있었다는 점을 절박하게 확인하는 데에 있다. '나'는 자신이 아버지와 무척이나 닮았다는 사실을 알게 된다. 실존적인 불안에 시달리는 자가 선행자에게서 자기와 같은 종류의 형질을 확인할 때 그는 위기감과 두려움에서 놓여날 수 있다.

이외의 작품들에는 반드시 아버지가 아니라도 사막 같은 삶을 끝까지 살아내는 자의 뒷모습이 언뜻언뜻 나타난다. 시퍼런 독을 품고 뱀을 찾아 돌아다니던 '나'에게 "그만하면 됐으니 이제 마음을 수습(「배암에 물린 자국」, 11면)"하라고 말을 건넸던 남자, 생불生佛이라고 여겨지는 삼촌(「신라의 푸른 길」), 자신을 찾아온 친구에게 창밖을 응시하는 완강한 뒷모습만 보여주고 죽어간 시인 친구(「피아노와 백합의 사막」) 등이 그들이다.

그는 이백여 미터쯤 떨어져 있는 오른쪽 모래언덕 위에 새끼손가락만한 크기로 서 있었다. 나는 반사적으로 카메라를 들이대고 백오밀리 줌으로 그의 모습을 당겨보았다. 그러나 파인더 안에서도 그의 모습은 뚜렷이 잡히지가 않았다. 그는 비쩍 마른 체구에 검은 모자와 인민복 차림이었다. 그는 사람이 살 리 없는 이 황무지의 모래언덕 위에 왜 혼자서 우두커니 서 있었던 걸까. 떨리는 손으로 셔터를 누르면서 순간 나는 까맣게 잊고 있었던 을지 병원의 친구를 문득 떠올리고 있었다. 앞을 보니 일행은 오른쪽으로 내려앉은 길로 사라진 다음이었다. 더 이상 거기서 머물 수가 없어 걸음을 재촉하면서 나는 모래언덕 위에 구부정하게 서 있는 그를 자꾸만 돌아보고 있었다. (…중략…) 모래언덕의 사내는 이제 돌아서 있다. 돌아서 반대편으로 내려가고 있다. 다리가 내려앉고 허리가 내려앉고 가슴과 어깨도 언덕 뒤로 천천히 빠져들고 있다. 검은 모자만 공제선에 손톱처럼 걸려 있다.

— 윤대녕, 「피아노와 백합의 사막」, 142~144면

「피아노와 백합의 사막」에서 '나'는 여행 도중 황무지 모래 언덕에 혼자 우두커니 서 있는 한 남자의 모습을 목격하면서 유년 시절 함께 열심히 사막을 이야기했던 '송갑영'이라는 친구를 떠올린다. 집이 파산하여 서울로 올라간 친구는 빈민가 단칸방에서 어머니와 단둘이 살았고 그 후 시인이 되었다. 그와 함께 사막을 보러 가기 위해 뒤늦게 수소문하여 친구의 행방을 찾아냈지만 친구는 병실에 홀로 앉아 죽음을 기다리고 있었다. 모래 언덕에서 돌아서서 반대편으로 천천히 내려가는 자의 뒷모습은 친구의 뒷모습과 겹쳐진다. 먼 곳에서 서서히 사라지는 사내의 모습은 친구의 죽음을 암시하고 있다. 친구는 "어깨를 길게 늘어뜨린 채 흐린 창문 아래로 급히 떨어져 내리고 있는 오후의 서글픈 햇빛을 응시(「피아노와 백합의 사막」, 132면)"한다. '나'는 그렇게 친구의 마지막 모습을 뒤에서 만난다.

사람의 뒷모습은 다른 어떤 각도에서보다도 그 사람의 진실을 은밀하게 드러낸다. 황량한 삶을 살아온 시인 친구는 마지막 생을 바라

보고 있는 자신의 말없는 뒷모습만을 보여준다. 자기 앞에 있는 유리를 통해 등 뒤에 와 있는 '나'와 시선을 맞출 뿐 완강하게 뒤를 돌아보지 않는 친구의 행위는, 이때까지의 삶에 대해 구차하게 설명하거나 위로를 구하지 않고 자신의 삶과 죽음을 모두 수긍하려는 자의 태도이다. '나'는 그의 뒷모습에서 스스로는 볼 수 없는 자기 자신의 뒷모습을 본다. 사막 같은 삶을 끝까지 살아내려는 자들의 모습은 사무치도록 서로 닮았다. 살아온 내력은 모두 달라도 주체할 수 없는 생生의 상처와 슬픔을 하나씩 안고 끝까지 가는 사람들의 뒷모습을 보면서 작가는 조용히 안도하는 것은 아닌가? 그 지점에서 비로소 두려움에 떠는 자기 자신에게서 놓여나 '나'를 바라보는 거리 감각을 얻어낼 수 있기 때문일 것이다.

4. 사막과 바다의 접경接境

윤대녕의 인물들이 만나고 헤어지는 풍경은 이렇듯 줄곧 황량한 사막의 이미지를 동반한다. 그들은 곧 부서질 것 같은 삶을 안고 불안과 무기력증에 시달린다. 그러나 작가 윤대녕의 힘은 이렇게 무력한 이들이 사막 같은 삶을 끝까지 살게 하는 데에서 나온다.

'나'는 파국을 예감하면서도 끝까지 뱀을 좇고(「배암에 물린 자국」), 어긋난 시간을 맞추면서 두려움을 처절하게 버텨내며(「남쪽 계단을 보라」),

사랑의 상처를 묵묵히 견뎌낸다(「지나가는 자의 초상」). 신산한 삶을 끝까지 받아들이는 아버지의 모습이나 그 아버지를 견디는 '나'가 또한 그러했다(「가족사진첩」, 「새무덤」). 「피아노와 백합의 사막」에서 '나'는 어느 날 그때껏 잊고 있었던 사막을 떠올리고 선배 일행과 함께 실크로드 여행을 떠난다. 어렸을 때 그렇게 골몰했던 사막을 보기 위하여. 그러나 그의 결정은 아내를 납득시키지 못할 정도로 충동적인 것이었고 죽음을 기다리고 있는 친구를 염두에 둔 것이어서 처음부터 매우 불안한 기미를 띠고 있었다. 그는 사막에 가는 길 내내 스스로도 잘 이해하기 힘든 초조함과 불안감에 시달린다. 그러나 그는 미열에 들떠 식은땀을 흘리면서도 "무언가에 미쳐 있는 것처럼(「피아노와 백합의 사막」, 139면)" 어둠 속 사막으로 가는 길을 그만두지는 않는다.

그들은 사막의 끝에서 무엇을 만나는가? 「신라의 푸른 길」은 공간적 이미지를 통해 그것을 암시해 준다. '나'는 우연히 버스의 옆 자리에 앉은 여인과 7번 국도를 동행한다. 그는 무단결근하며 생불生佛이라고 여겨지는 삼촌을 만나러 가는 길이고, 그녀는 친정아버지의 병간을 하고 시집으로 돌아가는 길이다. 두 사람은 몇 가지 신상명세를 주고받는 외에 별달리 자신에 대한 설명을 하지 않는다. 그러나 그들은 서로 "삶의 거적때기를 벗고, 닫혔던 모든 문을 열고, 사랑이라는 것도 훌렁 벗어버리고 때로 길 떠나자 하는 마음을 어찌하랴. 이렇게 불현듯 실종되고자 하는 울울한 마음(「신라의 푸른 길」, 23면)"을 알아본다. '신라의 푸른 길'에 대해 이야기하며 가던 그들은 내려야 할 곳이 다가올 때쯤 "그녀와 내 손이 수갑 같은 것에 한 짝씩 묶여 있다는 생각에 사로잡(「신라의 푸른 길」, 26면)"혀 있었다.

나는 바람 속의 장작불처럼 사납게 타오르고 있었다. 그리고 그 뜨거움을 더 이상 견딜 수 없었던 순간에 돌연 내 마음을 번개처럼 밝히고 지나가는 생각…….

그래, 그러나 다시 멋쩍은 타인으로 돌아가 서로 건너편에 서서 바다로 흘러가는 강물에 어른거리는 당신의 더운 그림자를 들여다보고 있는 게 더 좋을 때가 있다. 불러도 서로 들리지 않는 멀찍한 거리에서 우리는 만난다. 가끔은 팽팽해지기도 하고 느슨해지기도 하는 그 거리의 아름다움을 확인하기 위하여. 우리는 모두가 타인이며 또한 이렇게 모두가 타인이 아니다. 그래, 나는 자주 부싯돌 같은 마음을 꿈꾼다. 겨우 환해졌다가는 이내 눈귀를 막고 단단한 어둠으로 스스로 돌아갈 줄 아는…….

— 윤대녕, 「신라의 푸른 길」, 26면

위의 인용문에서처럼 뜨거움을 더 이상 견딜 수 없었던 순간에 '거리의 아름다움'을 떠올릴 수 있었던 것은 그 길이 두 가지 유래를 동시에 가지고 있었던 데서 비롯된다. 그들이 동행했던 길은 노옹이 수로부인에게 꽃을 꺾어주는 헌화가獻花歌의 길이기도 하고, 신라 전설에 나오는 삼화랑三花郎과 스님들이 노래를 읊으며 지나다니던 길이기도 하다. 아름다운 여인에게 꽃을 꺾어주는 사무치는 마음, 그리고 존재에 대한 깨우침의 길을 가는 마음. 이 두 마음이 길 위에서 긴장을 만들어 낸다. 사랑과 구도의 길이 서로 다르지 않은 것이다.

'나'는 내려야할 곳에서 "천천히 수갑을 풀고 자리에서 일어났다.(「신라의 푸른 길」, 27면)" 그들이 수갑을 풀지 않았다면 어쩌면 자신조차도 무서워지는 공격적이고 처절한 섹스에 이르렀을지도 모른다. '나'는 간절하게 사무치는 마음을 안고, 타인이면서 또한 타인이 아닌 자들이 멀찍한 거리에서 만나는 "거리의 아름다움"을 발견한다. 해안선을 따라 이어지는 7번 국도는 땅과 바다가 만나는 영원의 길이다. 해안선, 그것은 땅과 바다가 만나면서 동시에 구분되는 지점이다. 무릎 위에 『모래의 여자』라는 책을 놓고 간 그녀가 마지막에 "마주쳐오는 눈빛 속에서 짜디짠 바닷물 한 방울(「신라의 푸른 길」, 27면)"을 보인다. 해안선은 모래 혹은 사막과 바다의 접경接境이 아닐까?

작가 윤대녕은 이번 창작집에서도 여전히 1인칭의 원근법을 통해 세계를 바라보고 있다. 그러나 앞에서 언급한 바와 같이 '저쪽'이 아닌 '이쪽'을 살고 있는 서로 닮은 타자들을 작품 속에 끌어들이고 있다. '거리의 아름다움'이라는 작가의 화두는 이러한 점과 무관하지 않다. 뒷모습을 만나는 행위가 그러했듯 멀찍이 떨어져서 만나는 방식 혹은 부재不在의 형태로 만나는 방식은 파국을 연기하거나 멈추게 한다.

「사막의 거리, 바다의 거리」에서 자신의 장소를 찾지 못했던 '나'가 사막의 망루에서 서성이던 그녀를 찾아갔을 때 그녀는 자리를 비운다. 또 「피아노와 백합의 사막」에서 '나'와 참담한 섹스를 했던 그녀는 돌이킬 수 없을지도 모르는 어떤 순간에 작별을 고한다. 그들은 길이 만나고 헤어지듯 '부재'의 방식으로 이제까지와는 다른 존재론적 해후의 가능성을 만든다. '나'가 스스로 사막과 거의 같아졌다고 느끼는 순간 문득 바다가 들어서는 것이다.

> 밤새 고열에 시달리다 깨어난 아침처럼 말간 현기증을 느끼며 아래로 내려오고 있는 사이에 나는 모세관현상처럼 서서히 아랫도리가 축축이 젖어오르고 있다는 느낌을 받고 있었다. 그리고 아무도 없는 텅 빈 쇠상자 안에서 나는 아득히 이쪽을 향해 밀려오고 있는 큰물 소리를 듣고 있었던가.

하얀 망루를 나오자 바다의 환영이 눈앞에 검푸르게 엎드려 있는 게 보였다.

애써 몸을 가누고 철버덕거리며 택시를 잡고 있는 사이 뒤에서 누군가 다가와서는 내 등을 툭 치며 이렇게 말했다.

여기, 이 거리, 바다 같지 않아요?

홀연히 뒤를 돌아보았을 때 그러나 거기엔 아무도 없었다.

나는 우연한 내 목소리를 듣고 있었던 것이다.

— 윤대녕, 「사막의 거리, 바다의 거리」, 107~108면

「사막의 거리, 바다의 거리」에서 '나'는 폐허와 같은 사막의 거리를 함께 경험했던 그녀에게서 목숨을 걸지 않고는 사랑할 수 없으리라는 치명적인 사랑을 예감한다. 눈앞에서 길이 사라지는 경험을 하면서 결국 그녀를 찾아가지만 거기에 그녀는 없다. 자신에게 상실되어 있었던 게 무엇이었는지를 알아낸 그녀는 부재의 방식으로 그를 만난 것이다. 먼 거리에서 만나는 부재의 방식을 끝내 받아들인 '나'에게 "이쪽을 향해 밀려오고 있는 큰물 소리"가 들린다. "기억하려 해도 도저히 기억나지 않는 것"이 무엇인지 그녀가 알아냈다고 하던 바로 그 바다의 환영이다.

「피아노와 백합의 사막」의 '나'는 사막 여행을 마친 후 서울로 돌아와 원인 모를 병을 앓고, 그 와중에 친구의 부음을 들으며, 아내를 떠나보내고, 여행에 동행했던 여자의 마지막 전화를 받는다. 그는 모든 것을 다 잃어버리는 지점까지 온다. 그 지점에서 그는 그녀가 지금 화폭에 그리고 있는 것이 사막에서 헤어질 때 자신에게 준 구근임을 깨닫는다. 그것은 희미한 달빛 속에서 피어난 백합이다. 백합 화분 옆에 웅크리고 누운 '나'는 "머나먼 한 줄기 강물(「피아노와 백합의 사막」, 150면)"

같은 눈물을 흘리며 사막 한가운데에 놓여있는 피아노의 환영을 본다. 죽은 친구가 치는 피아노 소리는 "사막의 구석구석으로 물주름처럼 번져나가고 그 소리를 따라 사방에서 백합들이 투둑투둑 피어나기 시작(「피아노와 백합의 사막」, 150면)"한다. 또다시 바다의 이미지를 상기시키는 '물주름'이 나타나는 것이다.

물론 사막은 "바다와 가장 멀리 떨어진 지점에서 발생한다(「피아노와 백합의 사막」, 123면)." 그러나 사막을 끝까지 보아내는 자, 혹은 사막에 들어가 사막과 같아지는 자에게는 문득 바다가 들어선다. 그들은 사막이면서 사막이 아닌 곳, 사막과 바다의 접경에 서 있다. 그 지점에서 '나'는 '나'에게서 놓여나 '나'를 본다. 「사막의 거리, 바다의 거리」에서 '나'는 '내 목소리'를 들으며, 「피아노와 백합의 사막」에서는 "거미처럼 사지를 벌리고 달을 끌어안고 있는(「피아노와 백합의 사막」, 151면)" '나'를 보아내지 않는가! 명료한 해답을 구하기보다는 사막에 들어가 스스로 사막과 같아지는 방식, 황량한 실존의 사막을 끝까지 살아내는 방식은 역설적으로 스스로를 응시할 수 있는 최소한의 거리를 마련해 준다.

우리는 『남쪽 계단을 보라』에서 사막과 바다의 접경을 보았던가? 아마 그랬을 것이다. 사막은 바다와 가장 멀리 떨어진 곳에서 발생하고 동시에 사막의 끝에서 바다가 발생하는 이 역설을 보라.

냉혹과 곤혹

소설 속 인물에 대해 냉혹한 2000년대 작가들이 있다. 물론 이전의 소설들도 세계와의 소통 가능성을 차단당한 인물이 무참히 내몰리는 과정을 가슴 서늘하게 그려내곤 했다. 폭력적인 세계와 불가해한 삶에 패배한 영혼들의 무력한 독백 혹은 그들의 엽기적인 행위도 그 존재 자체의 진위 여부를 의심받지는 않았으므로 독자는 함께 고통스럽게 읽어내려 갈 수 있었다. 그런데 최근 몇몇 소설에서는 등장인물 특히 화자인 '나'의 발화 그 자체의 진정성을 문제 삼고 있다. 위에서 말한 냉혹함이란 바로 그 최소한의 여지마저도 의문에 부치고 있다는 점을 가리킨다. 그렇다고 해서 이 소설들이 악덕하거나 어리석은 인물을 폭로하고 풍자하고자 하는 것은 아니다. 이들의 소설에서 '나'의 행위는 윤리적인 차원에서 단죄되어야 할 성질도 아니고, 뚜렷하게 거짓이라고 판명된 것도 아니며, 또 인물의 탓으로만 몰기 어려운 불가항력적인 측면을 가지고 있기 때문이다. 이는 독자들로 하여금 화자의 말을 믿어야 할지 말아야 할지 주저하게 하는 곤혹스러움의 세계로 유인한다.

김경욱의 「장국영이 죽었다고?」(『장국영이 죽었다고?』, 문학과지성사, 2005)는 요즘의 현실과 문화 현상을 명민하게 끌어들여 소통 단절의 외연을 넓히고 있다. 이야기는 피시방에서 아르바이트하는 '나'가 '이혼녀'라는 ID를 가진 사람과 채팅하는 내용과, 현실에서 겪은 '나'의 경험이 나란히 소개되면서 직조된다. 채팅에서 장국영의 자살 소식을 계기로 '나'와 '이혼녀'는 13년 전 같은 시각 같은 극장에서 장국영 주연의 '아비정전'을 보았다는 것과 2년 전 같은 날 결혼해서 같은 호텔 바로 위 아래층 객실에 묵었다는 우연한 사실을 발견하지만, 그뿐이다. '이혼녀'는 실제로 이혼녀냐는 '나'의 질문에 대답하지 않았고 '나' 또한 그런 것은 아무 상관없는 무의미한 일이라고 여긴다. 그들은 서로를 훔쳐볼 뿐이었지 관계를 맺은 것은 아니었던 것이다. 한편 '나'는 아버지의 파산과 죽음을 고스란히 물려받아 신용불량자가 되었고, 보증 선 사실을 사전에 상의하지 않았다는 것 때문에 아내와 싸웠으며, 아이도 갖지 않으면서 장만한 아파트를 건지기 위해 결국 이혼을 했다. "초 단위까지 기재된 한 개인의 소비에 관한 목록(15면)"인 영수증에 그들의 관계에 대한 드라마가 결여되어 있었듯이, 사진인 줄 알고 들고 나온 앨범에 영수증만 가득했다는 것은 그들의 결혼 생활에도 소통의 관계가 부재했었다는 점을 단적으로 보여준다. 이렇게 온라인과 오프라인 각각의 세계 어디에도 소통은 막혀 있으며, 두 개의 이야기가 단지 연상 작용으로 이어질 뿐 그 두 공간 사이에도 역시 소통의 가능성은 없다. 입간판에 제대로 불이 들어오지 않아 '광개토PC방'이 '개토 PC방'이 되고 '나'에게 그것이 '게토PC방'으로 읽히는 것은 '나'가 모든 관계에서 소외되어 치명적인 고립 상태에 있다는 것을 상징한다. '게토'라는 것이 유대교도들을 강제 격리시켰던 거주 지역이었고 이후 소수자 집단의 밀집 지역을 가리키는 말이지 않은가.

소통 단절의 문제는 장물 신고를 받은 경찰이 찾아오는 삽화에서 심화된다. 고시원 방에 쌓인 법랑냄비 세트, 전기 기타, 유모차 등은 '나'가 어디선가 들은 이야기를 흥미로운 사연으로 만들어 각종 라디오 프로그램에 보낸 대가로 받은 "잡동사니"들이다. 다친 허리 때문에 침대가 필요했고 그래서 '지어낸 이야기'가 아닌 자신이 '직접 겪은' 이야기를 써서 방송국에 보낸 단 한 번의 예외적인 일이 있었지만, 정작 그것은 채택되지 못했고 침대는 그의 것이 되지 못했다. 그 이야기는 어쩌면 어디에나 있는 평범한 불행이었기 때문인지도 모른다. 그러나 어쨌든 간에 그가 확인한 것은 진실이 아닌 '지어낸 이야기'가 통용된다는 것이었다.

> 누군가를 만나기 위해 그 자리에 서 있다는 사실을 상기하기 위해 나는 노력했다. (…중략…) 을지로 쪽에서 검정 정장 차림에 마스크를 쓴 여자의 실루엣이 행인들 틈에 언뜻 보였다. 나는 그녀가 다가오기를 기다릴까 내가 먼저 다가갈까 망설이고 있었나 보다.
>
> 매표소 전광판의 디지털 시계가 정확히 아홉시 정각을 표시했을 때였다. 갑자기 나와 같은 차림을 한 사람들이 하나둘 매표소 앞으로 모여들었다. (…중략…) 그들은 복제된 것처럼 비슷해 보임으로써 오히려 군중들 속에서 두드러졌다. (…중략…) 나는 그들이 누구인지 알 수 없었고 그런 사정은 그들도 마찬가지였을 것이다. (…중략…) 그림자처럼 닮은 그들 중에서 나에게 메일을 보낸 사람을 찾아낼 수는 없었다.
>
> 잠시 후 쪽지가 돌았다. (…중략…) 그들은 줄을 서서 기다리다 정작 매표소 앞까지 오면 아무 일도 없었다는 듯 뿔뿔이 흩어졌다. (…중략…) 매표소

가 다가옴에 따라 거짓처럼 가슴이 뛰고 신경은 터질 듯 팽팽해졌다. 믿어지지 않았지만 그것은 실로 오랜만에 맛보는 활력이었다. 그 뜻밖의 활달한 기운은 세상의 어떤 의미에도 복무하지 않았으므로 나를 더욱 흥분시켰을 것이다. 열의 맨 앞에 당도했을 때 앞의 사람들이 그랬듯이 나는 매표소를 외면하고 거리로 걸어 나왔다. (…중략…) 발길을 멈추고 이쪽을 지켜보던 행인들의 어리둥절해 하는 얼굴을 보며 나는 아무도 웃기지 못한 농담을 던진 듯한 기분에 사로잡혔다. 그러나 조금만 생각해 보면 그것은 누구의 탓도 아니라는 사실을 알 수 있었기에 행인들의 뜨악한 반응이 나는 아무렇지 않았다. 어쨌거나 장국영이 죽었단다. 유감스럽게도 이건 농담이 아니다.

데스페라도－장국영이 부른 영웅본색 속편의 주제가 〈奔向未來日子〉를 듣고 있는데……. 가사 중에 이런 대목이 있네요. 인생의 참뜻은 아무도 몰라. 기쁨도 슬픔도 죽음도. 2003/4/15 11:20:57

조조할인－다섯 개의 행성이 한꺼번에 육안으로 보이는 건 내년 만우절이 아니라 내년 3월 말임다. 2003/4/14 20:03:41

재개봉관－아비정전, 강추. 저주받은 걸작에 기꺼이 한 표! 2003 / 4 / 14 16:37:04

동네오빠－혜미야 사랑해! 2003/4/13 14:28:32

— 김경욱, 「장국영이 죽었다고?」, 33~35면

〈아비정전〉의 대사에 나오는 '발 없는 새'가 발신자로 되어 있는 이 메일을 받고 '나'는 전날 채팅했던 '이혼녀'인지를 확인하기 위해 메일에서 지시한 검정 양복에 마스크를 하고 약속 장소에 나간다. 그런데 약속 시간이 되자 똑같은 차림에 표정을 읽을 수 없는 50여 명의 사람들이 매표소 앞으로 모여든다. 플래쉬몹Flash Mob이다! 인터넷이나 휴대전화를 통해 불특정 다수가 한 장소에 모여 일정한 시간 동안 똑같은 행위를 하고 사라져 버리는 '플래쉬몹'은 익명성, 일회성, 무無목적적 유희성을 특징으로 한다. '나'는 "어떠한 의미에도 복무하지 않는" 뜻밖의 엉뚱한 활력에 휩싸여 그들과 같은 행동을 하고 사라지지만, 이것은 그가 일말의 기대를 품었던 '만남'이 아니며 거기에는 애초부터 '관계'라는 것이 전제되지 않았다.

이러한 반전反轉은 소통 가능성에 대한 참혹한 절망을 형상화한다. 그러나 또 한 번의 반전이 준비되어 있다. 위의 두 번째 인용문에서 보는 바와 같이 익명의 네티즌들이 달아놓은 댓글을 통해 '나'의 이야기가 인터넷 게시판에 올려진 글이라는 것이 드러난다. 인터넷 게시판이라는 가상공간에 불특정 다수가 올린 여러 댓글들은 임의로 선택한 ID처럼 '나'의 이야기와 긴밀한 연관성도 없고 관심의 방향도 제각각이다. 특히 주제어 '장국영'과 아무 상관없는 "동네오빠—혜미야 사랑해! 2003/4/13 14:28:32"는 이야기 속의 '나'와도 아무런 상관이 없다. '나'는 이야기 속에서 자신의 진실을 밝힐 때 '그리하여 나는 쓴다'라고 하여 글쓰기 행위의 진정성을 밝힌 바 있지만, 그것이 인터넷 게시판에 올려진 글일 때 실제 그가 겪은 일인지 아니면 어디선가 들은 것을 기억해 '지어낸 사연'인지 확신할 근거가 없다. 설혹 '나'가 자신이 겪은 일을 진지하게 글로 올렸다고 하더라도, 서로를 알 수 없는 사람들이 임의로 우연히 모여든 공간 속에서 그의 글은 그저 지나치는 한낱 가십거리로 떠돌지 알 수 없는 일이다.

박성원의 「세상에 존재하지 않는 모든 것」(『우리는 달려간다』, 문학과지성사, 2005)은 '나'와 세계가, 그리고 '나'와 '내 자신'이 어긋나 버리면서 사실과 거짓의 구분이 헝클어져 버리는 혼돈을 그리고 있다. "내가 말한 소리가 발성과 동시에 홀연히 사라"지고 "그녀가 내뱉은 말은 내게 전혀 전달되지 않은 채 그냥 공기 속에 잠시 머무르다 흩어지고 말(216면)"듯 '나'와 타자 사이에 소통은 없다. '나'의 등 뒤로 쓰러진 청년은 이해할 수 없는 말을 지껄이고, 그 장면을 목격한 가게 주인은 '나'를 의심하며, 친구는 화를 내면서 전화를 끊어버리는가 하면, 낯선 사내는 말을 채 끝내지도 않고 가버린다. 그들은 말을 주고받고는 있지만 그것이 서로를 향해 있지 않으므로 대화가 성립되지 않는다.

P시에서 황량하게 돌아온 날 새벽 '나'의 등 뒤로 한 젊은 사내가 와서 부딪치며 쓰러진다. 옷이 찢겨진 채 피를 흘리는 청년은 "모두 죽어버렸어"라는 말을 되뇐다. 영문을 알 길 없는 '나'는 경찰에 신고하고는 그들과 맞닥뜨리지 않기 위해 길모퉁이를 돌아 집에 오지만 아내는 흔적조차 없고 집은 텅 비어 있다. 그때부터 당혹스러운 일들이 연이어 일어난다. '나'는 아내에게 R의 장례식에 간다고 거짓말을 하고 '그녀'와 여행을 다녀오는 길이었는데, 급히 걸려온 친구의 전화는 R의 죽음을 알린다. 거짓이 실제로 일어났다는 것에 당황해 하며 아내에게 말할 또 다른 거짓을 찾다가 부엌 창문을 닫으려고 하는데 창 밖 맞은편 담 앞에서 소변을 보던 남자와 눈이 마주친다. 낚시를 같이 하지 않았냐며 다가온 남자를 '나'는 도무지 기억해낼 수 없지만 거실에는 그와 함께 낚시터에서 찍은 사진이 액자 속에 들어있다. 또 죽은 R의 아내에게 애도를 전하기 위해 전화를 하던 도중 '나'는 R의 형 안부를 묻지만 그녀는 R이 고아였다고 말한다. 더욱 이해할 수 없는 것은 '나'와 여행을 같이 다녀온 '그녀'가 혼자 여행을 갔었다고 말하는 것이다.

관계의 파탄을 두려워한 나머지 '나'가 아내에게 발각되지 않기 위해 이번 여행의 스토리를 진짜처럼 지어냈다고 해서 이 소설이 그를 도덕적인 징벌의 대상으로 접근하지는 않는다. '나'는 "진실과 거짓은 서로 별개이며 절대 섞일 수 없는 물과 기름 같은 것이며 그리고 홀로 있는 것(205면)"이라고 확신했던 인물이다. 진실과 거짓의 구분이 명확하다고 생각했기 때문에 최대한 진짜에 가까운 거짓말을 지어낼 수 있었던 것이다. 중요한 것은 사실과 거짓이 전도顚倒되면서 그 경계가 지워지는 혼돈 속에 휩싸이게 되었다는 점이다.

> 나는 다시 소파로 돌아와 앉았다. 탁자 위에 있는 두 개의 열쇠가 보였다. 나는 열쇠를 보면서 또 하나는 어디 열쇠인지 떠올려 보았다. 그러나 생각나지 않았다. 혹시 그녀 집의 열쇠인가 하고 생각했지만 그녀의 집에는 가본 적도 없는 것 같았다. 그녀를 생각하면 할수록 어이가 없었다. 진짜 죽은 R의 장례식에 간다고 거짓말까지 하면서 함께 간 여행이었는데 그녀는 여행을 나와 가지 않았고 혼자 갔다고 말하니 나로서는 도무지 무엇을 믿어야 할지 알 수 없었다.
>
> 어째서 이런 일이 벌어진 것일까? 내가 믿었던 사실은 왜 거짓이 되었고, 내가 거짓으로 말한 것은 어떻게 진짜였을까. 어째서 이런 일이 벌어질 수 있었을까? 나는 탁자 위에 놓여 있는 두 개의 열쇠를 바라보면서 다시 아내를 불렀다. 그러나 들려오는 것은 아무도 없다는 엉터리 같은 메아리뿐이었다.
>
> 새벽에 모두 죽었다며 피를 흘리며 쓰러진 젊은 사내는 어떻게 되었을까? 내 거짓말을 들어줄 아내가 돌아오기만을 기다리며 나는 시계를 바라보았다. 빛은 어둠에 감염된 채 집 밖은 온통 어두웠다. 나는 시계를 바라보며 중얼거렸다. 한없이 중얼거렸다. 아무도 듣지 않는 거짓말을.
>
> — 박성원, 「세상에 존재하지 않는 모든 것」, 219면

전화와 사진을 통해 드러난 사실을 진실이라고 믿으면 모든 것이 해결되는가? 그러나 문제는 그렇게 간단하지가 않다. 아내에게 먼 지방에 있는 친구 R이 죽어서 그리로 간다고 말했던 바로 그 날에 친구가 죽는 우연이 일어났듯이, 어느 순간 그 어딘가에서 예상치 못한 우연이 발생했는지도 알 수 없다. 또 두려움을 벗어나기 위해 그가 진짜에 가까운 거짓말을 했듯이, 그녀가 거짓을 말했는지도 알 도리가 없는 것이다. 게다가 도무지 기억나지 않고 무엇을 믿어야 할지 도저히 알 수 없다고 여기는 '나'가 "내 거짓말"이라고 했다고 해서 그가 정말 그렇게 단정하고 있다고 믿기도 어렵다. 아내를 부르는 소리에 "들려오는 것은 아무도 없다는 엉터리 같은 메아리뿐"인 것처럼 '어째서, 왜?'라는 질문에 아무도 대답할 수가 없다. '나'의 명쾌했던 진실이 우연에 의해 혹은 타자와의 관계망 속으로 진입해 들어가면서 어느 순간 단단했던 경계에 균열이 일고 진실 아닌 어떤 존재가 되어버리는 과정을 어떻게 이해할 것인가? 명백했던 것이 불분명해지고 사실과 거짓이 자리바꿈을 하거나 전혀 다른 어떤 것이 되는 혼돈의 정황 속에서 소설은 소통의 불가능성과 '나'의 조각난 자기동일성을 전경화하고 있다.

김경욱과 박성원은 화자의 존재 근거라고도 할 수 있는 발화 자체의 진정성을 의문에 부침으로써 시간과 공간, 관계의 구조에 따라 변화되고 전복되는 자기동일성의 해체와 진실의 불확정성이라는 문제를 제기한다. 이에 대해 그들은 연민이나 애도를 보내지 않는다. 냉혹한 작가는 독자를 곤혹스럽게 한다. 아우라가 사라진 시대, 정체불명의 시대에, 차마 대면하고 싶지 않았던 문제를 대면하게 하는 문학 행위는 우리를 긴장하게 한다.

가족 바깥의 다른 가능성들

여성의 서사에서 결혼제도 밖의 사랑, 이른바 '불륜'의 이야기가 이전에 비해 상대적으로 많이 줄어들었다. 불륜 모티프가 결혼제도 안에서 일어나는 억압적인 여성의 현실을 보여주면서 가족 이데올로기를 공격하던 애초의 힘을 잃고 여성의 성적 욕망을 주체적으로 인식해낸다는 문제의식마저 매너리즘에 빠진 채 잘 팔리는 문화 상품으로 전락해 버린 정황을 상기하면 이는 일단 의미 있는 모색의 징후로 여겨진다. 여기서 더 나아가 최근 여성인물은 가족관계 바깥에서 새로운 주체성을 찾고자 한다. 기존의 여성 서사에서 '불륜'이라는 것 역시 남편을 중심으로 한 가족관계의 바깥에서 여성의 정체성을 찾으려 하였으나, 많은 경우 낭만적 환상에 취해들거나 '또 다른 집'의 형상을 구축하는 '로맨스'로 나타났었다. 이와 달리 여기서 주목하고자 하는 작품들의 경우 여성인물이 이미 이혼녀이며, 그들은 남녀 대결 구도를 취하거나 또 다른 남성과의 '로맨스'를 통해 자기 정체성을 추구하려 하지 않는다. 이 작가들은 '가정 비극'을 맴돌던 여성 서사의 판을 바꿔보고 싶은 것이다.

공선옥은 「도넛과 토마토」(『명랑한 밤길』, 창비, 2007)에서 농경적 상상력을 통해 여성이 사회적 약자 혹은 소수자를 이해하고 포용할 수 있는 가능성을 탐색하고 있다. 홀로 아들을 키우며 살아가는 '요구르트 아줌마 문희'는 궁핍한 삶을 살아가면서 단란한 가족 모델이 환상임을 일찌감치 알아버린 인물이다. 제대로 먹지 못하고 갖고 싶은 것을 제때 갖지 못해 아들이 "늘 화나는 병"을 앓아도 속수무책인 그녀에게 두 가지 사건이 일어난다. 노숙인들이 무료 급식소에 가는 사이에 비게 되는 공원 벤치에서 문희는 늘 도시락을 먹는데, 어느 날 공원 잔디밭이 파헤쳐지고 거기에 토마토 묘목이 심겨 있는 것을 발견한다. 하루도 안 가 공원 관리 공무원들이 토마토 묘목을 수거해 버리지만 다음날 다시 토마토밭이 만들어져 있었다. 한편, 전남편 '한세득'의 처인 필리핀 여자 '도넛(토넷)'에게서 남편이 죽을 것 같으니 빨리 와 달라는 전화가 여러 차례 걸려온다. 서로 관련이 없어 보이는 '토마토'와 '도넛'을 연결시키는 것은 전적으로 문희의 글쓰기 행위이다. 가정 형편 때문에 소설가와 국어 교사의 꿈을 접었던 문희는 사보에 응모할 작품을 쓴다. 문희의 글은 이 소설에 삽입텍스트로 나타나는데, 그녀의 문학적 상상력이 '토마토'와 '도넛'을 매개하여 스스로 '도넛'을 찾아가 볼 결심을 하게 만든다.

문희의 작품에 나타나는 문학적 상상력은 생명을 키우는 농경적 상상력이며 사회적 약자의 생존에 대한 동병상련적 포용이다. 문희의 작품에 등장하는 '그'는 농사로 생계를 이어갈 수 없게 되자 고향을 떠나 공장 노동자가 되어 산동네에서 살림을 차리기도 했으나 그 모든 것을 잃고 노숙자가 된다. 그에게 쉽사리 지워지지 않는 기억은 고향에서 농사짓던 일이며 산동네에서 사과상자에 파나 무, 그리고 계절 따라 꽃을 심던 일이다. 공원 벤치에서 노숙하던 그는 공공근로로 잡풀을 뽑는 여인들을 보며 옛날 고향에서 어머니와 함께 밭을 매다가 고구마 밭 고랑에 심겨 있었던 토마토로 허기와 목마름을 풀었던 것을 떠올린다. 달빛 밝은 밤, 그는 아무도 모르게 공원 잔디밭을 호미로 파헤쳐 토마토 묘목을 심는다. 그의 행위는 도시 한복판에서 생명을 키우는 일이며 자신의 생존 의지를 확인하는 것이다. 누가 심었는지 확인할 길이 없는 토마토 묘목과 노숙인을 문학적 상상력으로 연결시킨 것은 가난한 삶을 살아 내려는 문희의 '생존 의지'이다. "토마토 밭을 만든 사람이 다른 누구도 아닌 꼭 노숙인이어야만 할 것 같았다. 아니, 꼭 노숙인이어야만 했다"에서와 같이 추측이 당위가 된 것은 바로 이 때문이다.

> 문희는 가만히 눈을 감았다. 그리고 인천, 아니 강화 바닷가 마을의 도넛을 생각했다. 그리고 공원의 토마토 밭을 생각했다. 토마토 밭은 과연 누가 일구었던 것일까. 나는 내일 또다시 토마토 밭을 볼 수 있을까. 그래서 내 글의 결말도 행복할 수 있을까. 남자가 기대어 있는 왼쪽 어깨는 점점 무거워지고 있었다. 점점 무거워져 오는 어깨를 조금 추스르며 문희는 생각했다. 내일이나 모레쯤 도넛에게 토마토 밭을 보여줄 수 있으면 참 좋겠다고. 자신이 도넛에게 맛있는 도넛을 해줄 수 있다면 그것도 괜찮겠다고. 지금, 내가 낯모르는 고단한 한 인생에게 어깨를 빌려주고 있듯이, 도넛에게도 그럴 수 있는 날이 오게 된다면, 그럴 수도 있을 거라고. 그 생각을 하면서 문희는 깜박 잠이 들고 말았다.
>
> — 공선옥, 「도넛과 토마토」, 77면

강화의 한 바닷가 마을, 고장난 유모차가 함부로 뒹구는 함석집에서 이미 남편의 장례를 치른 '도넛'이 어처구니없게도 '어니(언니)'라고 부르며 문희의 손을 잡고 결사적으로 놓지 않는 앞에서 문희는 아무 말도 할 수 없었다. 극심한 삶의 공포에 떨었던 자신의 과거 모습을 '도넛'에게서 또 다시 보았기 때문이다. 돌아오는 밤길 전철 안에서 노숙자처럼 보이는 한 남자가 문희 옆에 앉아 졸다가 나중에는 아예 문희 어깨에 머리를 기대고 깊이 잠들어 버리지만 그녀는 "낯모르는 고단한 한 인생에게 어깨를 빌려주고"는 다시 토마토 밭을 떠올리며 '도넛'에게 토마토 밭을, 혹은 훼손된 삶을 복원하는 생존 의지를 보여줄 수 있는 날이 오면 좋겠다는 생각을 한다.

이러한 태도를 통해 작가 공선옥은 하층계급 여성의 삶이 사회의 위계질서에 의해 배제되는 여러 부류의 타자들과 연대할 수 있는 가능성을 탐색한다. 문희의 글에서 화자가 "산 아래 사람들은 산동네 사람들이 날마다 싸움박질이나 하며 산다고만 말했지, 온갖 상자와 통안에 꽃과 채소를 기른다는 사실만은 굳이 모른 척하는 것 같았다. (…중략…) 그렇게 산동네에는 저 산 아래 사람들은 모르는, 아니, 산 아랫동네에 산다면 가질 수 없는 기쁨이 비밀 아닌 비밀처럼 있었다"고 서술하는 것에서 볼 수 있듯이, 이 작품에는 '산동네 사람'과 '산아래 사람들'이라는 정치경제학적 대립 구도가 있다. 그러나 물론 이는 1980년대 노동소설에서처럼 당파성을 가진 집단적 주체성의 차원에서 다뤄지는 것은 아니다. 문희가 필리핀 여자 '도넛'과 그녀의 아들 '짱이'를 포용하려 하고 노숙인들을 낯설게 느끼지 않게 되는 과정은 "어린아이가 딸린, 이 세상에 기댈 이 아무데도 없는 여자" 문희가 직접 겪었던 동질적 경험이 토대가 되었다. 위에 인용한 결말에서 문희는 고단한 삶을 살아가는 이 사회의 타자들에게 '어깨를 빌려주는' 누이(언니)의 이미지를 보여주며 이를 통해 일종의 대안가족 형태를 제시하고 있다. 가족 바깥에는 또 다른 남성과의 '로맨스'만 있는 것은 아닌 것이다.

그러나 이러한 새로운 성취는 여성 서사의 다른 요소를 희생시킨 덕택에 가능했다. 「도넛과 토마토」에서 작가는 문희가 남편과 헤어져 살게 된 계기를 남편이 임금을 받지 못하여 사장과 멱살잡이를 하다 기물 파손과 상해죄로 감옥에 갔던 것으로 설정하는데, "한세득이란 남자에게서 받은 상처와 한세득에 얽힌 많은 나쁜 기억들" 가운데 그 사실만을 언급함으로써 남편에 대한 대립 구도를 약화시키고 있다. 당시의 아기가 학교를 다니는 아이로 성장할 만큼 긴 시간 동안 있었던 일, 혹은 이혼 즈음의 일들은 소설에 나타나지 않는다. '문희'와 '도넛'의 만남에서 여성적 갈등이 개입되지 않았던 것도 문희의 전 남편이 이미 죽은 것으로 설정되었던 데 힘입은 바 크다. 이러한 서사가 남편과의 대결 구도를 중심으로 하는 진부한 가족 형상을 극복하는 대신, 문희의 섹슈얼리티는 텍스트의 문제의식에서 사라지고 만다. "궁핍이 물어뜯고 할퀴고" 가는 과정에서 문희의 성적 욕망이나 여성적 갈등이 억압되었을 거라고 항변할 수도 있겠지만, "어린아이가 딸린, 이 세상에 기댈 이 아무데도 없는 여자"가 받았을 성차별이 누락되는 여성 서사에서 우리가 온전한 의미의 주체적 정체성을 대면하기는 어려울 것 같다.

강영숙의 「꽃욕조」(『현대문학』, 2004.8)도 아이를 키우는 이혼녀의 궁핍한 삶을 소재로 하였다. 그러나 인물의 형상화와 이에 접근하는 태도는 매우 다르다. '나'는 아직 직장을 못 찾고 헤매느라 쌍둥이들 "굶

기기를 밥먹듯(123면)" 하였고 자신도 "뭘 제대로 먹지 못해서 시원하게 대변을 본 지 오래(113면)"인지라, 돌돔을 통째로 먹으려면 45만 원 정도가 든다는 말을 듣고는 "누가 나를 먹고 쌍둥이들에게 45만 원을 갖다 준다면 쌍둥이들은 그 돈을 며칠만에 다 쓸까(116면)" 생각하기도 한다. 공선옥과 강영숙의 소설이 유사한 모티프를 가지고 있지만 상이한 방향으로 길을 내고 있다는 것은 등장인물의 글쓰기 행위에서 단적으로 드러난다. 공선옥의 「도넛과 토마토」에서는 '요구르트 아줌마 문희'가 "상금 욕심은 버리고 순수한 마음으로 써보자고 작정(『동서문학』, 79면)"한 '문학작품'이 실제 삽입텍스트로 들어가 있으며 그녀는 "글쓰기를 하면서 살아갈 힘과 용기를 얻(85면)"는다. 반면에, 강영숙 소설의 '나'는 "세상에 필요한 글은 다 썼지. 고상하게는 여행기부터 자서전 대필, 피자가게 찌라시, 신장개업하는 식당 안내문, 연애편지 대필, 각종 송사에 곁들여지는 무시무시한 협박문들까지. 그런 것들을 써서 생활비를 벌었(113면)"으며 그나마도 불경기가 계속되어 일거리조차 없는 상황에 처해 있다. '나'가 썼던 글들은 자신의 실존을 투영한 글이 아니며 대부분은 현실에 복무하는 목적적이고 부조리한 훼손된 글들이었다.

「꽃욕조」는 친구 '조영미'가 일하는 수산시장과 '나'의 반지하방, '조영미의 이모'가 죽어가는 빈민가 외딴 방을 배경으로 하여 세 개의 서사단락으로 구성되어 있다. 수산시장은 앞쪽으로만 환하게 불을 켜고 길게 일렬로 늘어서 있는 가게들과, 썩은 생선 잔해와 부서진 집기와 상자더미들이 쌓여있는 어둡고 음습한 공터로 나뉘어 있다. 시끌벅적하게 생선 경매가 이어지고 사람들이 무리지어 살 오른 회를 먹는 "물고기들의 참수斬首 현장(112면)"이기도 한 수산시장은, 뱅어돔의 머리가 "잘린 뒤에도 도마 위에서 팔딱거리며 피를 흘(118면)"리듯, 위선적인 사회의 동강나고 피 흘리는 삶을 상징적으로 보여준다. 이때 손님을 꼼짝 못하게 하는 입담으로 손님 허락도 없이 생선 머리를 두 동강내는 친구 조영미의 활기는 '날마다 축제'인 사회에 편승했을 때 가능한 것이다.

'나'가 살고 있는 반지하방의 가족 관계에도 여전히 황폐한 현실이 뿌리내리고 있다. 방치된 아이들은 담배를 피우고 포르노 화면에 몰입하며, "새로운 선녀(116면)"가 생겼다며 떠났던 남편은 '폰팅' 사업을 하다 망해 거지꼴을 하고 찾아든다. 그런데 이 지점에서 작가 강영숙은 사회적 집단에서 실존적 개인을 분리하고자 함으로써 폭력적이고 위선적인 사회에 틈새를 만들어 내려 한다. 이혼 위자료 중에서 월세 보증금을 내고 남은 돈 2천만 원을 사기당한 '나'가 만약의 사태를 위해 녹슨 칼까지 준비해서 '사기꾼' 집을 찾아갔을 때의 일이다. 사기꾼은 희고 붉은 분꽃과 대추나무가 있는 "소박하고 정겨운 집(120면)" 평상에서 노모를 비롯한 식구들과 저녁을 먹고 있었다. "이혼녀의 돈을 가로채어 도망친 나쁜 놈이라고 하기에는 믿기 어려운 순진한 얼굴(120면)"에 늙고 왜소한 체구의 '사기꾼'을 보고 그녀는 당황한다. 또 사기꾼에게서 받은 돈으로 오랜만에 고기를 구워 밥상을 차릴 즈음, "마지막 자존심도 사라진 것 같았고 단지 배가 고파 집으로 온 것 같(122면)"은 모습으로 남편이 일 년만에 찾아온다. 그녀는 "이가 갈리면서도 뭔가 더 내놓을 것이 없나 텅 빈 냉장고 속을 자꾸만 뒤지(122면)"기도 하고 "설거지고 뭐고 침대 위로 올라가 그의 옆에 나란히 누운 채 종알거리고 싶어(123면)"했다. 이 같은 혼란스런 애증의 양가감정이 연민과 포용의 태도로 변화하게 되는 것은 늙고 병든 여자의 임종을 지키면서부터다. 조영미는 쌩쌩한 목소리로 피곤하다 말하며 자기 대신 친구인 '나'를 죽어가는 이모에게로 보낸다. "삼복더위에 얕고도 거친 숨을 뱉어내며 누워 있는 거대한 몸집(124면)"의 늙고 병든 여자가 빨리 죽기를 바라기도 했고, 영세민을 돌보는 공무원이 할머니의 유언이라며 2천만 원 든 통장을 내밀었을 때 덜컥 마음이 쏠리기도 했으나, '나'가 그 외딴 방에서 진정 목격한 것은 외롭게 죽어가는 늙은 여자의 마지막 순간이다. 만삭의 공무원 뱃속에는 태아가 있으며, 아이 셋을 제왕절개로 낳은 조영미의 배에는 "넘실대는 피하지방 덩어리(119면)"가 들어있고, "후끈거리는 날씨에 온갖 구멍으로 죽음의 냄새를 뿜어내(126면)"는 늙고 병든 여자의 배에는 아마도 복수腹水가 차 있을 것이다. 태아와 지방 덩어리와 복수를 담은 그녀들의 배, 그리고 잠겨있던 다락방에서 발견한 '젖이 흘러내린 자국이 남아 있는 배내옷', 아기가 신었음직한 작은 신발, 낡은 인형, 빛바랜 가족사진, 곱게 오려둔 종이인형, 부부의 방을 비췄을 법한 붉은 갓을 두른 등, 오래된 책들, 염원을 담았을 부처상, 여인의 손길이 깃든 누비이불 등은 여성의 희로애락이 스며들어 있는 비밀스런 생애를 한순간에 중첩시켜 보여준다.

> 그 무렵, 창밖에서 들려오는 전자음의 시보가 자정을 알렸다. 오늘과 내일의 경계인 자정에 병든 육체는 죽은 것 같았다. 육체에서 혼이 빠져나가기까지 나는 좀 더 시신과 함께 있어야 한다고 생각했다. 먼저 이불 홑청을 넓게 펴서 죽은 사람의 얼굴을 제외한 나머지 부분을 모두 덮었다. 그리고 자리에서 일어나 장롱 쪽으로 다가가던 나는 벽면에 걸린 거울을 보고 흠칫 놀랐다. 거울 속에 비친 죽어가는 자의 얼굴은 하나가 아닌, 한 사람이 아닌 여

러 겹이었다. 그 여러 겹의 얼굴 중엔 내 얼굴도 보였다.

다음 날 아침, 시에서 사람들이 나왔다. 흰 가운을 입고 흰 장갑을 끼고 아주 조용하게 시신을 거뒀다. 공무원이 내게 말했다.

모든 절차는 저희가 하는 대로 따르실 거죠?

물론이죠. 근데 이 분이 가시는 마지막 길을 좀 아름답게 꾸며드리고 싶어요. 예를 들면 꽃욕조요. 욕조를 사서 물을 약간 채우고 그 위에 시신을 띄우고 꽃잎을 가득 채우는 거예요. 물론 욕조는 제가 앞에서 끌고 가겠어요. 물론 여러분들이 도와주셔야 하겠지만요.

공무원들은 삼복더위에 어디서 저런 사이코가 나타나 공무를 방해하느냐는 얼굴로 나를 물끄러미 쳐다보고 있었다.

— 강영숙, 「꽃욕조」, 130~131면

위의 인용은 「꽃욕조」의 결말 부분이다. "오늘과 내일의 경계"에서 병든 육체는 이승과 저승의 경계를 넘어갔고, 거기서 사무치는 한 생애를 엿본 '나'는 시신에게 지극한 예의를 바치고 싶어한다. 욕조에 물을 약간 채우고 그 위에 시신을 꽃잎 띄우듯 띄우고 꽃잎을 가득 채워 보내겠다는 것이다. 이는 양수 속에서 탄생을 기다렸던 그 옛날의 처음으로 다시 돌아가도록 하겠다는 뜻일 것이다. 거울 속에 비친 죽어가는 자의 얼굴이 하나가 아닌 여러 겹이었고 그중에 '나'의 얼굴도 보였다는 것은, 궁극적으로는 소멸로 향해가는 그 여러 겹 삶의 순간들 속에 '나'가 서 있다는 것을 암시한다.

한편 이러한 발견에 이르는 과정, 특히 '나'가 이 늙고 병든 여자를 만나는 사건은 사실 이 작품에서 갑작스럽고 작위적인 설정으로 보인다. 사회적으로 구성된 표지들로 가득한 공간에서 건너뛰어 인간의 생애를 한순간에 목격하게 만드는 외딴 방으로 옮겨갈 때 작가는, 외부 세계와 상호작용하며 수행되는 여성의 구체적 실존들이 아닌, 여성이라는 유적類的 존재의 상징으로 비약하고 있다. 늙고 병든 여자의 존재를 발견하는 '나'의 태도는 일방적인 포용이라고 할 만하다. 그것은 '나'가 그녀에게서 타자의 고유함을 발견하기보다는 "이곳(늙고 병든 여자의 방-인용자 주)은 내게 전혀 낯선 곳이면서 또 아주 익숙한 곳처럼 느껴졌다(124면)"에서 보듯 죽어가는 여자에게 자신을 동일시하고 있기 때문이다. 소멸하는 타자에게서 추상적으로 자기동일성을 발견하는 것은 자칫 자기연민에 기울거나 현재의 자신을 무화시킬 우려가 있다.

'무표정'의 문학사회학적 상상력

한국 현대소설이 이른바 '환멸의 시대'를 통과하면서 보여준 두드러진 특징은 '분노가 사라지고 있다'는 것이었다. 분노하지 못하거나 분노하지 않는 데에는 여러 가지 복합적인 요인들이 있겠지만 다음 한 가지는 분명해 보인다. 지상 최대의 가치로 추앙받는 거대 자본주의 시스템이 너무 압도적이어서 그 어느 때보다도 길이 잘 보이지 않는다는 점이다. 여기서 비롯된 것이 바로 '냉소의 미학'이다. 그런데 2000년대 소설에는 냉소冷笑의 그 씁쓸하고도 차가운 웃음마저 삭제된 '무표정'한 인간상이 등장하고 있어 흥미롭다. 그들은 위기 상황에서 분노하지 않는 것은 물론 고통스러워하거나 슬퍼하지도 않으며 혹은 적극적으로 차갑게 비웃음을 내뱉지도 않는다. 그들은 "아침까지 멀쩡하던 집이 갑자기 한 무더기의 건축 폐기물로 변한 것"을 발견하고도 "집이 없어진다는 건, 경험해 본 사람이 많지 않겠지만, 분명 유쾌하지 않은 일이다(김영하, 「은하철도 999」, 『문학사상』, 2004.10, 165면)"라고 말할 뿐이며, 창고 같은 을씨년스러운 사무실에 앉아 사무를 보는 왜소한 아버지를 목격한 뒤로 "조용한 소년"이 되었지만 "그것은 슬픈 일도, 기쁜 일도 아니었으며, 누구를 원망할 성질의 것은 더더욱 아니었다(박민규, 「그렇습니까? 기린입니다」, 『카스테라』, 2005, 72면)"라고 진술한다. 그들은 무언가를 적극적으로 주장하지 않는 것은 물론, 좀처럼 놀라거나 두려워하지도 않고, 상처의 기억에 시달리지도 않으며, 간절하게 꿈꾸지도, 여간해선 웃지도 않는다. 그들은 대개 '무표정'하다. 모든 것에서 잉여 가치를 추구하는 과잉의 시대에 감정의 과잉은커녕 그들의 얼굴에서 도무지 표정을 찾기가 어렵다.

김영하의 「은하철도 999」에서 실업자 '나'는 무엇에든 몰두하지 않는 인물이다. 몰두하지 않는다는 것은 언제든 쉽게 다른 것으로 이동해 갈 수 있다는 뜻이다. 깊이 개입하지 않으므로 그만큼 상처도 받지 않고, 몰두하지 않으니 일관된 행동을 할 필요도 없으며, 딱히 받아들이지 못할 일도 없다. '나'의 시선은 철거된 집에서 아버지와 고모에게로, 여자친구에게로, 주변에서 벌어지는 소동 쪽으로, 벽보에 붙은 '신형 우주정거장 체류 희망자 모집' 건으로 금새 쉽게 옮겨간다. 스스로가 어떤 것에 몰두할 열정을 가지고 있지 않으므로 어떤 일도 그에게 특별히 영향을 미치지 못하며 그래서 그는 내내 무표정하다. 내면이 없어 보이는 무표정함이 단적으로 드러나는 것은 '나'가 "끼적거린(176면)" 소설에서다. 예전에 폭행 사건에 연루되었던 두 사람이 우연히 만나 서로를 알아보고는 과거에 맞았던 사람이 상대의 동의를 구해 주먹으로 상대의 코를 치고는 정중하게 인사하고 가는 것이 그 황당한 소설의 중심이야기이다.

집이 철거되어 쓰레기 더미로 부서져 있는 것을 보았을 때 '나'는 망

연자실하거나 고통스러워하지 않고 그저 "유쾌하지 않은 일"이라 여기며 좁고 가파른 길을 돌아 나온다. 살가운 관계도 아닌 고모의 낡은 집에 드러누워 콧바람을 내뿜는 무능력한 아버지에게도 반항할 생각이 별로 없다. 약속 시간에 나타나지 않는 '은주'를 기다리면서도 그는 주변의 혼잡한 풍경과 소동을 무심히 바라본다. 또 우주정거장 체류 희망자 모집 벽보를 보며 내용을 받아 적는 한 남자에게 "좀 시대착오적이라는 생각, 안 드십니까?", "미 항공우주국씩이나 돼서 왜 이런 담벼락에 우주인 모집 공고를 붙이느냐는 거지요. 인터넷에 올리면 됐을 텐데(171면)"라고 말하지만, 미 항공우주국이건 남자건 간에 비난할 마음은 없다. 오히려 남자가 가버린 후 귀퉁이가 너덜너덜해진 벽보를 조심스레 떼어 가방에 넣음으로써 일관된 행동을 보여주지도 않는다. 또 앰뷸런스와 경찰차, 십자가를 든 이들과 사람들이 한데 섞여 넘쳐나는 강남역 근처에서 한 고등학생이 다른 아이의 옆구리를 식칼로 찔러도 '나'는 놀라지 않는다. 쓰러진 "여드름투성이" 주위로 몰려드는 사람들의 원을 보면서 '나'는 그가 꽤나 고독해 보인다고 느꼈으며 "인간이 과연 지구를 지배할 자격이 있는가(175면)"라는 뜬금없는 반문을 한다. 여자친구는 물론 자기 자신에게도 몰두하지 않았으므로 스스로 "못난 실업자가 잘난 여자친구와 통화하는 일은 여전히 어렵다(170면)"고 인정하거나, 자신을 힐난하는 그녀를 만나지 말아야겠다고 마음먹는 것도, 그다지 어렵지 않다.

자신을 포함한 모든 것에 별 관심이 없으므로 '나'는 자신의 이면에 웅크리고 있는 갈등조차 이해하지 못한다. 그것은 엄마에 대한 것이다. "**엄마**가 살아 있었다면 아마 고모와는 훨씬 더 일찍 얼굴을 보지 않고 살았을지 모르겠다(182~183면)"는 구절이 〈은하철도 999〉 주제가에서 "행복 찾는 나그네의 눈동자는 불타오르고 **엄마** 잃은 소년의 가슴엔 그리움이 솟아오르네(183면, 강조표시―인용자)"와 슬그머니 관계를 맺는 것이 독자에게는 어렴풋이 보이지만, 정작 등장인물인 '나'에게는 그것이 의식의 표면으로 떠오르지 않는다. 왜 자꾸 〈은하철도 999〉 주제가를 부르는지 그 이유를 '인지적 가려움증'이라는 정보로 설명할 수는 있어도, 정작 자신의 내면에서는 발견하지 못한다.

"놀라운 기억력이군요. 혹시 진짜 메텔 아니세요?"

"면접 준비도 안 하시나 봐요?"

"면접에 〈은하철도 999〉가 나올까요?"

그녀는 어깨를 으쓱했다.

"나올 수도 있지 않겠어요? 어쩌면 주제가를 불러보라고 할 수도 있겠지요."

"그럼 혹시 주제가 2절 아세요?"

그녀는 주저하지 않고 킁킁, 목청을 가다듬더니 나직하게, 약간 트로트풍으로 콧소리를 섞어가며 노래 불렀다. (…중략…)

"밝은 빛의 바다로, 까지는 생각이 나던데, 꿈을 좇는 방랑자의 가슴에선 찬바람 일고, 는 도무지 기억이 안 나더라구요. 2절이 훨씬 좋군요."

우리는 웃었다. 그러나 그 다음부터는 별로 할 말이 없었다. 여자는 다시 읽던 책을 펼쳤다. 친절하고 상냥한 데다 유머 감각도 있는 여자였다. 그녀와 우주정거장에 함께 가게 된다면 얼마나 좋을까. 〈스타트랙〉에서처럼 승무원들끼리 사랑에 빠지기도 하리라. 그런데 과연 내가 뽑힐 수 있을까? 뽑혀서 보루네오산 우랑우탄 한 쌍과 시베리안허스키 한 쌍과 함께 살 수 있을까? 닐 암스트롱이 착륙했다는 고요의 바다도 볼 수 있을까. 있겠지? 있을 거야. 있어야겠지! 나는 스티븐 호킹의 『시간의 역사』를 꺼내들었다. 벌써 여러 번째 도전하는 책이었다. 그러나 이번에도 어김없이 두 페이지를 못 넘기고 눈꺼풀이 무거워졌다. 나는 책을 무릎에 올려놓고 다리를 길게 뻗은 채 스르륵 잠 속으로 빠져들었다. 꿈속에서 메텔과 만나기를 염원하면서.

— 김영하, 「은하철도 999」, 185～186면

담벼락에 붙은 우주정거장 체류 희망자 모집 광고를 보고 찾아온 그들은 최첨단 우주정거장과는 거리가 먼 제과점 담벼락 수준의 대화를 나눈다. '나'는 계속해서 애니메이션 〈은하철도 999〉 주제가를 흥얼거리고 그녀는 〈은하철도 999〉 도입부 내레이션을 흉내낸다. 이것이 그들의 면접 준비이다. '나'와 그녀의 이 같은 대화는 자기들이 우습다는 것을 알면서 위악적으로 그러는 것도 아니고 풍자를 겨냥한 것도 아니다. 그들의 담벼락 수준의 대화는 나름 진지하다. 그러나 이 진지함은 어떤 것에 열정을 쏟고 절박하게 갈망하는 태도라든가 진정성과는 거리가 멀다. 21세기 최첨단 과학기술 개발을 통한 우주정거장과, 기괴하고도 흥미로운 환상으로 가득한 애니메이션 〈은하철도 999〉와, 그 주제가와 내레이션을 면접 준비랍시고 따라하는 그들 간의 거리를 생각해 보라. '나'의 진지함은 키치에 몸을 기댐으로써 그 내용을 잃어버리고 우스꽝스러워진다. 스티븐 호킹의 〈시간의 역사〉라는 책을 여러 차례 읽으려고 시도했으나 역시 이번에도 어김없이 '스르륵' 잠에 빠져드는 '나'는 이제까지 그랬듯이, 우주정거장 소동이 끝나면 또 다른 곳으로 미련도, 고통도 없이 '스르륵' 옮겨갈 것이다.

박민규의 「그렇습니까? 기린입니다」는 출근시간 지하철에 사람들을 마구 밀어 넣어야 돈을 받는 '푸쉬맨', 이 웃지 못 할 특이한 알바에 대한 이야기이다. 생존에 쫓기는 아버지의 초라한 모습을 목격한 이

후 '나'는 '조용한 소년'이 되어 여러 가지 알바를 전전하며 돈을 번다. 무능력한 아버지, 청소 일을 하는 엄마, 병든 할머니 등 소재 자체로만 보면 이 이야기는 고통과 절망의 서사가 아닐 수 없다. 그러나 작가는 발랄한 개그식 화법 위에서, 자본주의적 시스템에 분노하지 않고 그 얄팍해진 일상을 따라가는 인물을 설정하여, 어이없거나 엉뚱한 웃음을 유발하면서 이제까지와는 다른 방식의 페이소스를 만들어 간다.

'나'는 무언가 고귀하고 대단한 것을 욕망할 의지나 겨를도 없고 필요도 못 느끼는 인물이다. 자신의 정황을 슬퍼하거나 원망하지 않는 '무표정'한 상태에서, 대부분의 세상 사람들이 그러하듯, 자신도 단지 '나의 산수算數'를 가지게 된 것일 뿐이라고 여기고 있다. 그가 세상을 이해하고 판단하는 척도는 현실로부터 주입된 대로, 시간당 돈의 액수이다. 예를 들어 "편의점 사장은, 이러면서 세상을 배운다-라고 말했지만, 이천 원씩 받고 배우면 어디가 덧나나?"라고 한다든가, '코치형'에게 음료수를 사주며 "알고나 드세요. 제 인생의 이십오 분이랍니다"라고 말하기도 하며, 사장이 알바하는 여자애 허벅지를 "만지는 게 나쁜 게 아니"라 시간당 만원을 줘야 될 일을 "그러고 고작, 천원을 주는 게 나쁜 짓(이상, 70면)"이라고 생각하는 것이다.

"왜, 이렇게 살아야 하나, 얼핏 바보 같은 생각이 들었지만 산수란 말 그대로 수數에 불과한 것이라고, 스스로를 다독여주었다(81면)"에서 볼 수 있는 것처럼, 질문하지 않거나 감정이 넘쳐나는 것을 막는 무표정한 태도는 김영하의 인물에 비해 상대적으로 좀 더 의도적이다(결말에 가서 '나'의 무표정에 균열이 생기는 것은 이 때문이다). 이는 현실을 '견디기' 위한 것이다. "신체의 안전선은 이곳이지만, 삶의 안전선은 전철 속(74면)"이므로 매일 아침저녁으로 "한 량의 정원은 180명, 그러나 실은

400명이 타야만(84면)" 하는 전철역의 광경은 기괴한 속도의 삶에 편승하고 견뎌내야만 생존할 수 있는 지금 이 도시의 문명을 상징한다. 코치 형의 경험처럼 "혹 언제라도 빠져나가, 이 부근의 어느 지붕에 떠 있(88면)"게 될 지도 모르는 것이 두렵다면, 무표정하게 견디는 것이 하나의 방법이 될 수도 있다는 것이다. 수시로 화성인, 금성인들을 떠올리는 생뚱맞은 우주적(?) 발언도 견딤의 일종이라고 할 수 있다.

그런데 이 소설의 흥미로운 점은 이 보잘것없는 무표정한 인간의 '생뚱맞음'에서 발생한다. '나'는 매일 타고 다니는 전철역의 낯설 것 없는 일상에는 놀라고, 갑자기 역 구내에 나타난 양복 입은 기린의 존재에 대해서는 놀라지 않는 것이다(물론 기린의 등장은 환상일 테지만 그렇다고 크게 달라질 일은 없다. 중요한 것은 기린의 등장에 대한 인물의 태도이다). "파아, 하아" 도착해서는 "마치, 전 인류(75면)"를 쏟아내는 것 같은 출근시간의 전철과 그 속으로 사람들을 누르고 찧고 하여 무지막지하게 밀어 넣는 행위, 거기서 일어나는 갖가지 일들이 모두 '나'에게는 놀랍고 대단한 일로 여겨진다. 특히나 그 속에서 잿빛 눈동자의 아버지를 만났을 때는 "뭐랄까, 일이 끝나면-옷을 전부 벗어던지고 근처의 화단으로 가 꽃이라도 뜯어먹고 싶은 심정(81면)"이었으며, 아버지를 역시 그 속으로 쑤셔 넣어야 하는 일이 '나'에게는 좀처럼 익숙해지지 않는다. 그러나 아프리카 세렝게티에나 있어야 할 기린이 양복을 입고 역 구내에 등장하는 장면에서 '나'는 잠시 이상해 하기는 하지만 곧 별로 놀라지도 않고 어떤 근거도 없이 아버지라고 확신한다.

> 기린이 아닌가. 그것은 정말 한 마리의 기린이었다. 기린은 단정한 차림새의 양복을 입고, 플랫폼의 이곳저곳을 천천히 거닐고 있었다. (…중략…)

이상하게도 그 순간, 나는 기린이 아버지란 생각을 했다. 이유는 알 수 없지만 그런 확신이 들었다. 나는 이미 통로를 뛰어가고 있었다. 사라지기 전에, 사라지기 전에.

다행히 기린은 꼼짝 않고 앉아 있었다. (…중략…) 기린은 앉은키가 엄청났고, 전체적으로 다소곳하고 무신경한 느낌이었다. 기린은 이쪽을 쳐다보지도 않는데, 나는 혼자 울고 있었다. 이상하게도 자꾸만 눈물이 나오는 것이었다. 아버지……. 곧장 나는 가슴속의 말을 꺼냈고, 기린의 무릎 위에 내 손을 올려놓았다. 떨리는 손바닥을 통해, 손으로 밀어본 사람만이 기억하는 양복의 질감이 그대로 느껴져 왔다. 구름의 그림자가 빠르게 지나갔다. 기린은 여전히 아무 반응이 없었다. 아버지, 아버지 맞죠?

어떻게 된 거예요? 기린의 무릎을 흔들던 나는, 결국 반응을 포기하고 이런저런 집안의 근황을 들려주었다. (…중략…) 그러니 돌아오세요. 이제 걱정 안하셔도 된다니까요. 구름의 그림자가 또 빠르게 지나갔다. 아버지, 그럼 한마디만 해주세요, 네? 아버지 맞죠? 그것만 얘기해줘요.

무관심한, 그러나 잿빛의 눈동자가 이윽고 물끄러미 나를 바라보았다. 기린은 자신의 앞발을 내 손위에 포개더니, 천천히, 이렇게 얘기했다.

그렇습니까? 기린입니다.

— 박민규, 「그렇습니까? 기린입니다」, 92~93면

잿빛 눈동자에 양복을 입은 기린의 등장은 일종의 하강 퇴행적 변신담에 해당된다. 어머니가 쓰러지고 그야말로 계산이 서질 않을 정도로 형편이 악화된 상황에서 아버지가 사라졌다. 이런 점에서 초식동물 기린으로의 변신은 이 사회로부터의 추방과 소외를 의미한다고 할 수 있을 것이다. (소설의 앞부분 "높은 가지의 잎을 따먹듯-균등하고 소소한 돈을 가까스로 더하고 빼다보면, 어느새 삶은 저물게 마련이다, 디 엔드다(73면)"에서 기린을 연상시키는 서술이 살짝 나오기도 했지만) '나'가 기린의 등장에 크게 놀라지도 않으며 기린을 (얼마 전에 사라진) 아버지라고 의심 없이 믿는 과정을 통해 작가는 리얼리티의 강박을 떨치고 이질적이면서도 익숙한 아버지의 형상을 구하고 있다. 결말에서 이제껏 '나'가 무표정한 표정 뒤로 감추려고 했던 균열의 조짐이 아버지에 대한 연민을 통해 울음으로 터져 나온다. 그렇다고 여기서 이들이 같이 손을 잡고 고개를 끄덕인다면 독자는 얼마나 허망했겠는가? 작가는 재치있게 "그렇습니까? 기린입니다"라는 전혀 엉뚱한 답변, 혹은 의미론상의 비문非文을 배치함으로써 감정의 범람을 능청스럽게 막고 현실과 환상의 경계나 그들의 해후에 대한 논리적인 질문 자체를 차단한다.

김영하와 박민규 소설에 나타난 '무표정한 얼굴들'은 실상 이런저런 측면에서 기준 미달인 '백수'에 대한 제유이다. 이 존재들은 법적 징벌이나 격리의 대상이 되기에도 미흡하다. 이들의 행동이 크게 보면 어쩔 수 없이 순응에 해당하며 현재 삶의 얄팍함을 증명하는 것이라 해도, 다른 한편으로 무언가를 적극적으로 주장하거나 거부하지 않는 엉뚱한 그들이 지배 이데올로기 쪽에서 보면 불편한 존재일 수 있다는 측면에서 그들의 등장은 주목을 요한다고 하겠다.